Staats- und rechtstheoretische Studien 13

Herausgeber:
Institut für Theorie des Staates und des Rechts
der Akademie der Wissenschaften
der Deutschen Demokratischen Republik

Karl A. Mollnau
(Hrsg.)

Probleme einer Rechtsbildungs- theorie

Mit Beiträgen von
Erich Buchholz
Uwe-Jens Heuer
Manfred Kemper
Hermann Klenner
Karl A. Mollnau
Gerhard Pflicke

AKADEMIE-VERLAG · BERLIN 1982

Autoren der Beiträge: Erich Buchholz, Abschnitt 6; Uwe-Jens Heuer, Abschnitt 5; Manfred Kemper, Abschnitt 7; Hermann Klenner, Abschnitt 2; Karl A. Mollnau, Einleitung, Abschnitt 1 und 3; Gerhard Pflicke, Abschnitt 4.

Redaktionelle Bearbeitung: Ernst Weihrauch

Erschienen im Akademie-Verlag, DDR-1086 Berlin, Leipziger Straße 3—4

Lizenznummer: 202 · 100/16/82
Gesamtherstellung: VEB Druckerei „Thomas Müntzer", 5820 Bad Langensalza
Umschlaggestaltung: Rolf Kunze
Bestellnummer: 754 006 3 (2173/13) · LSV 0425
Printed in GDR
DDR 13,50 M

Inhalt

Einleitung 7

1. Implikationen des gesellschaftstheoretischen Ansatzes zur Erforschung der Rechtsbildung 12

2. Grundsatzprobleme im Vorfeld einer Rechtsbildungstheorie 20

3. Rechtliches Regelungsobjekt und gesetzgeberische Entscheidung 31

4. Zusammenhänge zwischen Notwendigkeit und Inhalt rechtlicher Regelung, dargestellt an Problemen des Wirtschaftsrechts 47

5. Rechtliche Regelung von Planungsprozessen und Wirtschaftsrecht 68

6. Entwicklungstendenzen des strafrechtlichen Regelungsobjekts 82

7. Der Einfluß der sozialistischen ökonomischen Integration auf das rechtliche Regelungsobjekt 97

Anmerkungen 117

Personenregister 134

Einleitung

Diese Schrift, obwohl nicht nur von Rechts-, sondern auch von Rechtszweigtheoretikern verfaßt, verfolgt ein rechtstheoretisches Anliegen. Es sollen einige rechtsbildungstheoretische Fragen zur Debatte gestellt werden, deren weitere Klärung nach Ansicht der Autoren zugleich Voraussetzung für die Ausarbeitung einer Gesetzgebungsmethodik ist. Grundsätzlich können nämlich methodische Fragen nur auf der Basis einer entwickelten Theorie erfolgreich ausgearbeitet werden. Darauf hinzuweisen erscheint notwendig, weil in der rechtswissenschaftlichen Literatur nicht selten einerseits Theorie und Methode identifiziert werden, andererseits aber unter dem Anspruch, Methodologie und Methoden auszuarbeiten, Theorie betrieben wird.

Von welcher praktischen Tragweite heute gesetzgebungsmethodische Fragen sind, unterstreichen die Bemühungen in verschiedenen sozialistischen Ländern, das Gesetzgebungsverfahren selbst rechtlich zu normieren. Die Verbindlichkeit der bisher erlassenen legistischen Richtlinien ist in den einzelnen Ländern unterschiedlich; teilweise handelt es sich um Empfehlungen, so in der Sowjetunion; teilweise regeln aber auch gesetzliche Bestimmungen das Gesetzgebungsverfahren, so beispielsweise in Bulgarien. Auch sind der Umfang der von den legistischen Richtlinien erfaßten methodischen Probleme sowie ihre Ausgestaltung noch recht different.

Forschungen zur Rechtsbildung, ihrer sozialökonomischen Determiniertheit, ihrer Struktur und Entwicklung sind ein theoretischer Beitrag zur Stärkung der sozialistischen Staats- und Rechtsordnung, weil sie helfen, das sozialistische Recht rechtzeitig weiterzuentwickeln und mit den Erfordernissen der gesellschaftlichen Entwicklung in Übereinstimmung zu halten. Eine Aufgabe, der das Programm der SED einen hohen rechtspolitischen Rang zuweist und deren praktische Tragweite erkennbar wird, wenn man bedenkt, daß es heute in vielen sozialistischen Ländern darum geht, die der entwickelten sozialistischen Gesellschaft gemäße Rechtsordnung zu gestalten.

Wie bekannt, hängt die gesellschaftliche Wirksamkeit des sozialistischen Rechts wesentlich von seiner Qualität ab, und diese wird wesentlich im Prozeß der Rechtsbildung, besonders in der Gesetzgebung geprägt; denn hier wird über den Inhalt des Rechts, seine Gerechtigkeit und innere Konsistenz, seine Überschaubarkeit, Verständlichkeit und Handhabbarkeit entschieden. Allein die Qualität des Rechts zu verbessern ist nicht in erster Linie ein Problem der Gesetzgebungstechnik, sondern der tatsächlichen Beherrschung der gesellschaftlichen Prozesse. Damit ist die gesamte Problematik aber Bestandteil sowohl der Demokratieentwicklung wie der Realisierung der Freiheit im Sozialismus.

Wenn aber die Qualität der Rechtsnormen ein Problem der Beherrschung gesellschaftlicher Prozesse ist, dann ist sie sowohl von der Reife und dem objektiven Entwicklungsstand der gesellschaftlichen Verhältnisse als auch von der Fähigkeit abhängig, die darin liegenden Möglichkeiten optimal zu nutzen. Letzteres hängt vom subjektiven Faktor im Rechtsbildungsprozeß ab, namentlich von der Erhöhung der führenden Rolle der Partei und der breiten Einbeziehung der Werktätigen in die Rechtsbildung.

Um das sozialistische Recht entsprechend den Erfordernissen der gesellschaftlichen Praxis weiterzuentwickeln, müssen die real verlaufenden Prozesse in der Gesellschaft ständig auf rechtlich regelungsbedürftige Beziehungen hin analysiert werden; gleichzeitig ist zu prüfen, ob der Rechtsinhalt der bereits geregelten Beziehungen dem tatsächlichen Entwicklungsstand dieser Beziehungen noch entspricht.

Die Untersuchung des rechtlichen Regelungsobjekts, seiner Struktur und Entwicklung ist der Ausgangspunkt und weltanschauliche Eckpfeiler einer historisch-materialistisch fundierten Rechtsbildungstheorie und Gesetzgebungsmethodik. Wer dies nicht beachtet, läßt sich darauf ein, das Abbild vom Abgebildeten zu trennen. Aber wie kann dann das Recht noch erklärt werden, außer durch Rückgriffe auf idealistische Prämissen, seien sie „Wert", „Gott", „Grundnorm" oder anders geheißen. Lenin: „Das, was den Materialisten grundlegend von dem Anhänger der idealistischen Philosophie unterscheidet, ist dies, daß er ... das Bewußtsein des Menschen als Abbild der objektiven Realität betrachtet."[1]

Freilich: die Bereitstellung von Kriterien zur Analyse des rechtlichen Regelungsobjekts, die Ausarbeitung von Methoden seiner Feststellbarkeit und die Entwicklung einer Transformationsmethodik von Aussagen über die rechtliche Regelungsbedürftigkeit gesellschaftlicher Verhältnisse in Rechtsnormen sowie von Bewertungsmaßstäben der Adäquatheit von Rechtsnormen sind in vielerlei Hinsicht zunächst noch Aufgaben der Grundlagenforschung. Aber wenn wir sie nicht lösen, wird langfristig der notwendige praxiswirksame Erkenntniszuwachs nicht gewonnen werden können.[2]

Forschungen zum rechtlichen Regelungsobjekt sind auch unerläßlich, um materialistisch begründete Aussagen über die Rolle des Rechts und des rechtlichen Regelungsmechanismus im politischen System sowie über ihre Beziehungen zu anderen Systemelementen zu machen. Welchen Stellenwert das Recht im politischen System des Sozialismus einnimmt oder einzunehmen hat, das kann letztlich nur auf der Grundlage der gesellschaftlichen Verhältnisse bestimmt werden, die objektiv einer rechtlichen Regelung bedürfen. Anders vorgehen zu wollen und etwa den Platz des Rechts im politischen System von den Rechtsfunktionen her zu begründen, hieße die Relation zwischen Kausalität und Funktionalität auf den Kopf stellen.

Ausgehend von einer Analyse des rechtlichen Regelungsobjekts, ist die Stellung und Rolle des sozialistischen Rechts im politischen System des Sozialismus zumindest unter dreifachem Aspekt näher zu bestimmen:

Erstens, da das politische System mehr ist als die bloße Summe seiner Glieder, denn auch ihre wechselseitige Beeinflussung im koordiniert arbeitsteiligen Prozeß ihres Wirkens gehört dazu, ist die Beantwortung der Frage nach dem Wechselverhältnis des Rechts, ja des gesamten Mechanismus der rechtlichen Regelung zu den anderen Systemelementen unerläßlich. Die Problemstellungen, die sich aus diesem auf das Ganze des politischen Systems des Sozialismus zielenden Aspekt ergeben, liegen wissenschaftstheoretisch im Grenzgebiet verschiedener Zweige der Staats- und Rechtswissenschaft wie der Rechtswissenschaft und anderer gesellschaftswissenschaftlicher Disziplinen. Von besonderem Interesse ist dabei das Zusammenwirken des Rechts und anderer normativer Mechanismen der Verhaltensregulierung.

Zweitens, da im politischen Sysem des Sozialismus der Staat das Hauptinstrument zur Gestaltung der gesellschaftlichen Prozesse ist und das Recht existentiell und funktionell mit dem Staat verbunden ist, impliziert die Frage nach der Stellung des Rechts im politischen System auch die Analyse der spezifischen Stellung des Rechts im staatlichen Leitungsmechanismus.

Drittens ist schließlich zu beachten, daß das Recht als Bestandteil des politischen Systems nicht nur auf gesellschaftliche Prozesse wirkt, sondern auch einen nach innen, auf das politische System gerichteten Effekt hat. Das Recht ist nämlich auch ein Instrument, um das politische System selbst zu gestalten, seine Funktionstüchtigkeit zu sichern, es zu schützen und zu entwickeln. Diese nach innen, auf die Gestaltung des politischen Systems gerichtete Funktion zeichnet das Recht auf Grund seiner Allgemeinverbindlichkeit gegenüber anderen Elementen des politischen Systems aus. Die Allgemeinverbindlichkeit des Rechts ermöglicht es nämlich, die Koordination der unter Führung der Partei der Arbeiterklasse arbeitsteilig und relativ selbständig wirkenden Glieder des Gesamtsystems wirksam zu bewerkstelligen. Dieser Aspekt der Stellung des Rechts im politischen System berührt jene Seiten des rechtlichen Regelungsobjektes, die sich in verfassungsrechtlichen Regelungen niederschlagen.

Der Begriff „Rechtsbildungstheorie" wird in diesem Buch in dem Sinne verwendet, wie das geschieht, wenn von Normentheorie, Wirkungstheorie usw. gesprochen wird; d. h., es handelt sich um die Benennung eines Problem- und Aussagenkomplexes, der integrierender Bestandteil der Rechtstheorie ist.[3] An dieser Stelle ist eine terminologische Zwischenbemerkung am Platze.

Wenn hier dem Begriff „Rechtsbildung" gegenüber solchen Begriffen wie „Gesetzgebung", „Rechtsetzung" usw. der Vorzug gegeben wird, so deshalb, um die Komplexität und Prozeßhaftigkeit des sozialen Vorgangs, in dem Recht zustande kommt, zu betonen. Daß eine solche Begriffsverwendung bei dem einen oder anderen auf den ersten Blick pädagogische Assoziationen auslösen kann, zumal heute viel von Rechtserziehung die Rede ist, muß in Kauf genommen werden.

Die Begriffsbildung „Gesetzgebung" und „Rechtsetzung" drücken den sozialen Vorgang, in dem sich Recht bildet, allzusehr auf das gesetzgeberische Entscheiden und sein Umfeld zusammen.

Die Rechtsbildungstheorie sollte nach unserem Dafürhalten nicht von der Rechtstheorie verselbständigt werden. Einschlägige Versuche, die zu Beginn der 60er Jahre gemacht wurden, haben mit gutem Grund keine große Resonanz gefunden.[4] Die rechtsbildungstheoretischen Fragen aus der marxistisch-leninistischen Rechtstheorie herauszulösen, bedeutet am Ende, diese Disziplin um ein wichtiges weltanschauliches Glied zu amputieren. Den Klasseninhalt des sozialistischen Rechts und seine Entwicklung erklären und die soziale Funktion des Rechts außerhalb des Kontextes der Bildung des Rechts bestimmen zu wollen, dürfte kaum erfolgversprechend sein. Aussagen über das Wesen des Rechts lassen sich ohne genetische Rechtsanalyse nicht gewinnen.

Bei der weiteren Ausarbeitung rechtsbildungstheoretischer Fragen wird es unumgänglich sein, unser Verständnis vom dialektischen Charakter der materiellen und sozialökonomischen Determinierung des Rechts zu vertiefen und die Kategorie von der relativen Selbständigkeit des Rechts zu präzisieren; beides ist eine Voraussetzung, um in der staatlichen Leitungspraxis die der rechtlichen Regelung gesellschaftlicher Verhältnisse spezifisch eigenen Gesetze ausnutzen zu können. Das erfordert, sowohl mechanisch-materialistische Interpretationen zu vermeiden wie Tendenzen der Verselbständigung und Überhöhung des Rechts gegenüber den materiellen Existenzbedingungen der herrschenden Klasse nicht aufkommen zu lassen.

Gewiß gehört es heute zu den Gemeinplätzen der marxistischen Rechtstheorie, daß zwischen ökonomischen Verhältnissen und Recht keine lineare Kausalbeziehung besteht, daß Rechtsnormen keine photographischen Abbilder objektiv-realer Verhältnisse sind. Selbst jene bürgerlichen Rechtsphilosophen, die glauben, immer noch das uralte Klischee, wonach Recht und alles Soziale mit dem Ökonomischen eins seien,[5] der Rechtskonzeption von Marx unterstellen zu können, haben kaum noch ein Echo.

Schwieriger und durchaus noch nicht bis zu Ende geklärt ist dagegen die Frage, wie Ökonomisches in Juristisches umzusetzen ist. Die Hereinnahme von Beschreibungen ökonomischer Aufgaben in das Recht ist noch keine rechtliche Regelung gesellschaftlicher Prozesse. Welche Probleme diesbezüglich gerade in der Praxis bestehen, hat eine Studie zur Wirksamkeit des Wirtschaftsrechts offengelegt. Auf Grund dieser Studie wird richtig gesagt: „Derartige Aufgabenstellungen können jedoch die Ausgestaltung von Rechte- und Pflichtenstrukturen nicht ersetzen. Sie (gemeint sind die Aufgabenstellungen — die Verf.) allein schaffen noch keine *Regelung* und bringen auch keine normative Bewertung des bei der Verwirklichung dieser Ziele gebotenen, verbotenen oder erlaubten Verhaltens zur Geltung.“[6]

Der dialektische Charakter der materiellen und sozialökonomischen Determiniertheit des Rechts wird schärfer gefaßt werden können, wenn nach der Struktur und Funktion der den Rechtsbildungsprozeß konstituierenden und beeinflussenden verschiedenen sozialen Determinanten gefragt und der Vermittlungsmechanismus zwischen objektiv-realen Verhältnissen und Recht aufgedeckt wird. Gerade dieser Vermittlungsmechanismus ist es, der das Recht davor bewahrt, eine bloße ökonomistische Kopie zu sein.

Aber die den Rechtsbildungsprozeß konstituierenden und beeinflussenden Determinanten, zu denen materielle und ideelle, objektive und subjektive, politische, ökonomische, ideologische, kulturelle u. a. zählen, sind zwar nicht beliebig konstruierbar, wohl aber materialistisch erklärungs- und feststellungsfähig. Aus diesem Grunde stehen wir auch den Versuchen skeptisch gegenüber, das Recht und seine relative Selbständigkeit mit Hilfe von Werten zu fundieren.[7] Gegen mechanisch-materialistische Rechtsauffassungen juristische Wertbetrachtung zu setzen, heißt den Teufel mit dem Beelzebub austreiben zu wollen!

Natürlich ist der Rechtsbildungsprozeß wie auch die Verwirklichung des Rechts ständig mit Bewertungen verbunden, allein schon deshalb sind bewertungs- und werttheoretische Fragestellungen und Aussagen Bestandteil der marxistischen Rechtstheorie. Doch daraus sollte weder eine axiologische Legitimation des Rechts konstruiert werden, noch sollte das sozialistische Recht aus einem Instrument zur Durchsetzung der Interessen der Arbeiterklasse zu einem Realisationsmittel diffuser Werte gemacht werden.

Wo mit dem Wertbegriff rechtliche Phänomene als selbständige Wesenheiten vorgeführt und Werte als Instanzen ausgegeben werden, die Grundlage, Ausgangspunkt und Orientierung für das Recht sein sollen, dort wird die gesellschaftstheoretische Erklärung des Rechts verlassen und mit seiner moralisierenden Verklärung begonnen.

Der Diskussionscharakter der in dieser Schrift vorgelegten Überlegungen wird schon in ihrem Titel angezeigt. Die Verfasser hoffen, die wissenschaftlichen und praktischen Anliegen deutlich gemacht zu haben, die mit einem gesellschaftstheoretischen Herangehen bei der Erforschung des Rechtsbildungsprozesses verknüpft sind, wenngleich manchmal nur Forschungsprobleme und -aufgaben formuliert wurden. Auch enthält das Buch hypothetisch Formuliertes, das rechtssoziologisch zu verifizieren ist. Besonders wichtig erscheint aber den Verfassern, das theoretische Gesamtkonzept des Buches vor allem aus der Sicht der verschiedene Rechtszweigtheorien weiter zu differenzieren und — wo notwendig — zu korrigieren.

1. Implikationen des gesellschaftstheoretischen Ansatzes zur Erforschung der Rechtsbildung

Will die Rechtswissenschaft den Anforderungen genügen, die sowohl die praktische Gesetzgebungstätigkeit wie der ideologische Parteienkampf in der internationalen Arena an sie stellen, ist — wie bereits bemerkt — Grundlagenforschung auf dem Gebiet der Rechtsbildung nötig; und zwar ganz genau in dem Sinne, wie diese Forschungsart im Programm der SED definiert wurde. Als Forschung nämlich, die Quelle neuer Erkenntnisse über gesetzmäßige Zusammenhänge in Natur und Gesellschaft ist und deren Forschungsergebnisse dazu beitragen, Varianten und Lösungswege für neue und heranreifende ökonomische, soziale, kulturelle und ideologische Aufgaben zu erarbeiten.[1]

In der Grundlagenforschung erweist es sich jedoch meistens als sinnvoll, ihren konzeptionellen Ansatz offenzulegen. Nicht nur ihre Problemstellungen und Ergebnisse können dann besser diskutiert und beurteilt werden, sondern auch ihr konzeptioneller Ansatz selbst. Von welchem Ansatz und Ausgangspunkt her die Rechtsbildung der wissenschaftlichen Analyse zugänglich gemacht werden muß, ist zudem von erheblicher Tragweite für Begründbarkeit und Begründung von Rechtsnormen wie für deren Qualitätsbeurteilung.

Diese Fragen gehen allerdings über die Grenzen der Rechtswissenschaft hinaus, weil ihre Beantwortung mit solchen grundsätzlichen weltanschaulichen Problemen wie dem Sinn des praktischen Lebens, den Zielen menschlichen Handelns und dem Zweck eines Staates zusammenhängt. Rechtsbildungstheoretische Fragen haben deshalb in höherem Maße einen philosophischen Einschlag als manche andere Problemstellung der Rechtstheorie. Die philosophisch-weltanschaulichen Seiten der Rechtsbildungstheorie sichtbar zu machen, heißt aber, ihre theoretischen und methodologischen Prämissen zu debattieren.

Die weltanschaulichen Aspekte der Rechtsbildungstheorie in gleicher Weise zu beachten wie die leitungsmäßig instrumentellen, dafür spricht schon die Tatsache, daß sich seit Beginn der 70er Jahre sowohl in der Ethik wie in der Rechtsphilosophie der Problemkreis der Normenbegründbarkeit wie der -begründung immer deutlicher zu einem Feld der ideologischen Angriffe auf die marxistisch-leninistische Philosophie, Ethik und Rechtstheorie entwickelt. Gleichzeitig wird versucht, ein ideologisches Krisenmanagement zu entwickeln, um die von Pessimismus und Zukunftsangst geprägte Orientierungskrise im politischen Handeln breiter Bevölkerungskreise in den westlichen Ländern zu überwinden.[2]

Die schwindende Überzeugungskraft der sogenannten letzten Orientierungswerte, Weltbilder und Normensysteme, die bisher in der bürgerlichen Gesellschaft Integrations-

und Legitimationsfunktionen erfüllten, wird mit verschiedenen wissenschaftstheoretischen Ansätzen der Normen- und Zielbegründung menschlichen Handelns wettzumachen versucht.[3]

Auffallend sind dabei drei Tendenzen:

a) Die ehemals vertretene radikale Leugnung jeder wissenschaftlichen Begründbarkeit von Normen, wie sie insbesondere von positivistischen und strukturell-funktionalistischen Theorien postuliert wurde, wird heute mehr oder weniger stark relativiert (Oelmüller: „Und doch müssen auch Skeptiker leben und handeln, wenn sie nicht den Freitod wählen.").[4] Es wird der Anschein zu erwecken versucht, als bestünden in der bürgerlichen Gesellschaft von heute Bedingungen, die eine rationale, wissenschaftlich geleitete bewußte Normenbegründung und -setzung ermöglichten. Ein rechtsphilosophischer Programmslogan lautet deshalb: die Gesetzgebung müsse von der Mystik zur Wissenschaft entwickelt werden.[5]

b) Die aus der richtigen Prämisse — wonach zwischen Sein und Sollen ein Unterschied besteht und aus Seinsaussagen keine normativen Forderungen logisch abgeleitet werden können — gezogene falsche Schlußfolgerung — derzufolge Zielsetzungen nicht nach objektiven Kriterien möglich sind und nur im Hinblick auf die erforderlichen Mittel zur Erreichung dieser Ziele und Zwecke von einer wissenschaftlichen Begründung gesprochen werden könne — wird heute von Theorien in den Hintergrund gedrängt, die es ermöglichen, auch über Zielsetzungen und Normen rational räsonieren zu können. Eindeutiger Favorit ist gegenwärtig die Theorie diskursiven Argumentierens.[6] (Oelmüller: „Was jetzt noch Geltung, Anerkennung und Zustimmung beansprucht, muß sich in einem Diskurs der Beteiligten argumentativ rechtfertigen lassen.")[7] Diese Theorie wird dabei aber von allen Elementen des gesellschaftlichen Charakters der Zielbildung, wie sie hier und da vorhanden waren, scharf gereinigt.[8]

c) Einig sind sich alle verschiedenen, in ihrer ideologischen Funktion aber sich ergänzenden bürgerlichen Konzepte zur Normenbegründung hinsichtlich ihrer Frontstellung gegen eine Ableitung der Normen aus dem realen Geschichtsprozeß der Gesellschaft, also gegen den historischen Materialismus. (W. Oelmüller: „Von geschichtsphilosophischen Gesamtinterpretationen der Geschichte kann man nicht mehr ohne ideologische Verzerrungen überzeugende Handlungssubjekte angeben ... Von solchen Geschichtsphilosophien aus kann man nur mit ideologischen Verzerrungen Instanzen angeben [z. B. politische, ökonomische Faktoren oder sozialökonomische Formationen], die in letzter Instanz den Gesamtprozeß determinieren oder auch nur bestimmen.")[9]

Diese Position verträgt sich allerdings damit, worauf noch einzugehen sein wird, besonders im Bereich bürgerlicher Rechtswissenschaft, einen stärkeren Einsatz soziologischer Forschungen bei der Gesetzgebung des bürgerlichen Staates zu propagieren.

Die Rechtsbildung von einem sozialtheoretischen Ansatz her theoretisch und methodologisch zu untersuchen, entspricht ihrem Charakter. Sie selbst ist nämlich, genau wie das Wirken des Rechts, ein sozialer Vorgang und eine Funktion der Klassengesellschaften und ihrer historischen Entwicklung.

Recht entsteht nicht aus Recht, sondern aus nichtrechtlichen, aber *recht*erzeugenden Zusammenhängen und Sachverhalten dieser Gesellschaften. Das bedeutet zumindest viererlei:

Erstens, die Bildung des Rechts ist jeweils immer ein integrierender Bestandteil einer bestimmten Gesellschaft in ihrer Totalität; zwischen dem Zustand einer Gesellschaft und ihrer Rechtsbildung gibt es kausalgesetzliche Zusammenhänge. Deshalb weisen konkrete

Rechtsbildungsprozesse sowohl formations- wie etappenspezifische Eigentümlichkeiten auf.

Zweitens, die Bildung des Rechts ist ein mehrdimensionaler Vorgang; eine Vielzahl sozialer Faktoren ist an ihm mehr oder weniger beteiligt. Allerdings sind alle Faktoren nicht gleichwertig in ihrer Wirkung zu veranschlagen; die objektiv-realen materiellen Faktoren sind gegenüber den ideellen entscheidend, und innerhalb der materiellen — und damit in letzter Instanz überhaupt — geben die Eigentumsverhältnisse den Ausschlag.

Drittens, wie groß die Bedeutung der einzelnen am Rechtsbildungsprozeß beteiligten Faktoren auch sein mag, keiner verfügt über unmittelbar rechtsbildende Kraft. Die rechtserzeugende Wirkung bestimmter sozialer Zusammenhänge und Sachverhalte wird über den Staat, über seine gesetzgeberische Entscheidung vermittelt. Die gesetzgeberische Entscheidung, in welcher Form sie sich auch vollziehen mag, vollendet somit in gewissem Sinne den sozialen Vorgang, in welchem sich Recht herausbildet; wenngleich vom Wirken des Rechts, insbesondere von seiner staatlichen Anwendung, auch Rückkopplungen zur Rechtsbildung ausgehen.

Viertens, in den gesetzgeberischen Entscheidungen des Staates müssen die rechtserzeugenden gesellschaftlichen Zusammenhänge ihren Ausdruck finden. Die herrschenden Klassen oder Klassengruppierungen können den Rechtsinhalt nicht beliebig manipulieren, sondern der Wille der herrschenden Klasse, der zum Gesetz erhoben wird, wurzelt in den materiellen Lebensbedingungen dieser Klasse, spiegelt sie wider.

Die Rechtsbildungstheorie wie die Gesetzgebungsmethodik von gesellschaftstheoretischem Ansatz her auszuarbeiten, ist eine Forderung, die sich aus der Rechtskonzeption von Marx ergibt, denn diese Rechtskonzeption wurde als Bestandteil der marxistischen Gesellschaftstheorie entwickelt, weshalb Marx auch die erste auf dialektisch-materialistischer Grundlage fußende soziologische Rechtsbetrachtung lieferte.[10]

Um die geschichtliche Mission und den Herrschaftsanspruch des Proletariats begründen zu können, mußten Marx und Engels bekanntlich die Gesellschaft und ihre Geschichte dialektisch-materialistisch analysieren; dies ging wiederum ohne gleichzeitige Kritik idealistischer Positionen in den Sozialwissenschaften nicht ab. Bei alldem erwies sich die Erklärung der ideellen Erscheinungen der Gesellschaft aus ihren materiellen Lebensbedingungen als Schlüsselproblem. Die Lösung dieses Problems war so wichtig, daß darüber andere Aspekte von Marx und Engels vernachlässigt werden mußten.[11]

In die materialistische Ableitung der ideellen Phänomene bezogen Marx und Engels von Anfang an das Recht ein. Ableitung der ideellen Phänomene aus den materiellen Lebensbedingungen der Gesellschaft heißt indes, die gesellschaftliche Genese dieser Phänomene zu untersuchen und die kausalen Zusammenhänge ihrer Herausbildung festzustellen.

Indem Marx und Engels den materiellen Ursprung des Rechts analysierten, setzten sie gleichzeitig theoretisch wie methodisch Eckpfeiler für die Analyse des Rechtsbildungsprozesses auf gesellschaftstheoretischer Basis. Der Gleichzeitigkeit beider Aspekte kam zweifellos zugute, daß Marx sich intensiv mit der Gesetzgebungspraxis seiner Zeit auseinandersetzte: Bemerkungen über die neueste preußische Zensurinstruktion,[12] Debatten über die Pressefreiheit,[13] Debatten über das Holzdiebstahlgesetz,[14] Zum Ehescheidungsgesetzentwurf, — Kritik der Kritik[15] usw. Wenn dies auch Arbeiten sind, die Marx selbst erst zur materialistischen Dialektik mit hinführten, so enthalten sie doch verschiedene Details, die auch heute noch von Interesse sind.

Der Nachweis von Marx und Engels, daß das Recht mit Notwendigkeit von diesen Gesellschaften hervorgebracht werden muß und daß der Rechtsinhalt letztlich materiell determiniert ist, weist uns in nuce auf das eigentliche Problem der Rechtsbildungstheorie wie der Gesetzgebungsmethodik hin. Es läßt sich in die Frage kleiden: Warum, wann, auf welchem Wege und mit welcher Qualität entsteht aus bestimmten gesellschaftlichen Sachverhalten und Zusammenhängen Recht?

Daß der gesellschaftstheoretische Ansatz zur Rechtsbildungsanalyse zu den originalen Positionen der marxistisch-leninistischen Rechtskonzeption gehört, ist gegenüber den in jüngster Zeit in der bürgerlichen Rechtswissenschaft auftauchenden Meinungen zu betonen, als stünde ausgerechnet sie heute theoriegeschichtlich vor der Aufgabe, die Rechtsbildungstheorie sozialwissenschaftlich zu fundieren.[16]

Gewiß, der Übergang von der Rechtsprechungswissenschaft zur Gesetzgebungswissenschaft, der heute in der bürgerlichen Rechtslehre im vollen Gange ist, wird nur dann die an ihn geknüpften Erwartungen erfüllen, wenn er brauchbare Daten liefert, um das bürgerliche Recht schon von der Gesetzgebung her als ein wirksameres Instrument staatsmonopolistischer Gesellschaftsdirektion und -repression ausgestalten zu können. Das gelingt aber nur, wenn nicht alle gesellschaftlichen Fäden der Rechtsbildung durchschnitten werden und die Gesetzgebung nicht an der gesellschaftlichen Wirklichkeit vorbei vollzogen wird. Genau aus diesem Grunde versuchen die bürgerlichen Gesetzgebungslehren von heute, bestimmten Abhängigkeiten der Rechtsbildung von Faktoren der gesellschaftlichen Praxis stärker auf die Spur zu kommen.

Nun ist aber, wenn zwei das Gleiche reden, noch lange nicht auch dasselbe gemeint. So beklagt beispielsweise Peter Noll, bei gesetzgeberischen Entscheidungen würden selten mehr als vulgärsoziologische und vulgärpsychologische Erkenntnisse bemüht,[17] obgleich er in seiner eigenen Gesetzgebungslehre das soziale Determinationsgefüge der Rechtsbildung überhaupt nicht berührt. Die bürgerlichen Forderungen, die Rechtsbildungsanalyse sozialwissenschaftlich zu fundieren, sind vor allem eine Variante, die Legitimationsprobleme des bürgerlichen Rechts als Fragen des political engineering aufzufassen und geeignete empirische Daten und Motive zu beschaffen, um Rechtsentscheidungen zum Zwecke besserer Durchsetzung als scheinbar begründet hinstellen zu können. Ganz in diesem Sinne wird denn auch die Aufgabe der Rechtssoziologie bei der Gesetzgebung darin erblickt, dem Gesetzgeber Erkenntnisse bereitzustellen, die es ihm erlauben, die Wirkungschancen der von ihm zu treffenden Entscheidungen abschätzen zu können. Gesetzgebung müsse auf rechtssoziologischer Effektivitätsforschung aufbauen, wenn verhindert werden solle, daß ein Gesetz ein Schuß ins Dunkle sei.[18] In dieser Konzeption, die in der Tradition von R. Pounds „Sociological Jurisprudence" steht,[19] wird die soziologische Untersuchung bei der Gesetzgebungsvorbereitung dazu gebraucht, um Rechtsvorschriften schlagkräftig zu machen, oder — wie es in einer BRD-Ministerformulierung heißt[20] — um das Recht „zukunftssicher" auszugestalten.

Ähnlichen Zielen dient die Experimental Jurisprudence von Beutel, die grundsätzlich jeden Normativakt als Experiment betrachtet und auf eine Übertragung der trial and error-Methode ins Juristische hinausläuft. Nach dieser Konzeption hat die Gesetzgebung in folgenden Schritten zu verlaufen: Nachdem die sozialen Probleme, die rechtlich geregelt werden sollen, untersucht wurden, werden Normen gesetzt. Sodann wird die Wirkung der Normen zu erklären versucht. Blieb die Wirkung aus oder war sie unbefriedigend, wird die Prozedur wiederholt, gegebenenfalls mehrmals. Bleibt auch dann der Erfolg aus, soll das gewünschte Ziel aufgegeben und ein neues Ziel gebildet werden.[21]

Zwischen der Vorbereitung neuer Gesetze und der Effektivität des geltenden Rechts bestehen zwar enge Beziehungen, weshalb die Rechtsbildungstheorie auch ohne Rechtseffektivitätsanalyse samt der Lehre über ihre Methoden nicht auskommt; aber wer nach diesen Beziehungen fragt, ohne Fragen des Rechtsinhalts auch nur andeutungsweise zur Sprache zu bringen, propagiert ein gleichermaßen gesellschaftlich entleertes wie geschichtsfernes Recht, jedermann verfügbar, nur nicht dem werktätigen Volk. Daran ändert auch nichts, wenn man verbal noch so sehr auf die rechtssoziologische Fragestellung in der Gesetzgebung pocht.

Die marxistisch-leninistische Rechtstheorie erhebt demgegenüber die Forderung, den Rechtsbildungsprozeß vom sozialtheoretischen Ansatz her zu erforschen, um die sozialen Zusammenhänge, die der Rechtsbildung ursächlich zugrunde liegen und sie konstituieren, möglichst genau zu erfassen, damit Grundlagen und Kriterien für die Rechtsinhaltsgestaltung in der Gesetzgebung bereitgestellt sowie Kriterien für die Bewertung des geltenden Rechts entwickelt werden können.

In dieser Sicht geht es bei der Rechtsnormenbegründung, einschließlich der dabei anzuwendenden Verfahren, weder um ein Anpassen des Rechts an Tagesbedürfnisse noch um eine Beeinflussung der Rechtsnormadressaten im Interesse der Durchsetzung von Gesetzen beliebigen Inhalts. Es geht vielmehr um die grundsätzliche Frage, wie der Rechtsinhalt von Normativakten gestaltet werden muß, um in konkreten Gesellschaftsetappen den sozialen Entwicklungs- und Strukturgesetzen zu entsprechen und gerecht zu werden. Deshalb ist das substantielle Konzentrat der Rechtsnormenbegründung die Adäquatheit und Gerechtigkeit der neu zu erlassenden Rechtsnormen.

Indem Rechtsnormen gesetzt werden, die die Eigenschaften der Adäquatheit und Gerechtigkeit besitzen, ist eine wesentliche, wenn nicht gar die entscheidende Voraussetzung für die gesellschaftliche Wirksamkeit des Rechts geschaffen. Wer diesen Zusammenhang ignoriert, drückt die Rechtseffektivität zu einer soziotechnischen Kategorie herab. Aber es geht eben weder um eine Effektivität des Rechts um jeden Preis noch um eine Effektivität des Rechts mit desolatem Inhalt. Gerade deshalb ist der Bezug sowohl des Inhalts des Rechts wie seiner Wirkungen zu den objektiven Gesetzen in Konzeptionen über die Effektivität des Rechts sowie der Methodologie ihrer Kontrolle immer zu explizieren.[22]

Bei der weiteren Ausarbeitung rechtsbildungstheoretischer und gesetzgebungsmethodologischer Probleme muß der eben skizzierten Gegensätzlichkeit der Auffassungen zwischen bürgerlichem und marxistischem Rechtsdenken hautnah auf den Fersen geblieben werden, denn sonst ist der der marxistischen Rechtskonzeption immanente gesellschaftstheoretische Ansatz in der Rechtsbildungsforschung nicht weiter zu entfalten. Daß er entfaltet werden muß, kann wohl allein schon angesichts des Darstellungsniveaus der Rechtsbildungstheorie in juristischen Publikationen kaum bestritten werden. Nehmen wir beispielsweise die gegenwärtig benutzten Lehrbücher, die als Ausweis für den erreichten Erkenntnisstand gelten.[23] Hier wird die Rechtsbildung theoretisch auf die rechtsetzende Tätigkeit des Staates reduziert oder unter dem Gesichtspunkt ihrer staatsrechtlichen Organisation beschrieben.[24] Zwar bestreitet niemand, daß die Rechtsbildung ein sozialer Prozeß ist, aber welche Implikationen theoretisch wie praktisch in dieser These stecken, das haben wir bisher nicht genügend deutlich zu machen verstanden. Oft wird der Blick für diese Implikationen dadurch verstellt, daß angenommen wird, die soziale Natur des Rechtsbildungsprozesses sei schon erschöpfend thematisiert, wenn die Aussagen über die sozialökonomische Determiniertheit des Rechts, die zur Charakterisierung seines Wesens dienen, wiederholt werden.

Angesichts der quantitativen und qualitativen Dimensionen der Rechtsbildung in der entwickelten sozialistischen Gesellschaft und in der Zeit ihrer Gestaltung wird die Unzulänglichkeit solcher Sichtweisen immer erkennbarer. Diese Dimensionen werden im wesentlichen davon geprägt und bedingt:

a) daß dieser Entwicklungsabschnitt der Gesellschaft relativ lange andauern wird und daß sich der entwickelte Sozialismus auf eigenen Grundlagen entfaltet, zu denen auch das bereits bestehende, geltende sozialistische Recht gehört;

b) daß nach dem restlosen Sieg der sozialistischen Produktionsverhältnisse sich erstmals die Möglichkeit eröffnet, den realen *Gesamtprozeß der erweiterten Reproduktion* gemäß den ihm immanenten Gesetzen zu planen und zu leiten. Diese Möglichkeit wird aber nur dann Wirklichkeit, wenn *gesamtgesellschaftliches Handeln* der arbeitsteilig und relativ selbständig agierenden Mitglieder der Gesellschaft und ihrer Kollektive organisiert wird;

c) daß infolge der Veränderungen der Klassenstruktur die soziale Basis der Herrschaft der Arbeiterklasse ständig verbreitert wird; dies führt schließlich dazu, daß in der entwikkelten sozialistischen Gesellschaft die Diktatur des Proletariats in den sozialistischen Staat des gesamten Volkes hinüberwächst;

d) daß der Grad der Übereinstimmung der *grundlegenden* Interessen zwischen den Klassen und Schichten der sozialistischen Gesellschaft zunimmt, daß aber auch weiterhin *unterscheidbare Teilinteressen* zwischen den Klassen und Schichten sowie innerhalb der einzelnen Klassen und Schichten bestehen werden;

e) daß angesichts der Notwendigkeit, den wissenschaftlich-technischen Fortschritt mit den Vorzügen des Sozialismus zu verbinden und die sozialistische ökonomische Integration voranzubringen, die Vergesellschaftung der Produktion rasch anwächst und die Komplexität, Dichte und Abhängigkeit der gesellschaftlichen Beziehungen vergrößert wird;

f) daß auf Grund der wachsenden Komplexität der Leitungsobjekte die Prozesse der politischen Leitung der Gesellschaft ihrerseits ebenfalls dem Zwang zur Arbeitsteilung und einer dadurch wiederum bedingten erhöhten Koordination ausgesetzt sind, was ohne stärkeren Einsatz des Rechts nicht zu bewältigen ist;

g) daß die Klassenauseinandersetzung mit dem Imperialismus nicht nachläßt, wobei besonders einzukalkulieren ist, daß der Klassenkampf mit unterschiedlicher Intensität und Verschärfung sich auf verschiedene seiner Seiten konzentrieren kann;

h) daß im letzten Viertel unseres Jahrhunderts eine Reihe globaler Probleme auftritt, die die Existenz der ganzen Menschheit betreffen, die aber nicht durch Weltstaatutopismus, sondern nur durch koexistentielle Zusammenarbeit von souveränen Staaten unterschiedlicher Gesellschaftssysteme gelöst werden können.

Die geforderte und notwendige Qualitätsverbesserung der Gesetzgebung macht es, gerade unter diesen Aspekten gesehen, erforderlich, jede genetische Verkürzung und Reduktion der Komplexität der Rechtsbildung in ihrer analytischen Betrachtung zu vermeiden.

Überlegungen und Vorschläge zur Rechtsbildung müssen primär von dort her ansetzen bzw. gemacht werden, wo sich gesellschaftliche Verhältnisse, die der rechtlichen Regelung bedürfen, herausbilden; erst in zweiter Linie können die systemimmanenten Erfordernisse des geltenden Rechts eine Rolle spielen. Diese materialistische Konsequenz gilt nicht nur bei der Gestaltung des Rechts in der Übergangsperiode vom Kapitalismus zum Sozialismus — wenn also das bürgerliche Rechtssystem überwunden werden muß —, sondern auch dann, wenn sich sozialistische Rechtsbildung unter der Bedingung eines mehr oder weniger ausgereiften geltenden sozialistischen Rechtssystems vollzieht.

Wenn die Wissenschaft gesetzgeberische Empfehlungen von den systemimmanenten Erfordernissen des geltenden Rechts her zu entwickeln versucht, läuft sie Gefahr, die gesetzgeberischen Konsequenzen aus neuen oder neuartigen, tatsächlich verlaufenden sozialen Vorgängen aus der Weiterentwicklung des Rechts auszuklammern oder allenfalls einen schwachen Abglanz von diesen Vorgängen hereinzubekommen.[25] Deshalb sind z. B. auch Versuche nur begrenzt produktiv, die Folgen für die Entwicklung des rechtlichen Regelungsgegenstandes, die sich beispielsweise aus dem wissenschaftlich-technischen Fortschritt ergeben, von den derzeit auf diesem Gebiet geltenden rechtlichen Regelungen ausgehend, bestimmen zu wollen.[26]

Eine andere Variante des vom Ergebnis her gleichen Vorgehens ist die funktionale Bestimmung gesetzgeberischer Aufgabenstellungen; darauf wird im nächsten Abschnitt noch eingegangen.

Rechtsbildungsanalytische Überlegungen dort anzusetzen, wo sich gesellschaftliche Verhältnisse entwickeln, die rechtlich geregelt werden müssen, ist auch der methodische Angelpunkt einer Gesetzgebungsplanung, die mehr sein will als bloße Extrapolation des geltenden Rechts. Wie Kudrjawzew völlig richtig betont, setzt eine langfristige Prognostizierung und Perspektivplanung der gesetzgebenden Tätigkeit voraus, den Kreis der gesellschaftlichen Verhältnisse zu bestimmen, die um das Jahr 2000 der rechtlichen Regelung bedürfen.[27]

Aus diesen Überlegungen ergibt sich folgende Schlußfolgerung grundsätzlicher Art: Die Rechtsbildungstheorie kann nicht nur im Wege der Verallgemeinerung bereits vollzogener Rechtsbildungsprozesse ausgearbeitet werden.

Die Rechtsgeschichte und das geltende Recht bilden nur eine Säule, auf der die Rechtsbildungstheorie empirisch ruht;[28] die andere besteht aus den realen gesellschaftlichen Prozessen, in denen sich entweder gesellschaftliche Verhältnisse herausbilden, die der rechtlichen Regelung bedürfen, aber noch nicht geregelt sind, oder in denen sich bereits rechtlich geregelte Verhältnisse so weiterentwickelt haben, daß eine Veränderung des geltenden Rechts erforderlich ist. Die Rechtsbildungstheorie ausschließlich als Verallgemeinerung bereits vollzogener Gesetzgebung ausarbeiten zu wollen, läuft methodisch auf einen Spezialfall der falschen Maxime hinaus, die das Recht aus dem Recht zu erklären für möglich hält.[29] Deshalb ist die These auch nicht richtig, aus dem Regelungsgegenstand eines Rechtszweiges — verstanden als die gesellschaftlichen Verhältnisse, die tatsächlich in dem betreffenden Zweig geregelt sind — sei ablesbar, welche gesellschaftlichen Verhältnisse notwendigerweise von einem Rechtszweig zu regeln wären. Rechtliche Regelungsnotwendigkeit und rechtliches Geregeltsein gesellschaftlicher Verhältnisse sind zwei verschiedene Dinge.

Dem geschichtlich vorwärtsdrängenden, gesellschaftsorganisierenden Wesen des sozialistischen Rechtstyps entspricht es, die Rechtsbildungsforschung in allen Phasen der Entwicklung des Sozialismus aus der de lege ferenda-Perspektive, nicht aber aus der de lege lata-Sicht anzulegen. Daraus wird eine gewisse produktive Widersprüchlichkeit zwischen rechtsbildungstheoretischen Aussagen und geltendem Recht erwachsen, die sich stimulierend auf die Gesetzgebung auswirken kann. Darauf wird im folgenden noch einmal zurückzukommen sein, und zwar anhand konkreter Gesetzgebungsprobleme aus dem Wirtschaftsrecht, namentlich in bezug auf den Planungsprozeß.

Eine andere Frage ist, daß das geltende Recht und sein Wirken, sein Effektivitätsgrad und seine Lücken wichtige Indikatorfunktionen ausüben können, um die rechtliche Regelungsnotwendigkeit gesellschaftlicher Verhältnisse feststellen zu können. Keine Gesetzgebungsmethodik kommt deshalb auch ohne ständige Analyse des Wirkens des geltenden Rechts und seiner Effektivität aus.

Ebenso — wenn auch auf einer etwas anderen Ebene — ist es eine Tatsache, daß die gesetzgeberische Entscheidung über eine neue rechtliche Regelung und ihren Inhalt unter dem Gesichtspunkt der unabdingbaren inneren Konsistenz des geltenden Rechts zu treffen ist. In diesem Sinne ist das geltende Recht selbst ein Faktor, der zum Determinationsgefüge des Rechtsbildungsprozesses gehört.

Die Forschung kann sich nur dann der praktischen Gesetzgebung wirklich dienlich machen, wenn sie die kausalgesetzlichen Zusammenhänge zwischen den rechterzeugenden sozialen Sachverhalten und ihrer Dynamik einerseits und den Anforderungen zur Fortentwicklung des Inhalts geltenden Rechts bzw. der Schaffung neuer rechtlichr Regelungen andererseits ins Bewußtsein hebt und entsprechende rechtspolitische Empfehlungen zur Schaffung von rechtlichen Regelungen unterbreitet, die bisher noch nicht gelten, aber morgen gebraucht werden, wenn das Recht in all seinen Gliederungen weiterhin als Instrument des Staates gesellschaftsverändernd wirksam bleiben soll.

Der Klassenlage der Bourgeoisie entsprach es bekanntlich, nach der Etablierung ihrer Rechtsordnung jeden Bezug des Rechts, vor allem seiner Bildung, zur Gesellschaft und ihrer Geschichte aus dem Rechtsdenken zu eliminieren und es systematisch auf positivistische Grundlagen zu stellen. Literarisch markiert diese Wende Gustav Hugos Abhandlung mit dem programmatischen Titel „Philosophie des positiven Rechts“[30] und hat in Gestalt der Historischen Rechtsschule Carl Friedrich von Savignys folgenreiche Wirkungen. Jetzt wird gegen jede Veränderung der Gesellschaft wie des Rechts Front gemacht, und zwar im Namen des Gewordenen und Bestehenden;[31] apologetisch der Positivität des Rechts verhaftet und methodisch sich nur innerhalb des quellenmäßig erfaßbaren juristischen Stoffes bewegend.[32]

Die Rechtsbildungstheorie angesichts der neuen Entwicklungsprobleme der realen sozialistischen Rechtssysteme systematisch sozialtheoretisch zu fundieren und nicht zuzulassen, sie auf eine Analyse strukturgesetzlicher Entscheidungszusammenhänge juristischer und anderer Art zu beschränken, wird die weltanschaulichen Potenzen der marxistisch-leninistischen Rechtswissenschaft kräftigen, was nottut, wenn ihre Stimme im geistigen Leben unserer Zeit vernehmbarer gehört werden soll. Auch wird dann der Anachronismus solcher Überlegungen von Autoren noch evidenter, die aus ganz verschiedenen Motiven heraus glauben, der marxistisch-leninistischen Rechtskonzeption immer wieder deshalb positivistische Elemente unterstellen zu müssen, weil sie die wesensmäßige Einheit zwischen Staat und Recht als gesicherte Erkenntnis zu verteidigen weiß.[33]

Schließlich — last, but not least — wird die Herausarbeitung aller Implikationen des sozialtheoretischen Ansatzes bei der Erforschung der Rechtsbildung mit dazu beitragen, den marxistisch-leninistischen Rechtsbegriff zu präzisieren, was nach Kudrjawzew[34] eine Voraussetzung für die Rechtswissenschaftler ist, die die objektive Basis für die Herausbildung von Rechtsnormen auf der Grundlage der sozialökonomischen und anderen gesellschaftlichen Gesetzmäßigkeiten aufdecken und Irrtümer bei der Normensetzung vermeiden helfen wollen, die auf Subjektivismus beruhen.

2. Grundsatzprobleme im Vorfeld einer Rechtsbildungstheorie

Wie alle anderen Erscheinungen des gesellschaftlichen Lebens ist auch das Recht nur in einer seine Entstehung, seine Struktur und seine Wirkung einschließenden Untersuchung angemessen zu analysieren. Verletzt man dieses Erfordernis der Dialektik, kann man weder eine dem Marxismus gemäße Rechtstheorie entwickeln noch eine dem Sozialismus gemäße Rechtspraxis gestalten. Wenn man im Rechtsanwendungsverfahren sich nicht auf schematische Konsequenzenzieherei und im Gesetzgebungsverfahren sich nicht auf eine pragmatische Arbeitsweise von hinüber- und herüberschaukelndem Räsonnement beschränken will, tut man also gut daran, auch Probleme des Rechtsbildungsprozesses grundsätzlich, d. h. historisch, philosophisch und strukturtheoretisch aufzuwerfen. Es werden hierbei keine Rezepte herausspringen, aber ohne Erkenntniszuwachs in der Grundlagenforschung ist jener Wissensvorlauf nicht zu erreichen, ohne den jedermann verurteilt ist, von der Hand in den Mund zu leben. Nachfolgend sollen im Vorfeld einer auszuarbeitenden Rechtsbildungstheorie einige Fragen gestellt und teilweise auch beantwortet werden. Vor allem aber soll dazu beigetragen werden, ein Problembewußtsein zu entwickeln, dessen Nichtvorhandensein allemal zu den elementaren Hindernissen bei der weiteren Forschungsarbeit zu zählen ist.

Bereits in der Übergangsphase, in der sich die Auffassungen des 26jährigen Karl Marx ganz kräftig und endgültig ins Marxistische zu wenden begannen, hat er vom Recht wie vom Staat gesagt, sie seien „nur *besondre* Weisen“ menschlicher Produktion und fielen unter ihr allgemeines Gesetz.[1] Es kann wohl sein, daß diese Aussage unter Marxisten den Charakter einer Trivialerkenntnis angenommen hat und daher nicht mehr recht ernst genommen wird: Zwar scheint die These, daß „jede Form der Production ihre eignen Rechtsverhältnisse ... erzeugt“,[2] geeignet zu sein, in der Auseinandersetzung mit der von Bibel (2. Mose 19), Talmud (Sanhedrin 56b) und Koran (10. Sure 38) gepredigten Auffassung von der überirdischen Herkunft des Rechts zu dienen. Wie sollte man sich auch mit der Idee abfinden, daß das Recht metaphysischen statt physischen, übernatürlichen statt natürlichen Ursprungs sei, daß eine vorgegebene lex divina mit moralischer und logischer Durchschlagskraft ausgerüstet, den Menschen zum bloßen Nachbeter überirdischer Gebote degradiere? Aber die Marxsche Einsicht, daß die Rechtsverhältnisse in den materiellen Gesellschaftsbeziehungen wurzeln, richtet sich nicht nur gegen Theologen und idealistische Axiologen. Sie ist auch gegen diejenigen gemeint, die das Recht aus sich selbst begreifen oder aber sein Wesen ausschließlich aus Ziel-Mittel-Relationen herauszudefinieren sich anheischig machen.

Zuweilen droht eine vereinseitigende Inanspruchnahme des Rechts als Instrument, als bloßes Mittel der staatlichen Leitung zum Beispiel, die Erkenntnis zu verstellen, daß eine marxistisch-leninistische Betrachtung des Rechts nur als genetische *und* funktionale materialistische Qualität anzunehmen vermag. In diesem Zusammenhang stimmt es bedenklich, daß einige unserer Hochschullehrbücher[3] die Gegenstandsbestimmung ihres Rechtszweiges vorwiegend funktional vornehmen. Das von P. I. Stučka angeführte russische Sprichwort „Das Gesetz ist wie eine Deichsel: wohin man sie dreht, dorthin muß sie sich wenden“[4] deckt das Wesen des Rechts wahrlich nicht allseitig auf, und es bleibt, um im Bilde zu bleiben, sehr die Frage, ob der Wagen auch in die Deichselrichtung fährt.

Wenn man die konstitutiven Eigenschaften des Rechts von seinen reflektiven isoliert, braucht man sich nicht zu wundern, wenn die an seine Effektivität geknüpften Erwartungen sich nicht erfüllen. Wenn das Recht in die menschliche Produktionsweise (auf bestimmten Stufen ihrer Entwicklung) verwoben, Produkt und Produzierendes zugleich, Widerspiegelndes und Bewirkendes in einem ist, dann ergibt sich daraus, daß marxistische Rechtstheorie sich nicht mit einer Rechtsanwendungs-, Rechtsdurchsetzungs-, Rechtsverwirklichungstheorie begnügen darf. Als historisches Phänomen ist das Recht, das in einer Gesellschaft herrschende Ordnungsgefüge und Verhaltensmuster, immer erst ein *Ergebnis* gesellschaftlicher Entwicklung und erst danach ein *Mittel*, diese Entwicklung zu festigen, zu verändern oder gar abzubrechen. Dieser Tatsache tragen übrigens die bei uns verbreiteten Lehrbücher für Staats- und Rechtstheorie insofern nicht Rechnung, als in ihnen die Funktionen, ja sogar die Effektivität des Rechts *vor* dem Rechtsbildungsprozeß dargestellt werden.

Recht ist Klassenwille, aber nicht Klassenwillkür. Sein Inhalt ist weder ewig noch beliebig, er ist objektiv determiniert. Er ist also nur in gewissen Grenzen vom Gesetzgeber verfügbar. Ohne eine materialistische Gesellschaftsanalyse keine wissenschaftliche Rechtstheorie, aber auch keine sozialistische Rechtspraxis. Wobei unter Rechtspraxis gleichermaßen der ˋechtsbildungs- wie der Rechtsverwirklichungsprozeß zu verstehen ist. Die erforderliche Vertiefung des weltanschaulichen Gehalts der marxistischen Rechtswissenschaft, die Herausarbeitung ihrer rechtsphilosophischen Relevanz ist ohne einen ständigen Rückgriff auf die historische Dimension des Rechts nicht zu bewältigen. Rechtstheorie ohne Rechtsgeschichte würde zu einer normativen Strukturanalyse vereinseitigen, praktisch zu einer inhaltsentleerten Methodenlehre.

Es gehört zum Erbübel des Positivismus in der Rechtswissenschaft, seine klassenbedingte Unfähigkeit, das Recht aus den wirklichen gesellschaftlichen Verhältnissen herauszukonstruieren — so die von Engels entwickelte materialistische Aufgabenstellung[5] —, zum erkenntnistheoretischen Prinzip zu erheben: das Recht als ein Stufenbau verbindlicher Normen willkürlichen Inhalts sei keiner kausalgesetzlichen Analyse zugänglich, da zwischen Wirklichkeit und Wert kein Weg hin und keine Brücke zurück führe.[6] Daß mit diesem Mauerbau zwischen der Welt des Seins und der des Sollens das Recht aus dem Untersuchungsfeld seiner Ursachen und seiner Wirkungen gelöst wird und die eigentlichen Probleme der Rechtsbildungs- wie des Rechtsverwirklichungsprozesses aus dem Blick geraten, ist die rechtspolitische Konsequenz einer sich als von allen politischen Ingredienzien gereinigt rühmenden Konzeption.

Wenn sich das Wesen des Rechts im Gesetz erschöpfen und Rechtswissenschaft tatsächlich keine Sozialwissenschaft sein würde,[7] dann wären die juristischen Methodenlehren legitimiert, in denen Rechtsbildungsprobleme durch ihr Fehlen glänzen[8] oder in denen sie zur bloßen Gesetzgebungstechnik zusammengeschrumpft sind,[9] und jedenfalls vermieden wird, nach den die Rechtsentwicklung objektiv determinierenden Faktoren auch nur zu suchen. Angesichts der allerorts legalen Normenflut bliebe dann nichts weiter als der schwarze Humor derer übrig, die einst den Staat als eine „Gesellschaft mit beschränkter Haftung zur Massenproduktion von Gesetzesartikeln“ und den Rechtsstaat als einen solchen Staat definierten,[10] „in dem dieser Produktionszweig jeden anderen überwiegt . . .“

Die meistaufgelegte Juristen-Methodologie der westdeutschen Nachkriegszeit, deren Autor ganz sicher „Positivist“ als Schimpfwort empfindet, hat nichtsdestoweniger insofern eine positivistische Verfahrenslehre geliefert, als auch er das Auffinden des „hier und jetzt geltenden Rechts“ als Erkenntnisziel der Jurisprudenz bestimmt.[11] Wenn man aber die Rechtswissenschaft qua definitione von Rechtsphilosophie, Rechtssoziologie und Rechtsgeschichte „befreit“, wenn man sie dazu verdammt, aus einem, wie es heißt, „vorgegebenen“ Stoff von Gesetzen, Gerichtsurteilen, Verwaltungsakten und Verträgen das konkret Verbindliche herauszufiltern, wenn es der Stolz des Dogmatikers sein darf, dieses hier und jetzt geltende Recht nicht hinterfragen zu können, dann ist das auf solche Weise gemalte Berufsbild des Juristen das eines eher weniger als mehr denkenden Dieners der herrschenden, insofern jedenfalls „positiven“ Gesellschaftsordnung. Auch wenn eine solche Methodenlehre der Rechtswissenschaft universal anwendbares Wissen zu liefern verspricht: wer weder Mittel noch Wege kennt, das „hier und jetzt geltende Recht“ als Ganzes in Frage zu stellen, wer ein rechts*politisches* Arbeitsfeld immer nur im Rahmen der gegebenen Rechtsordnung zuläßt, wer die einzelne Rechtsnorm ausschließlich danach zu befragen für zulässig hält, ob sie gültig, d. h., ob sie Bestandteil der positiv geltenden Rechtsordnung sei, der stellt natürlich auch selbst alle seine Gedanken in den Fesseln dieses hier und jetzt geltenden Rechts an, muß sich also sagen lassen, daß alle seine Erkenntnisse mit eben diesem Recht stehen und fallen. Hier zeigt sich sehr deutlich, daß im Prokrustesbett des prinzipiellen Dogmatismus Unwissenschaftlichkeit mit Fortschrittsfeindlichkeit sich paart.

Es hat — auch für das Bürgertum und seine Denker — Zeiten gegeben, in denen die Rechtswissenschaft nicht als Rechtsprechungswissenschaft konzipiert worden war und die Juristen nicht als intellektuelle Dienerschaft des gegebenen Gesetzgebers. In der ganzen Periode der Aufklärung haben die besten Geister ihre Gedanken nicht in den Fesseln geltender Gesetze gedacht, im Gegenteil, sie haben ganz entschieden dazu beigetragen, daß den juristischen Fakultäten von Zeit zu Zeit ihr Lehrgegenstand entzogen wurde. Nicht die Anwendung, die Kritik des Rechts war der von ihnen bevorzugte Gegenstand, und zwar auch dann, wenn sie nur das gute alte Recht gegen die neuerlassenen Gesetze zu verteidigen vorgaben. Insbesondere die großen vorrevolutionären Materialisten Frankreichs haben, ausgehend von den multilateralen Determinierungszusammenhängen des Rechts, wie sie von Montesquieu in seinem material- und gedankenreichen De l'esprit des lois (1748) veröffentlicht worden waren, den inhaltlichen Gesetzgebungsproblemen ihre literarische Aufmerksamkeit gewidmet, die einer Resonanz in der marxistischen Rechtswissenschaft wohl wert wäre: Diderots Législateur-Artikel im 9. Band der Enzyklopädie (1765), Marats Plan de législation criminelle (1780) und tiefer als alles andere Helvétius' postumes De l'homme, dessen neunte Abteilung in 31 Kapiteln Gesetzgebungsprobleme in grundsätzlicher Weise erörtert. Unverzichtbar sollte auch eine sorgfältige Berücksichtigung des Beitrages sein, den eine der Quellen des Marxismus, die klassische deutsche Philosophie, gerade zur Rechtsbildungsproblematik geleistet hat. Bekannt ist die scharfe bis zur persönlichen Beleidigung gehende Auseinandersetzung, die Hegel gegen den Gesetzgebungsverzicht der Historischen Rechtsschule geführt hat.[12] Kaum zur Kenntnis genommen hingegen ist Fichtes Konzeption des Ausbildungsziels der Juristenfakultät an der neu zu gründenden Berliner Universität: Der letzte Zweck sei es, nicht Richter, sondern den Gesetzgeber zu bilden.[13]

Im Nachfolgenden wollen wir aber nicht eine metatheoretische Betrachtung zu vergangenen Rechtsphilosophien und deren Gesetzgebungskonzeption bieten — obschon auch wir heute leichter nach vorn gehen könnten, würden wir öfter auf sie zurücksehen —, sondern anhand juristischer Texte aus dem Menschenrechtsbereich zu einigen erkenntnis- und strukturtheoretischen Problemen der Gesetzgebung Stellung nehmen. Es stünde um die Praktikabilität rechtstheoretischer, speziell rechtsmethodologischer Aussagen erheblich besser, wenn deren Autoren nicht allzu häufig die Nabelschnur zwischen dem normativen Ausgangsmaterial ihrer Untersuchungen und ihren Verallgemeinerungen (wenn es welche sind!) zerrissen hätten. In unserem Fall soll eine These des bereits erwähnten Helvétius als problemaufwerfend benutzt werden: Die Prinzipien und Gebote des Naturrechts seien den Menschen weder angeboren noch von Gott ihnen in ihr Herz eingegraben, ihre Kenntnis sei vielmehr, so Helvétius, bei allen Völkern das Produkt der Zeit, der Erfahrung und der Vernunft.[14]

Zu dieser dialektische und materialistische Momente vereinigenden Auffassung haben sich die ersten, geltendes Recht markierenden Menschenrechtserklärungen von Virginia (1776, also fünf Jahre nach dem Tod von Helvétius, drei Jahre nach der Erstveröffentlichung seines Werkes: Vom Menschen) und von Paris (1789) nicht durchzuringen vermocht. Erst recht nicht kann man von deren normativen Vorläufern, etwa den Artikelbriefen des deutschen Bauernkrieges (1525) oder den Agreements of the People in der englischen Revolution (1647/49), erwarten, daß sie mehr als eine Vorbereitung des französischen Materialismus zu bieten imstande waren. In Virginia formulierte man, that all men are by nature equally free and independent, and have certain inherent rights: in der kurz danach angenommenen Unabhängigkeitserklärung der dreizehn vereinigten Staaten von Amerika heißt es ganz ähnlich, that all men are created equal and that they are endowed, by their creator, with certain unalienable rights; in Frankreich, dreizehn Jahre später, wird behauptet: les hommes naissent et demeurent libres et égaux en droits. Diese Rechte aber seien droits naturels, inaliénables et sacrés.

Dieser grundlegende Unterschied in der Quellenfrage der Menschenrechte — ob angeborene, ob erworbene Rechte —, hier im Meinungsgegensatz zwischen Helvétius und etwa Jefferson dargestellt, hat rechtstheoretische Konsequenzen, die bisher kaum untersucht sind, obwohl sie auch die Interpretationsschwierigkeiten erklären, denen die von den Vereinten Nationen zur Ratifikation empfohlenen beiden Menschenrechtskonventionen von 1966 ausgesetzt sind.

Wenn die Menschenrechte dem Menschen von Natur oder Gott für ewig und alle Zeiten und unveränderbar und unveräußerlich gewissermaßen seiner Erbmasse beigegeben werden, dann könnten die parlamentarischen Katalogisierungen der Menschenrechte nicht mehr als Rechtsnormen gedeutet werden. Diese Kataloge hätten dann keinen präskriptiven, sie hätten einen deskriptiven Charakter.[15] Sie enthielten keine Gebote, keine Verbote oder Erlaubnisse, keine Aufforderungen, sie würden nichts *vor*schreiben, sondern vielmehr *be*schreiben, welche Rechte jeder Mensch kraft seiner Menschennatur oder seiner göttlichen Herkunft hat; sie enthielten Aussagen darüber, daß in jeden Menschen außer seinen physischen und psychischen Gaben und Begabungen auch noch Rechtsansprüche auf Freiheit und Gleichheit hineingebrütet sind. Konsequenterweise heißen die ersten Menschenrechtsverbriefungen in Amerika und Frankreich auch declaration bzw. déclaration, also

Erklärungen, das heißt, sie wollen kein Verhalten normieren, keinen Rechten und Pflichten zur Existenz verhelfen, sondern über existente Rechte und Pflichten informieren und sie durchsetzen helfen. Es handelt sich also nicht um Normen, es handelt sich um Aussagen über Normen.

Diese Unterscheidung mag haarspalterisch erscheinen; sie ist jedoch weichenstellend. Wenn — ausgehend von der idealistischen Beantwortung der Grundfrage der Rechtsphilosophie, also im Widerspruch zur materialistischen Behauptung von Helvétius und Marx, daß das Recht ein Produkt der Geschichte ist, — die Menschenrechte übergesetzlich und überzeitlich, dem Gesetzgeber folglich vorgegeben sind, dann trägt dieser Gesetzgeber weder für deren Inhalt noch für deren Begründung die Verantwortung. Nicht zufällig sagten die 55 Unterzeichner der amerikanischen Unabhängigkeitserklärung von 1776 über die angebliche Ausgerüstetheit aller Menschen mit unveränderlichen Rechten wie über den gleichen Anspruch eines jeden auf Leben, Freiheit und Glück: we hold these truths to be *selfevident*, keiner Begründung bedürftig, und auch eigentlich keiner Begründung fähig, denn was Gott selbst getan hat, ist auch wohlgedacht!

Indem die Menschenrechte als angeborene Rechte, göttlich verordnet, als sich zwingend aus der ewigen Natur des Menschen ergebend aufgebaut werden, wird das revolutionäre Anliegen in England des 17., in Amerika und Frankreich des 18. Jahrhunderts als *absolut* notwendig, als göttlich gedeckt, als von keinem Menschen anzweifelbares Unternehmen charakterisiert. Gleichzeitig werden aber auch die sich im Ergebnis der Revolutionen endgültig etablierten Gesellschaftsverhältnisse, die Macht- und Ohnmachtsstruktur des Kapitalismus also, als nicht mehr hinterfragbar, als nicht mehr veränderungsbedürftig, als nicht beseitigungsfähig legitimiert. Das hat seine gesamtgesellschaftlich progressive Rolle im 17. und 18. Jahrhundert gespielt, aber bereits in der Mitte des 19. Jahrhunderts hielten es Marx und Engels in der „Judenfrage" und der „Englischen Konstitution" für erforderlich, die reaktionären Konsequenzen eines normativen Programms herauszuarbeiten, das bestenfalls auf Illusionen beruht.

Erst recht zeigt sich der Pferdefuß, ja die ideologische Brisanz einer mittels vorgegebener Menschenrechte betriebenen Abschirmung des realen Kapitalismus vor dem (zunächst) intellektuellen Zugriff antiimperialistischer Kräfte in der Epoche des weltgeschichtlichen Übergangs von der bürgerlichen zur sozialistischen Gesellschaft, wenn es jedenfalls nicht mehr das Bürgertum ist, das den „allgemeinmenschlichen" Fortschritt betreibt. Unter solchen Bedingungen von der „Menschenwürde", der Zentralkategorie des ganzen bundesrepublikanischen Grundrechtskatalogs, aus der sich, laut BRD-Verfassungsgerichtspräsident jedenfalls,[16] alle anderen Grundrechte (einschließlich Privateigentum und Berufsverbote) ergeben, zu behaupten, sie könne nicht begründet, sie müsse vorausgesetzt werden,[17] heißt einem militanten Dunkelmännertum die Waffe zu schmieden. Wenn nämlich ausgerechnet die grundlegenden Rechtsbeziehungen in der Gesellschaft nicht durch eine wissenschaftliche Gesellschaftsanalyse zu erschließen sein sollen, wird die Rechtstheorie in ihren Grundfesten irrationalisiert, Glauben ersetzt Wissen, Bekenntnis verdrängt Erkenntnis, das manipulierte Gewissen schaltet den Verstand aus, „wenn ihrs nicht fühlt, ihr werdets nicht erjagen ..." Auch dieser Vorgang hat seinen außertheoretischen Stellenwert, gerade heute, da das bürgerliche Menschenrechtskonzept als Waffe im politischen Trommelfeuer rigider Antikommunisten genutzt wird wie selten zuvor: In der Außenpolitik sollen diese begründungsunfähigen Grundwerte und Grundrechte das völkerrechtlich verbindliche Nichteinmischungsverbot außer Kraft setzen,[18] der Irrationalismus wird aggressiv, und in der Innenpolitik soll die Substanz dieser Werte und Rechte nicht über Majoritäten manipulierbar sein,[19] sprich: der Bevölkerungsmehrheit nicht zur Diskussion stehen, im Extremfall sich als revolutionsfest erweisen.

Es ist daher kein Zufall, daß in den die Gesellschaftskrise des gegenwärtigen Kapitalismus widerspiegelnden Versuchen, die Begründungskrise des kapitalistischen Rechts zu beheben — bei aller Betonung eines konsensusorientierten Polylogs vernünftig Argumentierender als der angeblichen Legitimationsinstanz von Rechtsnormen —, institutionalisierte Diskursbegrenzungen als unverzichtbares Refugium vor den Zudringlichkeiten respektlosen Infragestellens des ganzen Systems benötigt und transzendentalphilosophisch begründet werden: Man brauche zumindest pragmatische Regeln, deren Quintessenz in Grenzfestlegungen bestünde, jenseits derer Sprüche nicht Widersprüche, sondern die Weigerung, sich auf sie einzulassen, Widerstand also, erfordern.[20]

Wie sich zeigt, lohnt es sich, nicht zuletzt wegen der Verbrämungen, denen gerade der Grundrechtsteil bürgerlicher Verfassungen ausgesetzt ist, nicht bloß den zwiespältigen Gebrauchswert seines Inhalts aufzudecken, sondern auch seiner rechtsphilosophischen Relevanz bis hin zu strukturtheoretischen Fragestellungen nachzugehen. Bisher hatte sich ergeben, daß die ersten Menschenrechtserklärungen des siegreichen Bürgertums nach Meinung ihrer Formulierer keine neuen Rechte in Kraft setzen, sondern bloß über die ancient rights of their ancestors (so die britische Declaration of rights von 1689), über die inherent rights of all men (so die Virginia declaration of rights von 1776), über die unalienable rights mit dem all men are endowed by their Creator (so die amerikanische Unabhängigkeitserklärung des gleichen Jahres), über längst oder ewig bestehendes Recht also, informieren sollten. Im Sprachgebrauch der heutigen Semiotik soll es sich bei den Menschenrechtserklärungen nicht um Normen, sondern um Aussagen über Normen, um Metaaussagen handeln. Wir haben die erkenntnistheoretische Grundlage für diesen weltgeschichtlichen Irrtum, den Idealismus, samt seinen gesellschaftlichen Ursachen, die eigensüchtige Verwechslung von Klassen- und Menschheitsinteressen durch das Bürgertum, aber auch die zunächst progressiven, dann immer mehr reaktionären Folgerungen dieser Konzeption gesehen.

Enthalten aber die Menschenrechtserklärungen wirklich Normen? Ohne hier detaillierte Untersuchungen durchführen zu können, läßt sich am empirischen Material leicht zeigen, daß die bedeutendsten (wenn nicht alle) Menschenrechtserklärungen der Welt sowohl Aussagen als auch Normen enthalten, aus deskriptiven und präskriptiven Sätzen bestehen. In der französischen Jakobiner-Erklärung der Menschen- und Bürgerrechte von 1793 wird „in Gegenwart des höchsten Wesens" unter anderm proklamiert, daß

a 1) alle Menschen durch die Natur und vor dem Gesetz gleich seien (Artikel 3),

b 1) keiner ohne seine Einwilligung auch nur des geringsten Teiles seines Vermögens beraubt werden dürfe, es sei denn auf gesetzlicher Grundlage und mit Entschädigung (Artikel 19),

c 1) Vergessen und Mißachtung der Naturrechte des Menschen die einzigen Ursachen des Unheils in der Welt seien (Präambel).

In der ersten Verfassung der Russischen Sozialistischen Föderativen Sowjetrepublik von 1918 heißt es unter anderem, daß

a 2) in der bürgerlichen Zivilisation der Wohlstand der Ausbeuter auf der Versklavung der Werktätigen beruhe (Artikel 5),

b 2) das Privateigentum an Grund und Boden aufgehoben und der enteignete Boden den Werktätigen ohne jede Ablösung übergeben werde (Artikel 3), c 2) die Hauptaufgabe in der Beseitigung jeder Ausbeutung des Menschen durch den Menschen bestehe (Artikel 9).

Die jeweils unter a) aufgeführten Sätze 1 und 2 enthalten Aussagen, und zwar nicht, wie die bürgerlichen Illusionisten meinten, Aussagen über die Existenz von Normen (Metaaussagen), sondern Aussagen über die Begründung von Normen (Basisaussagen): a 1 begründet mit der Behauptung, daß alle Menschen von Natur aus gleich seien, die gleichen Rechte eines jeden; a 2 begründet mit der Behauptung, daß der Wohlstand der Ausbeuter auf der Versklavung der Werktätigen beruhe, die Vergesellschaftung des Eigentums, die proletarische Diktatur und die sozialistischen Freiheitsrechte der Arbeiter und Bauern. Die unter b) aufgeführten Sätze 1 und 2 enthalten hingegen Normen: b 1 verbietet gesetz- und entschädigungslose Eingriffe in das Privateigentum; b 2 gebietet die Enteignung des Privateigentums an Boden und seine Nutzungsübergabe an die Werktätigen. Die unter c) aufgeführten Sätze 1 und 2 enthalten Zielstellungen: c 1 impliziert mit der Behauptung, daß alles Unheil in der Welt beseitigt wäre, wenn die natürlichen Menschenrechte bekannt und geachtet wären, das Ziel einer heilen Welt; c 2 stellt die Aufgabe, mit der Durchsetzung der Freiheitsrechte der Werktätigen eine ausbeutungs- und unterdrückungsfreie Gesellschaft herbeizuführen. Der in c 1 enthaltene Satz ist eine Aussage (weder über die Existenz noch über die Begründung, sordern) über die Zielstellung von Normen; der in c 2 enthaltene Satz ist eine indirekte Verhaltensregel, eine Norm; er schreibt die Zielstellung verbindlich vor. Diese Zielstellungsnorm impliziert freilich die (Basis-) Aussage, daß mit der Durchsetzung der angeführten direkten Verhaltensregelung dieses Ziel erreicht werden kann.

Diese hier am Beispiel einiger Menschenrechtskataloge dargestellte Dreiteilung in Basisaussagen, Verhaltensregeln und (beschriebene oder vorgeschriebene) Zielstellungen, die sich teilweise sogar für den Inhalt eines einzigen Gesetzgebungsartikels nachweisen läßt (vgl. etwa Artikel 14 der RSFSR-Verfassung von 1918), eröffnet sowohl für de-lege-lata- als auch für de-lege-ferenda-Forschungsaufgaben zum Rechtsbildungsprozeß ein weites Feld für spekulative und empirische Tätigkeiten, die hier nur angedeutet werden können:

Aussagen, also auch Basisaussagen, können verifiziert oder falsifiziert und dadurch die auf diesen Aussagen beruhenden Normen als wissenschaftlich begründet oder unbegründet nachgewiesen werden. Zur Analyse eines juristischen Textes (einschließlich seines Entwurfs) gehört also die Zuordnung von miteinander korrespondierenden Aussagen und Normen.

Von dieser Korrespondenz im Gesetzestext (aber auch im Gerichtsurteil ausformulierter oder aus ihm zu erschließender Aussagen und Normen) ist wohl die strukturelle Beziehung der Normen zueinander zu unterscheiden. Dabei werden die ohnehin bislang spärlichen Versuche, die Makrostruktur des Normenkörpers, d. h. die logischen Verknüpfungen zwischen verschiedenen Elementen innerhalb eines Normengeflechts als entscheidungsdefinites Handlungsprogramm sichtbar zu machen, so lange ohne praktikables Ergebnis bleiben, solange die Mikrostruktur der Elemente des normativen Beziehungsgefüges, d. h. die logische Struktur der einzelnen Rechtsnormen auf dem bisherigen Niveau dargestellt wird. Die von vielen Marxisten vertretene, von ihnen übrigens nicht erfundene These besagt bekanntlich, daß eine normale Rechtsnorm sich aus Hypothese (= Prämisse), Disposition und Sanktion zusammensetzt. Der dringende Verdacht besteht, daß noch kein einziger Anhänger dieser Lehrbuch-Lehre auch nur versucht hat, einen empirischen Normenkörper, etwa ein Arbeitsgesetzbuch oder eine Neuererverordnung, nach den in ihm enthaltenen Hypothesen, Dispositionen oder Sanktionen aufzugliedern, um am Ende auch angeben zu können, wieviel Normen in ihm enthalten sind. Wir Juristen können aber doch nicht einerseits die Rechtsnorm als Grundzelle der ganzen Rechtsmaterie bezeichnen[21] und uns andererseits mit einem „Gott der Herr hat sie gezählet" begnügen!

Unter der Voraussetzung, daß man die Rechtsnorm als kleinste sinnvolle Einheit eines Rechtsnormensystems charakterisiert,[22] ergibt sich aus folgenden Gründen, daß es nicht nur unzweckmäßig (weil unpraktikabel), sondern unmöglich (weil zu logischen Widersprüchen führend) ist, die Dreigliedrigkeitshypothese aufrechtzuerhalten:

a) Zunächst macht sich jede Strukturtheorie verdächtig, die nicht in der Lage ist, eine allgemeingültige Struktur für jedes Element einer gegebenen Menge vorzuführen. Ohne Angabe von irgendwelchen Gründen für eine Spezifik pflegen aber die Dreigliedrigkeitssympathisanten zuzugeben, daß ihre Strukturauffassung auf die Strafrechtsnorm nicht passe: Hier gebe es nur zwei Glieder, da Hypothese und Disposition zu einem Element verschmölzen.[23] Was man sich darunter vorstellen solle und welches die Ursachen für solche Abnormitäten sind, bleibt im Dunkeln. Überdies würde eine Analyse des Völkerrechts zeigen, daß es zu einem nicht unerheblichen Teil aus strukturellen leges imperfectae besteht, die Sanktionen zu den vorhandenen Dispositionen lassen sich nicht auffinden. Da aber, so jedenfalls die Dreigliedrigkeitstheoretiker selbst,[24] eine Disposition aufhört, eine Disposition zu sein, wenn keine Hypothese vorliegt, und sie dann nicht zu einer Norm wird, wenn keine Sanktion vorgesehen ist, da sogar außerhalb der Drei-Elemente-Struktur die Rechtsnorm aufhöre, eine solche zu sein (!), verwickelt sich die Dreigliedrigkeitskonzeption schließlich in Widersprüche, die nur dadurch aufhebbar werden, daß man das ganze Konzept aufgibt.

b) Vergleicht man die Charakterisierung der Disposition („verbindliche Forderung eines bestimmten Verhaltens") mit der Definition der Sanktion („staatliche Zwangsmaßnahmen gegen Personen, welche die Norm [gemeint ist offensichtlich nicht „Norm", sondern „Disposition", denn zu einer Norm gehört ja angeblich bereits die Sanktion! — d. Verf.] verletzen"), kann man unschwer feststellen, daß auch die Sanktion tatsächlich eine Disposition ist. Sie *ist* nämlich keine Zwangsmaßnahme, sondern sie *soll* eine Zwangsmaßnahme herbeiführen helfen, sie beschreibt keine existente Zwangsmaßnahme, sie fordert eine, sie ist also nichts anderes als eine „verbindliche Forderung eines bestimmten Verhaltens", also eine Disposition. Das wird übrigens in der Fassung der Dreigliedrigkeitstheorie besonders deutlich, die ihr von der Reinen Rechtslehre gegeben wurde: „Ein Subjekt A soll ein Verhalten V_1 an den Tag legen, tut es dies nicht, so soll ihm gegenüber ein Verhalten V_2 platzgreifen."[25]

c) Versucht man in einem empirisch gegebenen Normenmaterial, etwa einer Kodifikation, den Dispositionen Sanktionen zuzuordnen, stellt man fest, daß es selten eindeutige Zuordnungen gibt. Für einunddieselbe Disposition stehen sehr oft mehrere Sanktionen bereit (wenn auch an verschiedenen Stellen des Gesetzes, oft gar in ganz anderen Gesetzen, ungeahnte Fälle von leges fugitivae tun sich hier auf), und so manche Sanktion ist für viele Dispositionen zuständig. Das Ganze ist also ein Wirrwarr von sich überschneidenden und daher eben nicht Grundzellen der Rechtsmaterie. Überdies müssen wir uns im klaren darüber sein, daß die tatsächlich wirkenden Sanktionen oft überhaupt nicht im Gesetz sind, sondern als außerlegale (nicht: illegale!) wirken.

d) Wenn man einen empirisch gegebenen Normenkörper, also eine endliche Normen-Menge M mit m_1 bis m_n Elementen, unter dem für die Dreigliedrigkeitshypothese charakteristischen dominanten Aspekt von Sanktionen hierarchisch strukturiert, dann stößt man unweigerlich auf eine Norm, deren Verletzung ihrerseits nicht mehr durch eine Sanktion gedeckt ist. Da aber angeblich jedes vorgeschriebene Verhalten dann nicht zu einer Norm wird, wenn keine Sanktion vorgesehen ist, schlägt das Nichtvorhandensein einer Sanktion für die „letzte" Norm m_n in der Menge M über die Norm m_{n-1} auf alle Elemente von M zurück: „letztlich" sind alle Normen sanktionslos, d. h., sie sind überhaupt keine Normen (unter der für die Sanktionstheorie idealtypischen Voraussetzung, daß m_1 von m_2; m_2 von m_3, ... m_{n-1} von m_n gedeckt wird, kann m_n von keiner Norm der Menge M mehr gedeckt werden).

Diese Schwierigkeit scheinen Dreigliedrigkeitstheoretiker geahnt zu haben, indem sie als letzte Ausflucht darauf verweisen,[26] daß, wenn die Sanktion in keinem anderen Gesetzesartikel gefunden werden kann, sie in der Gesetzgebung insgesamt enthalten sei. Falls damit etwa gemeint ist, daß unter Umständen die Sanktion zu einer bestimmten Disposition nicht lokalisierbar sei, sondern das Rechtssystem insgesamt als Sanktion wirke, wäre der Gedanke eines Normenkörpers als einer strukturierten Einheit überhaupt aufgegeben.

Normen können geeignete, mehr oder weniger geeignete oder ungeeignete Mittel zur Erreichung eines Ziels[27] sein (sogenanntes Äquifinalitätsproblem). Zur Analyse eines vorzubereitenden oder einzuschätzenden Textes gehört also auch die Erschließung und Zuordnung von miteinander korrespondierenden direkten und indirekten Verhaltensregeln (Zielstellungen). Besonders unter dem Gesichtspunkt von Effektivitätsbeurteilungen des Rechts ist es geradezu unerläßlich, seine Zielstellung expressis verbis herauszuarbeiten. Man muß sich freilich darüber im klaren sein, daß es nur im idealtypischen Fall vorkommen wird, einer einzelnen Rechtsnorm eine von den Zielen anderer Normen unterscheidbare Zielstellung zuzuordnen; normalerweise wirkt die (wohl logisch, aber nicht soziologisch isolierbare) Norm nur eingebunden in einen Normenkörper.

Grundsätzliche Bedenken ergeben sich allerdings, wenn Adäquatheit und Inadäquatheit einer Rechtsnorm darauf eingeengt werden, ob die in der Norm enthaltene Aufforderung, ausgehend von den angegebenen Ausgangsbedingungen, zu dem beabsichtigten Ziel führt.[28] So richtig es ist, Adäquatheit von Normen wie Wahrheit von Aussagen nicht als Eigenschaft von Sachverhalten, sondern als eine Relation zwischen Sachverhalt auf der einen und Aussage bzw. Norm auf der anderen Seite zu interpretieren, so falsch ist es, die Übereinstimmungsrelation zwischen Sachverhalt und Norm ausschließlich danach zu fixieren, ob die Norm ein geeignetes Mittel darstellt, das vorgegebene Ziel erreichen zu helfen. Gerade eine materialistische Rechtstheorie darf sich nicht auf den funktionalen Aspekt des Rechts beschränken. Sie muß auch (und sogar in erster Linie) danach fragen, ob und inwieweit eine Rechtsnorm die Bedürfnisse der gegebenen Gesellschaftsordnung widerspiegelt, ob und inwieweit sie progressiv oder reaktionär ist usw.

Wir kommen folglich in der Rechtstheorie nicht mit nur einer Adäquatheit aus. Gerade wenn man als das Regelungsobjekt des Rechts diejenigen gesellschaftlichen Verhältnisse definiert, denen die Eigenschaft der Regelungsnotwendigkeit zukommt, und wenn man diese Notwendigkeit qualitativ und quantitativ bestimmt (d. h. nicht bloß, *daß* geregelt wird, sondern auch *wie!*), ist es unerläßlich, die materialistische Widerspiegelungstheorie auf dem Forschungsfeld der Rechtswissenschaft voll zur Entfaltung zu bringen.[29] Die vom jungen Marx noch auf *objektiv*-idealistischer Grundlage gewonnene Erkenntnis,[30] daß der Gesetzgeber sich wie ein Naturforscher zu verhalten habe, daß er die Gesetze nicht erfindet, sondern sie nur formuliert, erweist sich als eine in seinem späteren Materialismus aufhebbare Einsicht. Wenn das Recht nur ein (adäquater oder inadäquater) Operationsalgorithmus wäre, wäre man nicht berechtigt, aus überlieferten Rechtstexten, etwa dem altbabylonischen Kodex des Hammurapi oder den altindischen Gesetzen des Manu, auf den tatsächlichen Zustand der damaligen Gesellschaft zurückzuschließen. Eben weil das Recht Produkt materieller Verhältnisse ist, hat Paschukanis völlig zutreffend das Recht auch als *Symptom* gewürdigt,[31] aus dessen Existenz mit einer gewissen Wahrscheinlichkeit auf die Existenz einer bestimmten sozialen Realität geschlossen werden kann.

Die sich aus den Entsprechungen von Basisaussagen und Verhaltensregeln und von (direkten) Verhaltensregeln und Zielstellungen ergebenden Folgerungen für die *Rechtsanwendung* bedürfen besonderer Untersuchungen. Daß sich die Normeninterpretation in Widerspruch zur Zielstellung eines Normensystems begeben kann, zeigt gerade der Stellenwert der Menschenrechte in der Außenpolitik: So widersprechen heutzutage die Versuche bestimmter bürgerlicher Theoretiker und Praktiker, die Menschenrechtskonventionen der Vereinten Nationen als Mittel zur Verhinderung einer Abrüstungs- und Friedenspolitik zu benutzen, der im Artikel 55 der Charta der Vereinten Nationen von 1945 vorgeschriebenen Ziel-Mittel-Relation: with a view to the creation of ... peaceful relations among nations, the UN shall promote: universal respect for, and observance of human rights ....

Was immer sich an Illusionen mit dem jahrtausendealten Grundsatz des Justinian cum legibus iudicandum est, anhand von Gesetzen ist zu entscheiden (Codex 7, 45, 13), verknüpft hat, Tatsache ist jedenfalls auch, daß die Forderungen der Bacon und Montesquieu: Amt des Richters als des authentischen Dolmetschers des Gesetzes sei es, Recht zu sprechen und nicht Recht zu machen,[32] auf Rationalitätsfortschritt in der Rechts*lehre* und gegen die Willkürjustiz in der Rechts*praxis* zielten. Ohne im geringsten Zugeständnisse an Methoden zu machen, die von den Hermeneutikern als Überwindung des Gesetzespositivismus gefeiert werden, tatsächlich aber die Eliminierung rationaler und demokratischer Gesetzgebungsaufgaben bedeuten[33] — Methoden, die teils mit naiven, teils mit durchtriebenem Behagen Gesetzanwendungsprobleme bis zur „gesetzesübersteigenden Rechtsfortbildung" durch die Gerichte, einem Euphemismus für Gesetzesbruch, auszuweiten pflegen —, dürfte die überfällige Analyse der Rolle sozialistischer Gerichte im Rechtsbildungsprozeß vom unterschiedlichen Abstraktionsgrad der Basisaussagen und der diesen angemessenen Verhaltensregeln auszugehen haben. Daß dabei nicht eine dogmatisierte Gewaltenteilungstheorie, sondern die Entwicklungs- und Strukturprinzipien der sozialistischen Gesellschaft von grundlegender Bedeutung sind, sollte sich von selbst verstehen.

Die Basisaussagen der Normen, gleich ob direkt im Gesetzestext enthalten oder aus ihm zu erschließen, widerspiegeln mehr oder weniger adäquat diese oder jene Gesellschaftsinteressen. Bei den Menschenrechtstexten der englichen Revolution des 17. Jahrhunderts läßt sich das literarisch bei den petitions der Leveller und der Digger, bei den Menschenrechtstexten der amerikanischen Revolution des 18. Jahrhunderts läßt sich das literarisch im Verhältnis der declarations of Rights zu den diesen vorhergehenden declarations of grievances besonders eindrucksvoll belegen. Zur Analyse juristischer Texte gehört also auch die historische Untersuchung und Bewertung derjenigen sozialen Interessen, die sich in den Basisaussagen und damit in den auf diesen beruhenden Normen widerspiegeln.

Genau hier dürfte auch der Ort sein, wo eine marxistische Gerechtigkeitstheorie, die doch nicht darin bestehen kann, den irrationalen Gerechtigkeitswerten des heutigen Bürgertums mit tief empfundenden Gerechtigkeitsgefühlen entgegengesetzten Inhalts den Kampf anzusagen, praktikabel gemacht werden kann. Der von Marx und Engels[34] mindestens dreischichtig verwendete Gerechtigkeitsbegriff (juristische, soziale, historische Gerechtigkeit) erzwingt geradezu sowohl bei der Analyse rechtshistorischer Texte als auch bei der Einschätzung von Gesetzestexten im Entwurfsstadium eine sorgfältige Zuordnung von Basisaussagen und Normen samt einer Aufdeckung der hinter beiden steckenden Gesellschaftsinteressen.

Eine solchermaßen betriebene strukturelle und inhaltliche Analyse dürfte auch ein unverzichtbares Methodenelement bei der erforderlichen Rechtsvergleichung zwischen Normativmaterialien verschiedener Zeiten, Länder und Klassen sein. Sie ermöglicht eigentlich erst eine über formale Entsprechungen und Widersprechungen hinausgehende dialektisch-materialistische Rechtsvergleichung. Die sich hierbei ergebenden Aspekte können natürlich zu einer allgemeinen marxistischen Theorie und Methode der Rechtsvergleichung verallgemeinert werden und stellen ein dialektisch-materialistisches Gegengewicht gegen das angeblich raum- und zeitlose Methoden- und Argumentations-Instrumentarium juristischer Topiker dar.[35]

Für das sozialistische Recht charakteristisch ist ein isomorphes Verhältnis von Rechtsnormen und Sachverhaltsaussagen über deren Begründung und Zielstellung. Die Transformation einer geschlossenen und wahren Aussagedecke in wohlgeordnete Normensätze, zweifellos ein Spezifikum der juristischen Tätigkeit im Sozialismus, ist bisher nur in Ansätzen untersucht[36] und kaum anwendungsfähig verallgemeinert worden.

Mit *Aufgabenstellungen* für eine marxistisch-leninistische Rechtsphilosophie und -theorie zu enden, scheint unserem gegenwärtigen Forschungsstand angemessen. Wenn irgendwo sich demonstrieren läßt, daß unsere Wissenschaftsdisziplin noch wißbegierig zu sein Veranlassung hat, dann ist es auf dem Gebiet des Rechtsbildungsprozesses.

3. Rechtliches Regelungsobjekt und gesetzgeberische Entscheidung

Bevor das sozialistische Recht zur bewußten Gestaltung der Gesellschaft eingesetzt werden kann, muß es seinerseits erst bewußt gestaltet werden. Da das Recht und sein Inhalt nichts Beliebiges, sondern etwas sozial Determiniertes sind, kann dies nur dann mit Erfolg bewerkstelligt werden, wenn herausgefunden wird, welche gesellschaftlichen Verhältnisse rechtlich zu regeln sind und wie der Inhalt der rechtlichen Regelung dieser gesellschaftlichen Verhältnisse auszusehen hat, wenn sie den sozialen Entwicklungs- und Strukturgesetzen entsprechen soll.

Zwar wissen wir, daß der Rechtsinhalt letztlich durch die materiellen Verhältnisse in den Klassengesellschaften, besonders von den Eigentumsverhältnissen bestimmt wird, doch ist diese These ob ihrer Allgemeinheit für die Gesetzgebungspraxis nicht genügend handlungsanleitend. Sie weiter operationabel zu machen, ist daher ein wichtiges Anliegen sowohl bei der Ausarbeitung der Rechtsbildungstheorie wie bei der Gesetzgebungsmethodik. Ein wesentlicher Aspekt dieser Aufgabe ist ohne Zweifel die richtige Anwendung der marxistisch-leninistischen Widerspiegelungstheorie in der Rechtsbildungsforschung, da das Recht ein Abbild, ein Ausdruck klassengesellschaftlicher Beziehungen ist.

Die Beziehung rechtliches Regelungsobjekt — gesetzgeberische Entscheidung ist Bestandteil der Dialektik zwischen Objektivem und Subjektivem im Rechtsbildungsprozeß; diese Beziehung ist ein Teilproblem der Umsetzung von materiellen gesellschaftlichen Verhältnissen in Rechtsnormen, oder allgemeiner, von gesellschaftlichem Sein in juristisches Sollen.[1] Rechtliches Regelungsobjekt soll die Gesamtheit der materiellen gesellschaftlichen Verhältnisse heißen, denen die Eigenschaft der rechtlichen Regelungsnotwendigkeit zukommt und die eine quantitative und qualitative Dimension hat. Quantitativ, weil sie den Kreis der gesellschaftlichen Verhältnisse angibt, der rechtlicher Regelung bedarf. Qualitativ, weil sich aus ihr Anforderungen für den Rechtsinhalt ergeben, also für die wichtige Frage, wie gesellschaftliche Verhältnisse rechtlich geregelt werden müssen, welche Rechte- und Pflichtenstruktur usw. erforderlich ist, damit gesellschaftlich adäquates Recht wirksam werden kann.[2] Mit dieser definitorischen Festsetzung des rechtlichen Regelungsobjekts wird nicht die rechtliche Regelung ideologischer Verhältnisse in Abrede gestellt; allein die rechtlich zu regelnden oder rechtlich geregelten ideologischen Verhältnisse sind ja ihrerseits durch alle Vermittlungen hindurch auf jene materiellen gesellschaftlichen Verhältnisse zurückzuführen, die sie bedingen.

Diese Bestimmung des rechtlichen Regelungsobjekts korrespondiert mit der Marxschen Feststellung, die Sphäre des Gesetzgebers sei die Handlung, das Verhalten.[3] Da nämlich die Individuen, um ihre Bedürfnisse zu befriedigen, sich aufeinander beziehen (Beziehungen der Arbeitsteilung und des Austausches von Produkten, Geschlechtsbeziehungen usw.), also in Verhältnisse eintreten müssen, existiert Verhalten nicht für sich, sondern immer wechselseitig. Wechselseitiges Verhalten von Individuen konstituiert aber gesellschaftliche Verhältnisse.[4] Wenngleich diese Verhältnisse aus dem praktischen Verhalten der Menschen hervorgehen, sind sie keine willkürlichen Gestaltungen; sie bilden sich vielmehr entsprechend den objektiven Erfordernissen des materiellen Produktions- und Reproduktionsprozesses als vom Willen der Menschen unabhängige, notwendige Formen dieses Prozesses heraus. „Aus der Tatsache", sagt Lenin, „daß ihr lebt und wirtschaftet, Kinder gebärt und Produkte erzeugt, sie austauscht, entsteht eine objektiv notwendige Kette von Ereignissen, eine Entwicklungskette, die von eurem gesellschaftlichen Bewußtsein unabhängig ist, die von diesem niemals restlos erfaßt wird."[5] Diese Verhältnisse bezeichnen wir als materielle gesellschaftliche Verhältnisse, im Unterschied zu den ideologischen gesellschaftlichen Verhältnissen, die vor ihrer Ausgestaltung durch das Bewußtsein der Menschen hindurchgegangen sind und zu denen wir auch die Rechtsverhältnisse zählen.[6] Das rechtliche Regelungsobjekt existiert folglich unabhängig davon, ob es vom Gesetzgeber erkannt wird oder nicht; es ist ihm gewissermaßen vorgegeben als ein außer- und vorrechtlicher sozialer Sachverhalt.

Das gilt auch in der sozialistischen Gesellschaft, obwohl hier ständig die Rolle des subjektiven Faktors zunimmt. Auch der sozialistische Gesetzgeber agiert unter Bedingungen, die von ihm unabhängig existieren, weil sie das Resultat vorangegangener, von einem bestimmten Niveau des materiellen Lebens geprägter Tätigkeiten sind. Die Art und Weise, der Inhalt und das tatsächliche Ausmaß der Determination des sozialistischen Gesetzgebers durch die gegebenen Bedingungen hängen niemals davon ab, ob er um die Determination weiß. Neu ist aber für die sozialistische Rechtsbildung — und das ist etwas, was sie grundsätzlich von jeder anderen Art von Rechtsbildung unterscheidet —, daß der Gesetzgeber den gesamtgesellschaftlichen Zusammenhang zwischen dem rechtlichen Regelungsobjekt, seinen Existenzbedingungen und dem — mit Hilfe des von ihm gesetzten Rechts — angestrebten Handeln bei der Rechtsnormenbildung zu berücksichtigen und auszunutzen in der Lage ist. Indem der sozialistische Gesetzgeber dies tut, vermag er die gesellschaftliche Wirksamkeit seines eigenen Rechts wesentlich zu beeinflussen.

Dieses Neue am sozialistischen Rechtsbildungsprozeß ist ein Bestandteil der historisch neuen Qualität der Subjekt-Objekt-Dialektik im Sozialismus;[7] ein Gradmesser dafür ist die *allmähliche* Überwindung der Spontaneität der gesellschaftlichen Entwicklung;[8] auch der, die mit Hilfe des Rechts organisiert und gestaltet wird.

Die gesellschaftlichen Verhältnisse, die notwendigerweise rechtlicher Regelung bedürfen, gehören dem Objektbereich an; die Rechtsnormen, der rechtliche Regelungsmechanismus dem Subjektbereich. Von der Existenz des rechtlichen Regelungsobjekts kann deshalb nicht auf die Existenz entsprechender Rechtsnormen geschlossen werden; wäre dem so, wäre Gesetzgebung überflüssig oder würde — wie im vorigen Abschnitt am Beispiel der Menschenrechtsproblematik dargestellt — auf Beschreibung vorgegebenen Rechts hinauslaufen.

Das rechtliche Regelungsobjekt darf jedoch nicht als zweite Rechtsebene im Sinne der Naturrechtslehren interpretiert werden, die das geltende Recht in einer Gesellschaft sowie das gesetzgeberische Entscheiden vorausbestimmt. In diesem Zusammenhang ist es unerheblich, ob die Existenz apriorischer Normen und Prinzipien göttlichen, vernunftmäßigen, wertmäßigen, anthropologischen oder sonstigen Ursprungs behauptet wird.[9] Ebensowenig aber ist das rechtliche Regelungsobjekt als außergesetzliche Rechtsquelle im Sinne der in der bürgerlichen Rechtslehre so sehr strapazierten Denkfigur von der „Natur der Sache“ anzusehen. Diese Denkfigur dient im spätbürgerlichen Rechtsbetrieb in vielschillernder Gestalt dem Abbau und Bruch der Gesetzlichkeit. Das Konzept von der Natur der Sache tritt sowohl in soziologischer Fassung — Beispiel Eugen Ehrlich[10] — wie in metaphysischer Frapierung auf, wie dies z. B. die an Edmund Husserl anknüpfende phänomenologische Rechtslehre Adolf Reinachs beweist.[11] Eine in verschiedener Hinsicht, vor allem was die funktionelle Wirkung betrifft, mit dem Natur-der-Sache-Begriff verwandte Konzeption, die in diesem Zusammenhang ebenfalls aus Gründen der Abgrenzung wenigstens genannt werden muß, ist die auf Maurice Hauriou basierende institutionelle Rechtslehre.[12] Sowohl die Konzeption von der Natur der Sache wie die institutionelle Rechtslehre wollen den Geltungsanspruch des bürgerlichen Rechts durch Hinweise auf angeblich in den Sachen und Institutionen selbst existierende normative Strukturen überhöhen. Sie suchen gleichzeitig den Anschein zu erwecken, als sei das Recht außerhalb der Sphäre politischer und staatlicher Gestaltung angesiedelt. Der Begriff „Natur der Sache“ ist somit ganz offenkundig ein Konzentrat bürgerlicher Rechtsideologie; indem er unter den Bedingungen des staatsmonopolistischen Kapitalismus als die durchschnittstypische Beschaffenheit der sozialen Lebensverhältnisse und Institutionen der bürgerlichen Gesellschaft schlechthin angesehen wird, hat er jeden Hauch von Progressivität verloren, den er in der Aufklärungsliteratur haben mochte. Heute wird mit ihm der Status quo gesellschaftlicher Ausbeutung und Unterdrückung verteidigt, wobei dieser Begriff von den herrschenden Kräften des Monopolkapitals mit dazu genutzt wird, sich den rasch wechselnden, instabilen bürgerlichen Herrschaftsbedingungen anzupassen und entsprechende willkürliche juristische Entscheidungen inhaltlich flexibler zu motivieren.

Wenn in der beschriebenen Weise die rechtlich-regelungsnotwendigen Gesellschaftsverhältnisse objektiv existieren, dann kann kaum eine gesetzgeberische Anstrengung zur Qualitätsverbesserung der rechtlichen Normierung Erfolg haben, die nicht auf einer profunden Analyse des Regelungsobjekts aufbaut. Mehr noch: Auf Dauer gesehen, wird eine Effektivitätskontrolle des geltenden Rechts nur tragfähige Resultate erbringen, wenn sie um systematische Analysen des Regelungsobjekts ergänzt wird. Man überlege: Kann sozialistisches Recht wirksam sein, wenn gesellschaftliche Verhältnisse, die rechtlich regelungsbedürftig sind, nicht geregelt sind oder wenn nicht rechtlich regelungsbedürftige Verhältnisse dennoch rechtlich geregelt sind bzw. werden?[13]

Zur Zeit gibt es in der DDR nur für die Effektivitätskontrolle genauere Festlegungen; es muß überlegt werden, ob ihnen nicht Festlegungen zur Analyse des Regelungsobjekts zur Seite gestellt werden sollten. Dabei wäre von der Erkenntnis auszugehen, daß Wünsche, vorgefaßte Meinungen *kein* geeigneter Ausgangspunkt für die Analyse des rechtlichen Regelungsobjekts in der sozialistischen Gesellschaft sind; auch in dieser Hinsicht muß die Wirklichkeit so betrachtet werden, wie sie ist.

Die Betonung der exakten Analyse des rechtlichen Regelungsobjekts als Ausgangspunkt der gesetzgeberischen Tätigkeit des sozialistischen Staates ist eine Konsequenz der materialistischen Grundposition der marxistisch-leninistischen Rechtstheorie. Wir grenzen uns damit auch von den bürgerlichen Gesetzgebungslehren ab, die in der Frage, wie soziale Zustände in einem gewünschten Sinn mit Hilfe des Rechts verändert werden können, *den* Ausgangspunkt der Gesetzgebung sehen.[14]

Das rechtliche Regelungsobjekt ist für uns ein empirisch konstatierbares gesellschaftliches Phänomen und demzufolge wissenschaftlicher Feststellbarkeit zugänglich. Dazu ist allerdings nötig, weiter zu klären, was unter „rechtlicher Regelungsnotwendigkeit" zu verstehen ist, die weiter oben als Eigenschaft bestimmter gesellschaftlicher Verhältnisse bezeichnet wurde. Unbestritten, aber wohl auch unbestreitbar ist, daß nicht alle gesellschaftlichen Verhältnisse rechtlich geregelt werden können noch müssen. Dafür ist die Existenz verschiedener Normensysteme, die außer dem Recht in der Gesellschaft wirken, zwar ein Indiz, aber noch keine Erklärung; denn diese ist nicht zu bekommen, ohne nach den differenten Qualitäten der sozialen Grundlagen zu fragen, die die Existenz und Funktion der verschiedenen Normensysteme bedingen. Eine bloße Beschreibung des wechselseitigen Zusammenwirkens von Normen unterschiedlicher normativer Systeme kann bestenfalls einige Anhaltspunkte zur funktionalen Differenzierung liefern, nicht aber zur konzeptionellen Gestaltung besonders des rechtlichen Normensystems.[15]

Soweit in der Rechtstheorie das Problem, was unter rechtlicher Regelungsnotwendigkeit gesellschaftlicher Verhältnisse zu verstehen sei, angesprochen wird, wird es mit Wendungen dieser Art bedacht: Das Recht regele die für die Herrschaft der Arbeiterklasse wichtigen Verhältnisse; es regele die für die Gesamtentwicklung der Gesellschaft grundlegenden Beziehungen; rechtlich geregelt würden jene gesellschaftlichen Verhältnisse, die der Staat zu regeln beschließe u. a. m.[16] Auch Pleonasmen treten auf, indem der Regelungsgegenstand des sozialistischen Rechts als rechtlich zu gestaltende Dimension von Verhältnissen bestimmt wird.[17]

Nicht viel anders ist die Situation in den Rechtszweigtheorien, die statt theoretischer Bestimmungen enumerative Beschreibungen von Komplexen und Bereichen gesellschaftlicher Beziehungen geben, die von den betreffenden Rechtszweigen jeweils bereits geregelt wurden, also gar nicht erst das Problem der Regelungsnotwendigkeit zur Debatte stellen.[18] Die Folge davon ist, daß leider wenig Überlegungen für künftige Rechtsgestaltungen angestellt werden.

Um aus dieser unbefriedigenden Lage herauszukommen, wurde neuerlich gesagt, das sozialistische Recht regele Verantwortungsbeziehungen; die Verantwortung sei der Faktor, bei dessen Vorhandensein ein gesellschaftliches Verhältnis rechtlich regelungsbedürftig sei; Gegenstand des sozialistischen Rechts sei die staatlich verbindliche Gestaltung der Verantwortungsbeziehungen.[19] Gegenüber dieser These sind Zweifel am Platze. Nach unserem Dafürhalten sind Verantwortungsbeziehungen weder die Faktoren, die die rechtliche Regelungsnotwendigkeit gesellschaftlicher Verhältnisse konstituieren, noch ist die Kategorie Verantwortung überhaupt geeignet, eine Rolle bei der Lösung des in Rede stehenden Problems zu spielen.

Die Kategorie Verantwortung kann das juristische Moment als notwendigen Bestandteil der gesellschaftlichen Verhaltensregelung im Sozialismus nicht erklären, weil es kein Verhalten, keine gesellschaftlichen Beziehungen gibt, die verantwortungsfrei sind. Verantwortung erwächst aus der Dialektik zwischen Notwendigkeit und Freiheit im gesellschaftlichen, kollektiven und individuellen Handeln. Die These von der Determiniertheit menschlichen Handelns verwirft zwar die Vorstellung von absoluter Willensfreiheit, leugnet aber nicht die Fähigkeit des einzelnen, sich für bestimmte Handlungen entscheiden zu können, aber auch zu müssen. Das zeichnet nicht nur das rechtlich relevante Handeln aus, sondern auch das moralische, ökonomische, künstlerische Handeln usw. Gerade deshalb können aber alle diese Handlungen verantwortungsvolle oder verantwortungslose Beziehungen zum Ausdruck bringen.

Natürlich wächst die Bedeutung der gesellschaftlichen Verantwortung in der sozialistischen Gesellschaft; unbestritten hat das Recht auch wesentlich dazu beigetragen, gesellschaftlich verantwortungsvolles Handeln zu organisieren. Aber das gilt gleichermaßen für die Moral, die Normen gesellschaftlicher Organisationen sowie für alle anderen Mechanismen der Verhaltensregulierung in der sozialistischen Gesellschaft.

Das Kriterium Verantwortung kann genausowenig das *juristische* Moment in der Verhaltensregulierung erklären, wie das Spezifikum des *moralischen* Moments in der freien bzw. freiwilligen individuellen Entscheidung gesehen werden kann.[20] Sowohl Recht wie Moral setzen in gewissem Maße die Möglichkeit individueller Entscheidung und damit die Möglichkeit zur Verantwortung oder zur Verantwortungslosigkeit voraus; sie können deshalb weder als Spezifikum des moralischen noch des rechtlichen Verhaltens angesehen werden.

Die Fähigkeit zur Verantwortung bildete sich mit der Menschwerdung heraus, Verantwortungsbeziehungen gab es schon zu einer Zeit in der Gesellschaft, da es noch kein Recht gab. Sehr wohl war aber die Herausbildung der Verantwortungsfähigkeit eine Grundlage, die erst die Verhaltensregulierung notwendig machte.[21] Daß sich dann im Laufe der geschichtlichen Entwicklung Notwendigkeiten zur weiteren Differenzierung der Verhaltensregulierung herausbildeten, erklärt sich aus zusätzlichen Momenten, die in der gesellschaftlichen Entwicklung auftraten. In der Tat ist denn auch die Frage nach der Klasse der Handlungen und gesellschaftlichen Verhältnisse, die in einer gegebenen Gesellschaft rechtlich regelungsbedürftig sind, in ihrem Wesen der historisch-genetischen Frage nach den sozialen Bedingungen des Entstehens von Recht auf einer bestimmten Stufe der Gesellschaftsentwicklung analog. Ein methodischer Schlüssel für die Bestimmung der rechtlichen Regelungsnotwendigkeit gesellschaftlicher Verhältnisse, mithin des rechtlichen Regelungsobjekts, liegt daher in der Klärung der Entstehung des Rechts durch Marx und Engels.

Indem Marx und Engels den Zusammenhang zwischen der Entwicklung der Produktivkräfte und der Arbeitsteilung einerseits und der Entstehung und Entwicklung von Privateigentum, Klassen und Klasseninteressen andererseits aufdeckten und die Interessen auf die gegenseitige Abhängigkeit der Individuen, unter denen die Arbeit geteilt ist, zurückführten, stießen sie auf das Problem, wie ein gesellschaftliches Verhältnis, wie ein Verhalten qualitativ beschaffen sein muß, um notwendig rechtlich geregelt werden zu müssen.[22] Sie zeigten, daß gesellschaftliche Verhältnisse dann rechtlich regelungsbedürftig sind, wenn sie über Eigenschaften verfügen, die ihren Schutz und ihre Gestaltung zwecks Sicherung und Durchsetzung der gemeinschaftlichen Interessen der ökonomisch und politisch herrschenden Klasse im gesamtgesellschaftlichen Maßstab erforderlich machen. Mit anderen Worten: Handeln — ein Tun oder Unterlassen —, welches Ausdruck gemeinschaftlicher Interessen und ihrer gesamtgesellschaftlichen Durchsetzung oder welches Ausdruck anderer in der Gesellschaft vorhandener Klasseninteressen ist, die aber die gesamtgesellschaftliche Durchsetzung der gemeinschaftlichen Interessen der herrschenden Klasse tangieren, bedarf rechtlicher Regelung.

Marx und Engels weisen deshalb, das Recht als Abbild (Ausdruck) der zu regelnden Verhältnisse erläuternd, auf zweierlei hin:

a) das Gesetz sei der Ausdruck des durch die gemeinschaftlichen Interessen der herrschenden Klasse bedingten Willens, was für die Angehörigen der herrschenden Klasse bede e: Selbstbehauptung ihrer Interessen im Durchschnittsfall; aber auch Selbstverleugnung ihrer Interessen im Ausnahmefall und

b) die aus den gemeinsamen Interessen der herrschenden Klasse hervorgehenden Ansprüche könnten nur allgemeine Geltung erlangen, also gesamtgesellschaftlich durchgesetzt werden, wenn diese Klasse die politische Macht erobere und sich dadurch in die Lage versetze, ihre Ansprüche zum Gesetz zu erheben.[23]

Marx und Engels erklärten demnach die Entstehung des Rechts — oder was im gewissen Sinne das gleiche ist: die ursprüngliche Herausbildung von gesellschaftlichen Verhältnissen mit rechtlicher Regelungsnotwendigkeit — aus einem Komplex von Ursachen. Methodisch bedeutet dies: die rechtliche Regelungsnotwendigkeit gesellschaftlicher Verhältnisse kann nicht nach einem einzigen Kriterium bestimmt werden.

Dies beachtend, wird vorgeschlagen, bei der Bestimmung der rechtlichen Regelungsnotwendigkeit gesellschaftlicher Verhältnisse von der Prämisse auszugehen, derzufolge die rechtliche Regelungsnotwendigkeit eine Eigenschaft gesellschaftlicher Verhältnisse ist, die im Schnittpunkt verschiedener sie konstituierender Komponenten liegt. Diese Komponenten, wiewohl alle aus der Dialektik zwischen Produktivkraftentwicklung und Arbeitsteilung einerseits sowie Entwicklung des Eigentums, der Klassen und ihrer Interessen andererseits hervorgehend oder mit ihr zusammenhängend, sind veränderlich und haben entsprechend der jeweiligen Gesellschaftsformation und ihrer einzelnen Entwicklungsetappen konkrete Gestalt, wodurch die rechtliche Regelungsnotwendigkeit dynamisch wird und selbst nur prozeß- und etappenbezogen bestimmbar ist.

Nach dem Sieg der sozialistischen Produktionsverhältnisse und noch mehr in der entwickelten sozialistischen Gesellschaft sind es hauptsächlich folgende Komponenten, die die rechtliche Regelungsnotwendigkeit gesellschaftlicher Verhältnisse konstituieren:

a) Notwendigkeit, objektive Erfordernisse von Entwicklungs- und Strukturgesetzen, die dem Sozialimus als nationales Gesellschaftssystem oder der sozialistischen Staatengemeinschaft eigen sind, ausnutzen zu müssen;

b) Notwendigkeit der gesamtgesellschaftlichen Durchsetzung der Grundinteressen der Arbeiterklasse und der der anderen werktätigen Klassen und Schichten;

c) Notwendigkeit der gesamtgesellschaftlichen Einflußnahme auf die unterscheidbaren Teilinteressen kollektiver und individueller Art, die infolge der verschiedenen Formen des sozialistischen Eigentums und der Existenz von Klassen und Schichten vorhanden sind und die die gesamtgesellschaftliche Durchsetzung der gemeinsamen Grundinteressen der Arbeiterklasse und der anderen Werktätigen tangieren, wobei die in Rede stehende Einflußnahme in verschiedener Form erfolgen kann, etwa als Anerkennung, Förderung oder Unterdrückung von Interessen;

d) Notwendigkeit, potentiell und aktuell auftretende Konflikte zwischen den gemeinsamen Grundinteressen der Arbeiterklasse und ihrer Verbündeten einerseits und bestimmten kollektiven und individuellen Teilinteressen andererseits sowie zwischen diesen Teilinteressen zwecks Sicherstellung einer optimalen Vorwärtsentwicklung der Gesamtgesellschaft und ihrer Mitglieder zu lösen, zu dämpfen, zu minimieren, in bestimmter Weise zu kanalisieren oder ihnen vorzubeugen;

e) Notwendigkeit, die gesamtgesellschaftliche Durchsetzung der gemeinsamen Grundinteressen der Arbeiterklasse und ihrer Verbündeten gegen Anschläge und Störungen des Imperialismus zu sichern sowie die mit den gemeinsamen Grundinteressen der Arbeiterklasse und ihrer Verbündeten in Einklang stehenden individuellen und kollektiven Interessen der Bürger, Betriebe, Genossenschaften usw. zu schützen.

Um herauszufinden, wo in der entwickelten sozialistischen Gesellschaft rechtlich regelungsnotwendige Verhältnisse vorliegen, sich herausbilden, verändern oder verändert haben, sind die sozialen Prozesse unter dem Aspekt des Vorliegens dieser Komponenten zu analysieren. Gesellschaftliche Verhältnisse, die nicht nur eine der unter a) bis e) genannten Komponenten verkörpern, besitzen die Eigenschaft der rechtlichen Regelungsnotwendigkeit. In der sozialistischen Gesellschaft ist die rechtliche Regelungsnotwendigkeit immer eine Kombination von Erfordernissen objektiver Gesetze und der Durchsetzung von Klasseninteressen; deshalb tritt die unter a) genannte Komponente, vermittelt oder direkt, in Verbindung mit einer oder mehreren der unter b) bis e) genannten Komponenten auf.

Die rechtlichen Regelungsnotwendigkeit gesellschaftlicher Verhältnisse wird also immer von innerstaatlichen oder internationalen Interessenkonstellationen freundschaftlich zusammenarbeitender oder antagonistischer Gesellschaftsklassen konstituiert. Paschukanis hatte insofern völlig recht, wenn er sagte, das juristische Moment in der Regelung der Verhältnisse fängt dort an, wo die Differenzierung der Interessen beginne.[24]

Objektive Erfordernisse von Entwicklungs- und Strukturgesetzen, für sich allein genommen, konstituieren keine rechtliche Regelungsnotwendigkeit gesellschaftlicher Verhältnisse; wie auch nicht jedes objektive Erfordernis von Entwicklungs- und Strukturgesetzen der sozialistischen Gesellschaft mit Hilfe des Rechts durchgesetzt werden muß. Deshalb läuft auch die Bestimmung des rechtlichen Regelungsobjekts darauf hinaus, welchen Raum der juristische Regelungsmechanismus im Ausnutzungsmechanismus objektiver Gesetze einnehmen kann.[25]

Würde hingegen die rechtliche Regelungsnotwendigkeit gesellschaftlicher Verhältnisse losgelöst von den Erfordernissen der Entwicklungs- und Strukturgesetze, nur in bestimmten Interessenkonstellationen gesehen, würde ein von der geschichtlichen Vorwärtsbewegung abgeschnittenes Recht gesetzt werden.

Über das Vorliegen oder Nichtvorliegen der die rechtliche Regelungsnotwendigkeit gesellschaftlicher Verhältnisse konstituierenden Komponenten werden Erfahrungen und Erkenntnisse gesammelt; in dem Maße, wie der Rechtsbildungsprozeß auf wissenschaftliche Grundlagen gestellt wird, geschieht dies durch systematische und methodisch geleitete Bildung von Aussagenmengen. Diese Erfahrungen und Aussagen (Erkenntnisse) bilden die unentbehrliche kognitive Grundlage für die Normensetzung des sozialistischen Staates und gehören zum Rechtsbewußtsein, das genetisch und funktional dem Recht gegenüber primär ist und ihm zeitlich vorausgeht: Rechtsbewußtsein ist eine unabdingbare ideologische Grundlage und zugleich unentbehrliches, durch nichts zu ersetzendes Vermittlungsglied der Normenbildung durch gesetzgeberisches Entscheiden. Dem ist so, weil die materiellen gesellschaftlichen Verhältnisse, die notwendigerweise der rechtlichen Regelung bedürfen, das grundlegende und entscheidende Widerspiegelungsobjekt des Rechtsbewußtseins sind.[26] Diese Zusammenhänge werden freilich nicht erkannt, wenn das Rechtsbewußtsein als Widerspiegelung des Rechts angesehen[27] oder wenn es als Wertbewußtsein betrachtet wird.[28]

Die Anerkennung eines materiellen Widerspiegelungsobjekts besagt, daß die materiellen Lebensbedingungen der Gesellschaft letztlich der Ursprung des Rechtsbewußtseins sind; sie schließt natürlich nicht aus, daß im Rechtsbewußtsein auch Teile des Überbaus, auch des juristischen, widergespiegelt werden, was dann zu einer semantischen Stufung und Differenzierung des Rechtsbewußtseins führt. Aber auf diese Problematik sei hier nicht weiter eingegangen.

Als ideologische Grundlage der Normenbildung und als Vermittlungsglied zwischen Regelungsobjekt und gesetzgeberischer Entscheidung wirkt das Rechtsbewußtsein nicht als juristisches Separatum, sondern als Teil des Bewußtseins der Klasse, die herrscht — in der entwickelten sozialistischen Gesellschaft und bei ihrer Gestaltung also als Teil des sozialistischen Bewußtseins der Arbeiterklasse und der mit ihr verbündeten werktätigen Klassen und Schichten. Eingebunden in das Klassenbewußtsein, eng mit seinen anderen Elementen wie dem politischen, moralischen Bewußtsein usw. verbunden, ist das Rechtsbewußtsein bei der Rechtsnormenbildung mehr oder weniger immer im Verein mit diesen Elementen im Spiele. Welche Konsequenzen sich daraus für die Stellung des Rechtsbewußtseins im Prozeß der Rechtsbildung im Detail gerade in der sozialistischen Gesellschaft ergeben, ist ein weites Feld dringlicher rechtssoziologischer Forschung. Ihre verschiedenen Einzelergebnisse zusammengefaßt, werden auch subtiler Aufschluß über die Beziehung zwischen Recht und Ideologie geben.

Wie eng verwoben das Rechtsbewußtsein aber mit anderen Bewußtseinsarten auch sein mag, alle Veränderungen und Entwicklungen des rechtlichen Regelungsobjekts müssen früher oder später durch sein Prisma hindurch. Ehe sie hier nicht hindurchgegangen sind, können sie keinen Niederschlag im Recht finden. Das gilt auch für die dem rechtlichen Regelungsobjekt in der sozialistischen Gesellschaft eigenen Dynamik. Diese Dynamik führt dazu, daß sich sowohl der zum Regelungsobjekt gehörende Kreis gesellschaftlicher Verhältnisse wie auch die qualitative, auf den Rechtsinhalt zielende Dimension der rechtlichen Regelungsnotwendigkeit verändert. Eine Folge davon ist wiederum die jeweils historisch-konkrete Ausprägung der Struktur und Qualität des rechtlichen Regelungsobjekts in den einzelnen gesellschaftlichen Entwicklungsetappen sowie ein ständiges Spannungsverhältnis zwischen der Immobilität des geltenden Rechts und der Entwicklung des rechtlichen Regelungsobjekts.

Die Dynamik des rechtlichen Regelungsobjekts ist eine der Grundlagen, weshalb auch *im* juristischen Überbau notwendigerweise Widersprüche entstehen. Die Existenz dieses Spannungsverhältnisses muß bei der Gestaltung des Mechanismus der rechtlichen Regelung stärker berücksichtigt werden, nur dann ist ein höherer Stabilitätsgrad des Rechts zu erzielen. Die vor Jahren aus wirtschaftsrechtlicher Sicht gemachten Vorschläge,[29] nach Wegen zu suchen, um das Recht „unterwegs", während seines Wirkens vervollkommnen zu können, sollten unter dem Aspekt des gesamten Rechts aufgegriffen werden. Auch muß unter diesem Gesichtspunkt das Konkretisierungsproblem von Rechtsnormen im Prozeß ihres Wirkens weiter durchdacht werden. Fragwürdig indes erscheint mit Blick auf besagtes Spannungsverhältnis die Richtigkeit der verschiedentlich erhobenen Forderungen nach sogenannten in sich geschlossenen Regelungen, wenn diese anders als im Sinne der Vollständigkeit aufgefaßt werden.

Die Dynamik des rechtlichen Regelungsobjekts der entwickelten sozialistischen Gesellschaft während ihrer Gestaltung ist ferner von Widersprüchlichkeit und Gegenläufigkeit der Tendenzen hinsichtlich der quantitativen Erweiterung oder Einschränkung des Kreises der rechtlich-regelungsnotwendigen Verhältnisse gekennzeichnet. Einerseits erweitert sich infolge bestimmter sozialer Prozesse das Regelungsobjekt des sozialistischen Rechts, andererseits wird es reduziert. Dies geht willensunabhängig vom Gesetzgebungssubjekt vor sich und kann nicht mit der neuerdings im bürgerlichen Rechtsdenken in Mode gekommenen Fragestellung nach Entrechtlichung oder Verrechtlichung der Gesellschaft in Berührung gebracht, geschweige denn gelöst werden.[30]

Die Gegenläufigkeit und Widersprüchlichkeit der Tendenzen *in* der Entwicklung des rechtlichen Regelungsobjekts zu untersuchen, hat, nebenbei gesagt, eine über die Grenzen der Rechtsbildungstheorie hinausreichende Bedeutung. Solche Untersuchungen sind nämlich unentbehrlich, um die Perspektive des sozialistischen Rechts beim Übergang zum Kommunismus und die Qualitätsveränderungen im sozialistischen Recht richtig beurteilen zu können. Bevor jedenfalls die These aufgestellt wird, bereits heute werde der rechtliche Regelungsmechanismus partiell, aber tendenziell in immer stärkerem Maße von anderen Mechanismen der Verhaltensregulierung verdrängt, sollte darauf gesehen werden, wie sie mit der tatsächlichen Entwicklung des rechtlichen Regelungsobjektes gestützt werden kann.

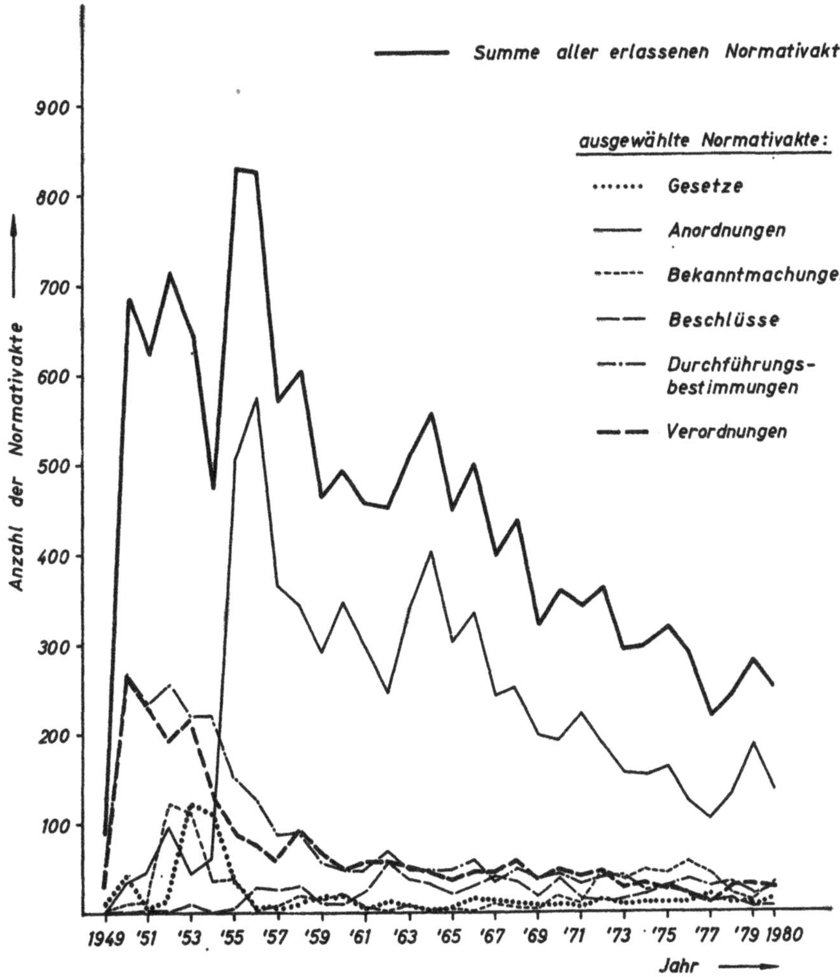

Abb. 1 Die Entwicklung der Anzahl der Normativakte der DDR von 1949—1980

Auf der Grundlage der Entwicklung des rechtlichen Regelungsobjekts, seiner Dynamik ist gegenwärtig in den sozialistischen Staaten eine tendenzielle, vor allem qualitative Bedeutungszunahme des Rechts zu beobachten. Der Umfang der Normenproduktion bzw. die Zahl der verabschiedeten Normaktivakte ist hierfür allerdings ein nur bedingt aussagekräftiges Indiz. Auch läßt sich von der Normenproduktion nur relativ und vage auf das rechtliche Regelungsobjekt schließen. Dennoch lassen sich bestimmte grobe Schlußfolgerungen aus dem quantitativen Verlauf der Gesetzgebung ziehen, wenn man sie mit der Gesellschaftsentwicklung ins Verhältnis setzt. (Siehe Abb. 1 und 2).

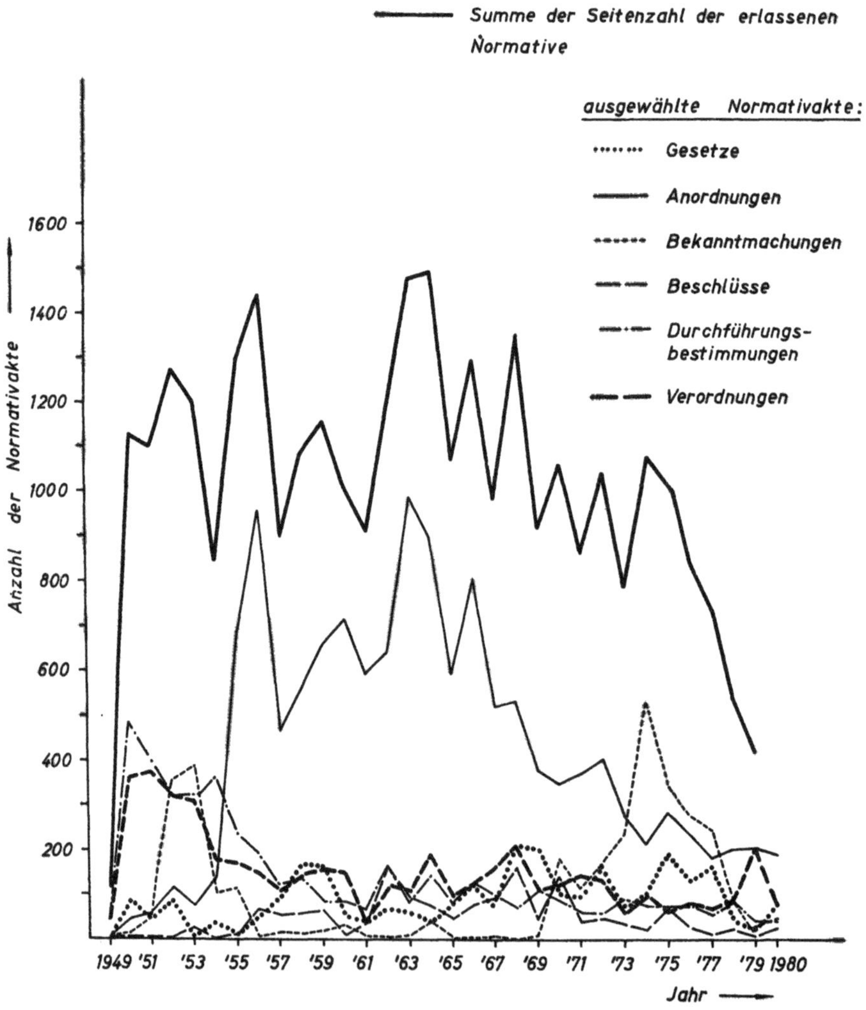

Abb. 2. Die Entwicklung des seitenmäßigen Umfangs der Normativakte der DDR von 1949 bis 1980

Um die Strukturveränderungen des rechtlichen Regelungsobjekts sowie die Gegenläufigkeit der Tendenzen hinsichtlich der quantitativen und qualitativen Erweiterung der rechtlichen Regelungsnotwendigkeit gesellschaftlicher Verhältnisse in der entwickelten sozialistischen Gesellschaft festzustellen, ist es erforderlich, vor allem folgende Prozesse unter diesem Aspekt zu untersuchen:

a) die weitere Vervollkommnung der sozialistischen Produktionsverhältnisse durch fortschreitende Vergesellschaftung und Konzentration der Produktion sowie die soziale Annäherung der Klassen und Schichten;

b) den wissenschaftlich-technischen Fortschritt, besonders die wissenschaftlich-technische Revolution;

c) die sozialistische ökonomische Integration sowie

d) die Entfaltung der schöpferischen Kräfte der Persönlichkeit, die Entwicklung ihrer Individualität und Selbstverwirklichung.

Ferner ist zu berücksichtigen, daß in den nächsten Jahrzehnten wahrscheinlich der innerstaatliche Rechtsbildungsprozeß in zunehmendem Maße von Bereich der globalen Probleme beeinflußt werden wird. Darunter sind jene zu verstehen, die eine solche qualitative Beschaffenheit haben, daß von ihrer Bewältigung die Existenz der gesamten Menschheit abhängt — sie also globaler Natur ist —; ihre Lösung ist folglich nicht im Alleingang einzelner Staaten, auch nicht der ökonomisch stärksten, machbar, sondern bedarf der Zusammenarbeit von Staaten gegensätzlicher Systeme, ohne dabei die Gegensätzlichkeit in einer Art globaler „Leidensgemeinschaft" aufgehen zu lassen und zu verkennen, daß nicht zuletzt die Bedingungen wie auch das Herangehen an die Lösung der globalen Probleme einen konkreten klassenmäßigen Inhalt besitzen. Es zeugt von einer Fehleinschätzung der Situation, das Vorhandensein globaler Probleme und das Streben nach einer gemeinsamen Lösung als Konvergenz zwischen Sozialismus und Kapitalismus ansehen zu wollen.

Diese Probleme existieren weder unabhängig vom Gegensatz der Gesellschaftssysteme des Sozialismus und des Kapitalismus noch vom Klassengegensatz zwischen Bourgeoisie und Proletariat. Auch haben die globalen Probleme eine unterschiedliche Struktur in der sozialistischen und kapitalistischen Gesellschaft, ganz zu schweigen von den Entwicklungsländern.

Als global werden in der internationalen Diskussion beispielsweise folgende Probleme genannt:

a) Erschöpfung verschiedener mineralischer Rohstoffressourcen, die für die Produktion gebraucht werden;

b) Diskrepanz zwischen der demographischen Entwicklung in der Welt und der Entwicklung der Produktivkräfte sowie ihrer Verteilung;

c) Herausforderung der molekularbiologischen Forschung und der Notwendigkeit gesellschaftlicher Kontrollmechanismen zur Ausschließung jeder Manipulation an der Gattung Mensch;

d) defizitäre Entwicklung an leicht zugänglichen energetischen Ressourcen;

e) zunehmende Umweltverschmutzung;

f) explosionsartiger Bevölkerungszuwachs und die Notwendigkeit der Familienplanung u. a. m.

Obwohl von bürgerlichen Wissenschaftlern manche Fakten zur Diagnose der globalen Probleme vorgelegt werden, werden im allgemeinen demagogische und apologetische Schlußfolgerungen an die Existenz dieser Probleme geknüpft.[31]

Die globalen Probleme umfassen einen größeren Kreis von ökonomischen, politischen, moralischen, sozialen, sozialpsychologischen und natürlich nicht zuletzt rechtlichen Fragen. Das Recht muß in diesem Zusammenhang u. E. deshalb genannt werden, weil es mit zu den sozialen und politischen Bedingungen gehört, die notwendig sind, um diese Probleme zu bewältigen.

Wenn in diesem Zusammenhang von Recht die Rede ist, so ist es in seiner konkreten Existenz als Rechtssystem jeweils eines Staates gemeint. Es muß nämlich gesehen werden, daß die Lösung der globalen Probleme jetzt und noch auf lange Zeit hinaus grundsätzlich von national selbständigen souveränen Staaten angestrebt werden muß, was auch davon abhängt, wie die Staaten ihre Souveränität verstehen und auf ihrem Territorium durchsetzen.

In diesem Punkt wird der Unterschied zum bürgerlichen Rechtsdenken wiederum deutlich, das die globalen Probleme zum Anlaß für kosmopolitische Weltrechtskonstruktionen nimmt. Legt man hingegen die Einschätzung zugrunde, die L. I. Breshnew auf dem XXV. Parteitag der KPdSU gab, dann fällt es nicht schwer, den rechtspolitisch-strategischen Rang der Fragestellung zu erkennen. Er sagte, die globalen Probleme würden in der Perspektive einen immer „stärkeren Einfluß auf das Leben eines jeden Volkes, auf das ganze System der internationalen Beziehungen ausüben. Unser Land darf ebensowenig wie die anderen Länder des Sozialismus bei der Lösung dieser Probleme, die die ganze Menschheit angehen, abseits stehen.“[32] Wahrscheinlich wird künftig bei der Beurteilung eines Rechtssystems die Frage immer wichtiger, wie es dazu beiträgt, die globalen Probleme konstruktiv zu lösen.

Im Zusammenhang mit dem wissenschaftlich-technischen Fortschritt sowie der wissenschaftlich-technischen Revolution und der Notwendigkeit, beide mit den Vorzügen des Sozialismus zu verbinden, wird neuerdings angezweifelt, daß zum rechtlichen Regelungsobjekt ausschließlich bestimmte gesellschaftliche Verhältnisse gehören. Es wird behauptet, Erscheinungen und Gesetze der Natur, Technik und Technologie erführen zunehmend eine Widerspiegelung im Recht,[33] das sozialistische Recht regele auch die Beziehungen zwischen Gesellschaft und Technik,[34] Erscheinungsformen des wissenschaftlich-technischen Fortschritts würden in den Regelungsgegenstand des sozialistischen Rechts aufgenommen.[35]

Wem dem so wäre, dann würde dies in bestimmten Bereichen zur Einebnung der qualitativen Unterschiede zwischen sozialistischem und bürgerlichem Recht führen; denn Naturgesetze, Technik und Technologie sind ja ihrem Wesen nach in den verschiedenen Gesellschaftsordnungen gleich. Aber in Wirklichkeit regelt das Recht nicht Beziehungen zwischen Mensch und Technik, Mensch und naturwissenschaftlicher Erkenntnis usw., sondern *gesellschaftliche* Beziehungen *zwischen Menschen*, die im Umgang mit der Technik, bei der Nutzung naturwissenschaftlicher Erkenntnisse usw. neu entstehen oder bereits bestehende modifizieren. So ist die Verordnung über Organtransplantation nicht eine chirurgische Methodik, sondern eine juristische Regelung solcher gesellschaftlicher Beziehungen, die zwischen Organspender (seinen Angehörigen) und Organempfänger, medizinischer Einrichtung und Organempfänger, zwischen dem Chirurgen und der staatlichen Leitung des Gesundheitswesens usw. entstehen.[36] Auch hier sind es bestimmte Interessen, die das juristische Moment in diese Beziehungen bringen und weitgehend den unterschiedlichen Regelungsgehalt zwischen der rechtlichen Regelung der Organtransplantation in der DDR und dem angestrebten, zwischen sogenanntem Widerspruchs- und

Zustimmungsmodell hin und her diskutierten Transplantationsgesetz der BRD erklären.[37]

Wie bereits bemerkt, sind über die rechtliche Regelungsnotwendigkeit gesellschaftlicher Verhältnisse entsprechende Aussagen zu bilden. Die Erkenntnis des rechtlichen Regelungsobjekts, seiner quantitativen und qualitativen Eigenschaften durch möglichst umfassende Analysen ist eine notwendige Voraussetzung wissenschaftlich begründeter Rechtsnormensetzung. In der Regel mündet die Feststellung rechtlicher Regelungsnotwendigkeiten gesellschaftlicher Verhältnisse in der Formulierung von Rechtsforderungen, wenngleich zwischen erkannter rechtlicher Regelungsnotwendigkeit gesellschaftschaftlicher Verhältnisse und Rechtsforderung kein Automatismus besteht. Anders gesagt: Ob und wann rechtliche Regelungsnotwendigkeiten gesellschaftlicher Verhältnisse zu Rechtsforderungen führen, hängt nicht nur von der Erkenntnis der ersteren ab.

Bereits Engels und Kautsky haben in ihrer Auseinandersetzung mit Menger nachgewiesen, daß die kämpfende Arbeiterklasse — und wir können hinzufügen: auch die regierende Arbeiterklasse — ihre Ansprüche in Gestalt von Rechtsforderungen formulieren müsse. Diese seien, bei aller Übereinstimmung im Endziel, unterschiedlich, da die Ansprüche im Laufe der gesellschaftlichen und politischen Umgestaltungen wechseln und je nach Eigentümlichkeiten und Höhegrad der sozialen Entwicklung verschieden sind.[38] Rechtsforderungen sind vor allem nicht mit Rechtsnormen zu verwechseln; sie sind rechtspolitische Aufforderungen an die zur Gesetzgebung befugten Organe, welche zu schaffen, geltende Rechtsnormen zu verändern oder außer Kraft zu setzen. In der sozialistischen Gesellschaft sind Rechtsforderungen wichtige Instrumente der Partei der Arbeiterklasse, um ihre führende Rolle bei der gesetzgeberischen Gestaltung des Rechts zu verwirklichen. Rechtsforderungen werden entweder in den Beschlüssen der Partei direkt erhoben oder auf der Grundlage von Parteibeschlüssen von den Gewerkschaften, anderen Elementen des politischen Systems, von der Rechtswissenschaft usw. entwickelt.

Rechtsforderungen sind zugleich gesetzgeberische Problemstellungen; ihre Lösung erfordert die Ausarbeitung und Verabschiedung entsprechender Rechtsnormen. Sowohl den Rechtsforderungen wie den Rechtsnormen liegen im Prinzip die gleichen Aussagen über die rechtliche Regelungsnotwendigkeit gesellschaftlicher Verhältnisse zugrunde, wenngleich die für die Transformation in Rechtsnormen notwendige Aussagendecke quantitativ umfänglicher und qualitativ differenzierter sein dürfte.

Die Transformation von Aussagen über die rechtliche Regelungsnotwendigkeit in Rechtsnormen ist wissenschaftlich noch wenig erforscht. Sie ist selbst nur ein Unterfall, wie aus Wissen Wollen entsteht, wie Erkenntnisse über Aufforderungen in Tätigkeiten handelnder Menschen übergeführt werden. Fest steht, daß Rechtsnormen wie alle anderen Aufforderungen nicht allein logisch aus Aussagen abgeleitet oder begründet werden können. Heute sind nur Verfahren bekannt, wie Aussagen aus Aussagen und Aufforderungen aus Aufforderungen abgeleitet werden können. Wenn deshalb die Bildung von Normen nicht selten als „Kunst“ bezeichnet wird, so ist das ein Ausdruck des gegenwärtigen Wissensstandes auf diesem Gebiet. Aufgabenstellungen für die weitere rechtsbildungstheoretische Forschung, die sich in diesem Zusammenhang ergeben, sowie Lösungsansätze wurden im vorigen Abschnitt entwickelt.

Wenn Rechtsnormen nicht aus Aussagen abgeleitet werden können wie richtige Endergebnisse aus bestimmten Prämissen in der Mathematik, dann verweist dies wiederum auf die nicht mechanische Widerspiegelungsbeziehung zwischen rechtlichem

Regelungsobjekt und Recht. Das Recht ist von seinem Regelungsobjekt nicht absolut abhängig und unterliegt relativer Eigengesetzlichkeit. Marx und Engels haben diesen Sachverhalt vor allem in solchen Wendungen zum Ausdruck gebracht, das Recht werde „letztlich", „in letzter Instanz", „im großen und ganzen" von den materiellen Lebensbedingungen bestimmt.[39] Mehr noch: Marx sah in der Erklärung der ungleichmäßigen Entwicklung der ökonomischen und der Rechtsverhältnisse den eigentlich schwierigen Punkt der Rechtstheorie.[40] Dies wird übersehen, wenn Marx vorgeworfen wird, er verkürze das Recht „objektivistisch", indem er es als „weiter nichts" als ideellen Ausdruck materieller Verhältnisse betrachte.[41] Schon Engels hatte im übrigen ausdrücklich erklärt, wer versuchen wolle, jede rechtliche Erscheinung, jedes Detail rechtlicher Regelung aus den ökonomischen Verhältnissen zu erklären, mache sich lächerlich.[42]

Die relative Selbständigkeit des Rechts ist eine für die Rechtsbildungstheorie wie für Gesetzgebungsmethodik gleichermaßen wichtige Kategorie, denn sie gibt den Spielraum an, der beim gesetzgeberischen Entscheiden zur Verfügung steht und innerhalb dessen der Gesetzgeber seine Aktivität entfalten kann und muß. Auf Grund dieser Aktivität steuert er Elemente zum rechtsnormativen Abbild bei, die beim Regelungsobjekt nicht vorliegen, aber seine von Bedürfnissen, Interessen und den darauf beruhenden politischen Zielen bestimmten Beziehungen zum Regelungsobjekt zum Ausdruck bringen. Deshalb ist es auch notwendig, das rechtliche Regelungsobjekt vom Gegenstand der rechtlichen Regelung zu unterscheiden, der angibt, welche gesellschaftlichen Verhältnisse mit welchen Methoden und wie zu einem bestimmten Zeitpunkt tatsächlich rechtlich geregelt sind.[43] Die Struktur des Gegenstandes der rechtlichen Regelung einer Rechtsordnung gibt Aufschluß über ihr Rechtssystem; diese Struktur ist relativ abhängig von der Struktur des Regelungsobjekts. Regelungsobjekt und -gegenstand bilden eine widersprüchliche Einheit, aus der wichtige Triebkräfte zur Weiterentwicklung des Rechts erwachsen. Aussagen über das Regelungsobjekt und seine Struktur können deshalb auch heuristische Funktionen bei der Gestaltung des Rechtssystems und seiner Zweige wahrnehmen.

Zwischen Objekt und Gegenstand der rechtlichen Regelung in der vorgenannten Weise zu unterscheiden, scheint uns ein Ansatz zu sein, um die kontroversen Standpunkte, die sich gegenwärtig in der Theorie über das sozialistische Rechtssystem herausgebildet haben, einander zu nähern. Diese kontroversen Standpunkte kommen konzentriert in der von manchen Autoren vorgenommenen Unterscheidung zwischen Rechtssystem und System der Gesetzgebung zum Ausdruck; aber auch in unterschiedlichen Meinungen über die Kriterien, die einen Rechtszweig konstituieren. Die Unterschiedlichkeit der Standpunkte zu dieser Problemlage klingt selbst in der vorliegenden Schrift an.

Die Notwendigkeit, zwischen Regelungsobjekt und -gegenstand zu unterscheiden, ist Ausdruck der Tatsache, daß materielle, sozialökonomische Determiniertheit des Rechts nicht seine absolute Vorausbestimmtheit bedeutet. Das Regelungsobjekt determiniert das Recht nur vermittelt durch die jeweilige Praxis sowie durch die Umstände und Bedingungen, unter denen Aussagen über das Regelungsobjekt gewonnen und in Rechtsnormen transformiert werden. Insofern ist es notwendig, von politischen, ideologischen, kulturellen, sozialpsychologischen usw. Komponenten zu sprechen, deren Wirken zwischen Regelungsobjekt und Rechtsnorm im Rechtsbildungsprozeß zusammen mit dem Rechtsbewußtsein anzusetzen ist und die den Normenbildungsprozeß unterschiedlich intensiv beeinflussen. Zu diesen Komponenten gehören auch das geltende Recht, sein Effektivitätsgrad und die Rechtstradition.[44] In gewissem Sinne gibt es Analogien zum

Prozeß des Wirkens des Rechts, der ja ebenfalls von juristischen und nichtjuristischen Komponenten konstituiert wird und bei dessen Untersuchung es sich als nützlich erwiesen hat, die Wirkungsbedingungen und ihre Struktur näher zu untersuchen. Jedenfalls dürfte es eine weitere rechtssoziologische Forschungsaufgabe sein, diese Komponenten und Bildungsbedingungen gesellschafts- und rechtsordnungsspezifisch zu untersuchen. Ein erster Ansatz, auch in methodischer Hinsicht, wurde dazu von Mitarbeitern des Moskauer Akademie-Instituts für Staat und Recht entwickelt.[45]

Zum Gegenstand der rechtlichen Regelung kann etwas nur infolge politischer Entscheidungen des Staates und anderer Elemente des politischen Systems werden, während das rechtliche Regelungsobjekt unabhängig vom gesetzgeberischen Erkennen, Wollen und Entscheiden existiert. Die Rechtsgeschichte kennt deshalb auch viele Fälle scharfer und heftiger politischer Auseinandersetzungen, besonders zwischen Bourgeoisie und Proletariat, um den Gegenstand rechtlicher Regelungen; das Gebiet der Menschenrechte ist dafür ein markantes Beispiel.

Der Gegenstand der rechtlichen Regelung ist gegenüber dem Objekt einerseits ein Weniger, weil er die rechtlich-regelungsnotwendigen Verhältnisse nur von einer bestimmten Seite her und in ihrem quantitativen und qualitativen Aspekt nicht vollständig erfaßt; andererseits stellt er ein Mehr dar, weil er auch ideologische Verhältnisse und rechtliche Regelungen über rechtliche Regelungen erfaßt, die man als rechtliche Metaregelungen bezeichnen könnte. Derartige Regelungen gibt es zahlreich im Prozeßrecht sowie im Internationalen Privatrecht, aber auch in anderen Rechtszweigen, z. B. als Legaldefinitionen.

Die nichtlineare kausale Determination der Rechtsnormen durch das rechtliche Regelungsobjekt, die relative Selbständigkeit des Rechts gegenüber dem Regelungsobjekt führt zu Möglichkeiten und Konsequenzen, die gesetzgeberische Entscheidungen sowohl positiv wie negativ beeinflussen können.

Wie bereits bemerkt, hat der Gesetzgeber bei seinen Entscheidungen einen gewissen Spielraum, denn die rechtliche Regelung gesellschaftlicher Verhältnisse kann im allgemeinen innerhalb einer gewissen Bandbreite erfolgen, was ja auch der Grund dafür ist, daß einem Rechtstyp jeweils verschiedene Rechtssysteme entsprechen. So gibt es Bereiche gesellschaftlicher Verhältnisse, bei denen es darauf ankommt, daß sie überhaupt geregelt sind; ob beispielsweise im Verkehrsrecht das Links- oder Rechtsfahren festgelegt wird, steht im Belieben des Gesetzgebers. Bei anderen Bereichen gesellschaftlicher Verhältnisse kommt es nicht nur darauf an, sie überhaupt, sondern auch in einer bestimmten Weise geregelt zu sehen. Besonders deutlich wird dies bei den Eigentumsverhältnissen; bei ihrer Regelung gibt es in allen, einem bestimmten Rechtstyp entsprechenden Rechtssystemen gleiche Grundstrukturen. Dies zeigt, daß der Gesetzgeber ein gewisses Möglichkeitsfeld hat, aus dem er verschiedene Entscheidungen auswählen kann. Dies systematisch zu nutzen, erfordert, die Variantenbildung zu einem integrierenden Bestandteil der Vorbereitung gesetzgeberischer Entscheidungen zu machen. Grundsätzlich hat der Gesetzgeber eine dreifache Möglichkeit, zwischen Entscheidungsvarianten zu wählen, und zwar in bezug auf den Regelungsinhalt einzelner Normen, einzelner Rechtsinstitute und hinsichtlich der Struktur des Rechtssystems.

Um das Feld der Varianten für gesetzgeberische Entscheidungen anschaulich zu machen, sei beispielhaft auf die verschiedenen Rechtssysteme verwiesen, die jeweils einem Rechtstyp entsprechen. Daß alle Rechtstypen in Gestalt unterschiedlicher Rechtssysteme in Erscheinung treten und dabei manchmal sogar eine relativ große Vielfalt erreichen, ist durch die Rechtsgeschichte belegt. Sie belegt aber auch, daß einem gegebenen Rechtstyp nicht beliebig verschiedene Arten von Rechtssystemen zugeordnet werden können, sondern die einem Rechtstyp entsprechenden Rechtssysteme untereinander ähnlich und gleichartig sind. Das gilt sowohl in bezug auf die Rechtssysteme als Ganzes, ihre Struktur als auch hinsichtlich der grundlegenden Rechtsinstitute.

Betrachten wir unter diesen Gesichtspunkten das sozialistische Recht, so stellen wir zunächst zum Teil beachtliche Unterschiede in der jeweils konkreten Gestaltung einzelner Rechtssysteme fest. So gibt es beispielsweise in der ČSSR und in der DDR den Rechtszweig Wirtschaftsrecht, in den anderen sozialistischen Ländern aber nicht. Oder: Während in der DDR seit längerer Zeit ein selbständiger Rechtszweig wissenschaftlich-technischer Rechtsschutz existiert, werden in der Sowjetunion die von diesem Rechtszweig erfaßten Beziehungen zum Regelungsbereich des Zivilrechts gezählt.

Bereits das letzte Beispiel zeigt, daß ein gleichartig strukturiertes rechtliches Regelungsobjekt nicht zu einem entsprechend gleichartig strukturierten Rechtssystem führen muß. Genau deshalb wäre es aber auch nicht haltbar, aus der Tatsache, daß nur in der DDR und in der ČSSR ein Rechtszweig Wirtschaftsrecht existiert, die Schlußfolgerung zu ziehen, es gäbe in den anderen sozialistischen Ländern nicht die vom Wirtschaftsrecht der DDR und der ČSSR geregelten analogen gesellschaftlichen Verhältnisse.

Der Spielraum, der dem Gesetzgeber zur Verfügung steht, die relative Selbständigkeit des Rechts gegenüber seinem Regelungsobjekt birgt aber auch die Gefahr in sich, daß sich gesetzgeberische Entscheidungen vom Regelungsobjekt entfernen. Die letztliche Bedingtheit des Rechts durch materielle gesellschaftliche Verhältnisse ist keine Garantie dafür, daß die Rechtsnormen auch tatsächlich Abbilder dieser Verhältnisse sind. Dabei ist gegenwärtig in der Praxis das Problem nicht so sehr darin zu sehen, daß regelungsbedürftige Verhältnisse überhaupt nicht geregelt würden, als vielmehr darin, wie sie geregelt sind. Regelungen, die nicht die Spezifik des Rechts innerhalb der staatlichen Leitungsmittel der sozialistischen Gesellschaft beachten, die nicht die Rechte-Pflichten-Struktur und das Gleichgewicht zwischen Rechten und Pflichten genügend im Auge haben, können nicht als gelungene Regelungen angesehen werden. Richtig wurde gesagt, es diene nicht der Effektivität des Rechts, wenn Formen der Leitung, der Beeinflussung schlechthin in „rechtliche Hüllen“ gefaßt und im Gesetzblatt veröffentlicht würden, wenn nicht tatsächlich Rechtsmacht zum wechselseitigen Ein- und Zusammenwirken eingeräumt und gestaltet werde. Denn: Auch vom sozialistischen Recht könne man nicht jederzeit alles erwarten, größtmögliche Stabilität der geregelten Beziehungen und zugleich so viel Spielraum, es jederzeit auch anders machen zu können.[46]

Es kommt also immer darauf an, wie Rechtsnormen das Regelungsobjekt widerspiegeln. Praktisch bedeutet dies: Nachdem Aussagen über rechtliche Regelungsnotwendigkeiten in Rechtsnormen transformiert wurden, müssen diese Rechtsnormen daraufhin beurteilt werden, ob sie auch dem Regelungsobjekt *adäquat* sind. Dazu bedarf es entsprechender Bewertungsmaßstäbe und einer entsprechenden Anwendungsmethodik. Auch dafür die Grundlagen schaffen zu helfen, ist Anliegen der Rechtsbildungstheorie.

4. Zusammenhänge zwischen Notwendigkeit und Inhalt rechtlicher Regelung, dargestellt an Problemen des Wirtschaftsrechts

Wie im vorigen Abschnitt dargelegt, besteht das Neue des sozialistischen Rechtsbildungsprozesses darin, daß der Gesetzgeber in der Lage ist, den gesamtgesellschaftlichen Zusammenhang zwischen den objektiv existierenden, rechtlich regelungsbedürftigen gesellschaftlichen Verhältnissen, dem mittels rechtlicher Regulierung angestrebten Handeln und seinen Zielen bei der Setzung von Rechtsnormen zu berücksichtigen.

Für die gesellschaftliche Wirksamkeit des Rechts ist entscheidend, wie es gelingt, diese Möglichkeit zur gesellschaftlichen Realität zu machen. Das macht Rang und Schwierigkeitsgrad der Rechtsnormsetzung aus. Auf dem historisch neuen Wirkungsfeld des sozialistischen Rechts — dem Gebiet staatlicher Wirtschaftsleitung — wird dies besonders deutlich.

Das sozialistische Wirtschaftsrecht ist ein junger, sich noch entwickelnder Rechtszweig, wobei eine enge Wechselwirkung seiner Entwicklung mit der Vervollkommnung des Systems der Leitung, Planung und ökonomischen Stimulierung in der entwickelten sozialistischen Gesellschaft besteht. Bei dieser Sachlage ist es verständlich, daß auch unterschiedliche Erwartungshaltungen und Auffassungen über seine Funktion und Wirkungsweise vorhanden sind. Gerade hier stehen wir ständig vor der Aufgabe, nicht nur den Juristen, sondern vor allem den Leitungskadern aller Ebenen nachzuweisen und bewußt zu machen, daß der Kreis rechtlicher Regelung bedürfender Verhältnisse nicht subjektiv bestimmbar ist. Andererseits ist für diesen Bereich aber auch sorgfältig abzugrenzen, welche gesellschaftlichen Verhältnisse entsprechend den objektiven Bedingungen rechtlicher Regelung zugänglich sind, die Eigenschaft rechtlicher Regelungsnotwendigkeit haben, und welche nicht.

Auch der Zusammenhang rechtlicher Verhaltensregulierung mit anderen Faktoren der Orientierung, Beeinflussung und Stimulierung des Handelns ist hier vielfältig und intensiv. Das gilt für staatliche wie nichtstaatliche Mittel der Leitung, für politisch-moralische Verhaltensforderungen ebenso wie für Verhaltensmotive, die aus der materiellen Interessiertheit der Handelnden resultieren. Die rechtliche Regelung muß demzufolge einerseits vom Wirkungszusammenhang mit diesen Faktoren, insbesondere von ihrer Einbettung in das Ensemble staatlicher Leitungsmittel, ausgehen, andererseits werden die genannten Faktoren, darunter vor allem auch die materielle Stimulierung, wesentlich durch die rechtliche Regelung vermittelt.

In diesem Sinne ist das Recht ein notwendiges, spezifisches und durch kein anderes zu ersetzendes Mittel der Leitung der Volkswirtschaft und der Organisierung und Durchführung der Wirtschaftstätigkeit. Die Hervorhebung seiner spezifischen Funktion innerhalb der Gesamtheit der verhaltensbeeinflussenden Faktoren ist aber häufig ebenso schwierig wie der Nachweis seiner Wirksamkeit, seines positiven Anteils an realisiertem gesellschaftsgemäßem Verhalten. Die organisierende, gestaltende und sichernde Wirkung des Wirtschaftsrechts beim planmäßigen, „normalen" Ablauf volkswirtschaftlicher Prozesse findet bei Wirtschaftsfunktionären bisweilen wenig Beachtung und wird selten hervorgehoben. Viel eher ist das der Fall, wenn sich Widersprüche zu Konflikten entwickeln und es des Rechts zu ihrer Lösung bedarf. In diesem Bereich schaden Positionen, die die rechtliche Regelungsnotwendigkeit mißachten, aber ebenso schadet eine unbegründete Euphorie bezüglich der Wirkungsmöglichkeiten des Rechts. Man darf aber insgesamt davon ausgehen, daß durchaus Reserven zur Erhöhung der Wirksamkeit des Rechts im Ringen um den in neuen Dimensionen erforderlichen ökonomischen Leistungszuwachs unserer Volkswirtschaft erschließbar sind. Dafür ist das Niveau der Transformation von Aussagen über das rechtliche Regelungsobjekt in Rechtsnormen von größter Bedeutung.

Woran ist aber meßbar, ob der objektiv bedingten Regelungsnotwendigkeit entsprochen ist? Werfen wir einen Blick auf den Rechtsnormenbestand auf dem Gebiete des Wirtschaftsrechts, so kann man wahrlich über ein „zu wenig" nicht klagen. Das zeigt schon an, daß es hier in erster Linie nicht um eine Erweiterung der Fläche regelungsbedürftiger Verhältnisse geht. So haben wir z. B. eine recht umfangreiche Regelung der Planung, und doch beschäftigt uns gerade hier die Frage nach der spezifischen Funktion und Wirksamkeit des Rechts im Ensemble der Mittel und Instrumente der Planung, nach einer wirksameren Gestaltung wechselseitiger Rechte und Pflichten der Akteure in diesem Prozeß, insbesondere zum Aufeinanderein- und Zusammenwirken beim Herausarbeiten, Treffen und Realisieren anspruchsvoller und bilanzierter Planentscheidungen. Da im nächsten Abschnitt auf die rechtliche Regelungsnotwendigkeit von Planungsprozessen noch speziell eingegangen wird, hier nur wenige Bemerkungen über die Unterschiedlichkeit der Auffassungen zur Notwendigkeit, die gesellschaftlichen Beziehungen im Planungsprozeß rechtlich zu regeln.

Nach einer unzulässig engen Auffassung, vor allem von Wirtschaftsfunktionären vertreten, bedarf es des Rechts erst am Ende des Entscheidungsprozesses, um den Ergebnissen der Planung gewissermaßen das Siegel der Verbindlichkeit aufzudrücken, die Entscheidung mit dem Anspruch auf Befolgung und disziplinierte Realisierung auszustatten. Diese Verbindlichkeit der Planentscheidung ist zweifellos eine wesentliche Wirkung des Rechtscharakters dieser Entscheidungen, jedoch nicht isoliert von, sondern nur im Zusammenhang mit der rechtlichen Regelung der Vorbereitung und des Treffens solcher Entscheidungen durch die Beteiligten der entsprechenden Wirtschaftsrechtsverhältnisse. Eine andere, ebenfalls nicht akzeptable Auffassung ist jene, die die Spezifik des Rechts ungenügend beachtet und deshalb seine Möglichkeiten überschätzt, indem sie den Planungsprozeß in seiner Totalität für rechtlich relevant erklärt und alle damit verbundenen Aufgaben und Widersprüche mit Hilfe des Rechts für lösbar hält. Dieser Auffassung leistet freilich Vorschub, daß die Planungsordnung, die als Ganzes als Rechtsvorschrift erlassen ist, alle Aktivitäten, Mittel und Methoden erfaßt, auch die rechtlich nicht relevanten, und in der sich die mit Rechte-Pflichten-Relationen auszugestaltenden Beziehungen und die Rechtsform annehmenden Mittel der Planung nicht deutlich genug abheben.

Über einen ausreichenden Normenbestand verfügen wir auch auf dem Gebiet der Regelung langfristiger Wirtschaftsverträge, ihrer Funktion, ihrer planungsmäßigen Grundlagen und ihres möglichen Inhalts. Dennoch stellen wir fest, daß selbst große Kombinate ungenügend davon Gebrauch machen. Ist dies etwa dadurch gerechtfertigt, daß jetzt in den Kombinaten — mit dem Ziel, die Verbindung von Wissenschaft/Technik und Produktion enger zu gestalten — die entscheidenden Phasen des Reproduktionsprozesses relativ großer Produktionskomplexe von der Forschung bis zum Absatz (unter Einbeziehung auch wichtiger Zulieferer) zusammengeschlossen sind und dadurch die Kooperation nach „außen" an Bedeutung verloren hätte? Keineswegs, im Gegenteil. Die Lösung der Aufgaben zur stärkeren Nutzung der qualitativen Faktoren intensiver Reproduktion, insbesondere des wissenschaftlich-technischen Fortschritts als dem Schlüssel zu hoher Dynamisierung der Produktion und für einen großen Leistungszuwachs, erfordert zugleich, daß die Kombinate auf höherem Niveau miteinander kooperieren. Die Kooperationsbeziehungen zwischen ihnen liegen jetzt durch die strukturellen Veränderungen zwar häufig an anderen Nahtstellen der volkswirtschaftlichen Verflechtung, haben aber in der Regel erhöhte Bedeutung für die Bewältigung der den Kombinaten gestellten Aufgaben. Das gilt insbesondere dann, wenn die Entwicklung und Überleitung neuer Erzeugnisse und Technologien in die Produktion bzw. ihre effektive Anwendung mit dem erforderlichen Zeitgewinn nur durch sachlich und zeitlich allseitig und exakt synchronisierte wissenschaftlich-technische Arbeit und Leistungsentwicklung in miteinander verflochtenen Produktionskomplexen mehrerer Kombinate bewältigt werden kann. Dabei gilt es, die dem Wirtschaftsvertrag eigenen Möglichkeiten stärker zu nutzen,[1] um zu sichern, daß in der Problemlösung wie im Zeitfaktor — bis in die Feinstruktur der Erfordernisse und Aufgaben — alle Beteiligten in der Kooperationskette entsprechend vorankommen und nicht Erfolge eines der Beteiligten durch Zurückbleiben eines anderen aufgehoben werden.

Die Wirtschaftsverträge können diese Funktion nur erfüllen, wenn sie so rechtzeitig abgeschlossen werden, daß sie aktiv auf die Planung, Produktionsvorbereitung und -durchführung der Beteiligten einwirken. Hier gibt es gegenwärtig häufig ein Ausweichen auf „gemeinsame Protokollnotizen" oder andere „Vertragssurrogate", in denen die Ergebnisse der Absprachen ohne wechselseitige Verpflichtung fixiert werden. Wir sehen auch hier, daß primär inhaltliche Fragen der Entwicklung der Rechte- und Pflichtenstrukturen in der rechtlichen Regelung der betroffenen Wirtschaftsrechtsverhältnisse berührt sind. Das gilt z. B. für die Sicherung besserer Voraussetzungen zum Vertragsabschluß durch ein entsprechend langfristiges Zusammenwirken der Kombinate mit ihrem übergeordneten Ministerium und der Staatlichen Plankommission, und zwar bereits von der Erarbeitung des zentralen staatlichen Planansatzes an; das gilt für die Rolle der Planentscheidungen des Fünfjahrplanes, für die Regelung der Beachtung bereits geschlossener Verträge in späteren Plan- und Bilanzentscheidungen und auch für die Regelung der Voraussetzungen ihrer ausnahmsweisen Nichtbeachtung sowie der Möglichkeit, Widersprüche mittels Entscheidungsverlangen zu klären.

Diese beiden Problemgruppen wurden nicht deshalb in die Betrachtung einbezogen, um Anforderungen und Wege der Weiterentwicklung der wirtschaftsrechtlichen Regelung näher zu untersuchen. Das kann nicht Aufgabe dieses Beitrages sein.[2] Es geschah dies vielmehr, um beispielhaft deutlich zu machen, daß wir im Wirtschaftsrecht bei der

Beantwortung der Frage, wann der Regelungsnotwendigkeit entsprochen ist, in der Regel zwangsläufig auf den untrennbaren Zusammenhang von „Ob“ und „Wie“ der der Regelung, von Regelungsnotwendigkeit und Regelungsinhalt stoßen.

Wenn festgestellt wird, es gehe im Wirtschaftsrecht weniger um die quantitative Ausdehnung des Regelungsgegenstandes, so ist die gegenwärtige Tendenz gemeint. In vorangegangenen Etappen der Herausbildung und Entwicklung der sozialistischen Produktionsverhältnisse hatte die Erweiterung der Fläche regelungsnotwendiger Beziehungen im Wirtschaftsrecht große Bedeutung. Bei der weiteren Gestaltung der entwickelten sozialistischen Gesellschaft liegt der Schwerpunkt u. E. aber vor allem auf der Erhöhung des inhaltlichen Niveaus der Regelung bereits geregelter Beziehungen. Das erfaßt vor allem auch Konsequenzen aus der großen Dynamik der Entwicklung.

Wie bereits dargelegt,[3] ist die Grundthese der marxistisch-leninistischen Rechtstheorie, wonach der Rechtsinhalt letztlich durch die materiellen Verhältnisse, besonders durch die Eigentumsverhältnisse bestimmt ist, in dieser Allgemeinheit für die Gesetzgebung nicht genügend handlungsanleitend. Um die soziale Determination des sozialistischen Rechts der praktischen Gesetzgebung wirklich dienlich zu machen, ist die Analyse des rechtlichen Regelungsobjekts unerläßlich. Diese Analyse ist zugleich ein Schwerpunkt der auf die Herausarbeitung einer sozialistischen Rechtsbildungstheorie gerichteten Forschung. Deshalb ist es eine berechtigte Aufforderung[4] an die Vertreter der rechtswissenschaftlichen Zweigdisziplinen, im Rahmen allgemeiner Kriterien rechtlicher Regelungsnotwendigkeit nach den differenzierten Qualitäten der sozialen Grundlagen des Regelungsgegenstandes ihres Zweiges zu forschen und damit das Regelungsobjekt des Zweiges zu analysieren. Dies ist nicht nur für den Beitrag geboten, den sie der rechtstheoretischen Verallgemeinerung schulden, sondern zugleich für die Entwicklung der jeweiligen Rechtszweigtheorie. Der Blick ist dabei in erster Linie auf die Gewinnung von Erkenntnissen zur Qualifizierung des Rechtsbildungsprozesses und zur Bewertung der Wirksamkeit des Rechts gerichtet, nicht auf den Meinungsstreit über das Rechtssystem, zumal dieser sich doch oft sehr verselbständigt und emotional aufgeladen ist. Das mindert freilich nicht die Bedeutung, die solche Analysen auch für theoretische Aussagen zum System des sozialistischen Rechts haben.

Um den Zusammenhang zwischen der rechtlichen Regelungsnotwendigkeit gesellschaftlicher Verhältnisse und dem Inhalt ihrer rechtlichen Regelung aufzudecken, muß erkannt werden, daß die Regelungsnotwendigkeit nicht nur erfordert, bestimmte Beziehungen schlechthin rechtlich zu regeln, sondern daß sich aus ihr auch Anforderungen an den Inhalt der rechtlichen Regelung ergeben. Deshalb kann auch die Gesamtheit der rechtlich zu regelnden Verhältnisse, das Regelungsobjekt, nicht nur als Fläche regelungsnotwendiger Beziehungen bestimmt werden.[5]

Es geht also um die Frage, ob das Regelungsobjekt nur Ausdruck der rechtlichen Regelungsnotwendigkeit bestimmter gesellschaftlicher Verhältnisse im quantitativen Sinne ist oder ob es nicht auch Grundanforderungen an den Inhalt der Regelung ausdrückt. Zugespitzt: Im ersten Falle würde ein Defizit oder ein Überschuß an rechtlicher Regelung nur daran gemessen, ob regelungsnotwendige Verhältnisse auch tatsächlich geregelt sind oder — umgekehrt — ob eine Regelung existiert, obwohl die entsprechenden gesellschaftlichen Verhältnisse ihrer nicht oder nicht mehr bedürfen, ohne daß qualitative Aspekte eine Rolle spielen. Im zweiten Falle wäre eine quantitative und qualitative Bewertung erforderlich. Ihr Ergebnis könnte ggf. auch sein, daß trotz existierender

Rechtsnormen der Regelungsnotwendigkeit nicht entsprochen ist, wenn diese wesentlichen inhaltlichen Anforderungen nicht genügen.

Diese Fragestellung hat erhebliche praktische Bedeutung. Eine gesetzgeberische Problemformulierung und die schließliche Entscheidung über Erlaß und Inhalt einer gesetzlichen Regelung werden stets auf Aussagen über beide Faktoren unter den jeweils gegebenen konkreten Bedingungen und Umständen fußen müssen. Beziehen wir das auf den Kreis der regelungsnotwendigen Verhältnisse eines Zweiges, so sind innerhalb der einheitlichen sozialen Grundlagen des sozialistischen Rechts als Ganzem — also innerhalb gleicher Grundqualität —, jene unterschiedlichen Qualitäten herauszuarbeiten, die sowohl die von der Regelung dieses Zweiges notwendigerweise zu erfassenden gesellschaftlichen Beziehungen als auch die diesen Beziehungen adäquate Art und Weise und inhaltliche Gestaltung der Regelung bestimmen. Aus dieser objektiven Determinierung beider Faktoren ergibt sich zunächst, daß die Entscheidung über die Regelung oder Nichtregelung wie über Varianten des Inhalts und der Art und Weise der Regelung dem Gesetzgeber auch insoweit nur in gewissen Grenzen zur Disposition steht. Über den Spielraum des Gesetzgebers für Varianten gehen die Auffassungen gewiß weit auseinander; es liegen aber bisher auch wenig Untersuchungsergebnisse dazu vor.

In der analytischen Arbeit unter der Zielstellung, die Grundlagen für die Rechtsbildung zu verbessern, sind demnach drei untrennbar miteinander verbundene Fragenkomplexe zu untersuchen und zu beantworten, nämlich

(1) für welche gesellschaftlichen Verhältnisse die Notwendigkeit rechtlicher Regelung besteht — im Sinne der Ausdehnung der regelungsnotwendigen Beziehungen, also des quantitativen Aspekts —;

(2) welche dieser Beziehungen, objektiv bedingt durch ihre spezifischen sozialen Grundlagen, ein von anderen abgegrenztes Regelungsobjekt bilden — im Sinne der Strukturierung des Systems des sozialistischen Rechts insgesamt —;

(3) welche grundlegenden Anforderungen sich aus diesem Objekt und mithin seinen sozialen Grundlagen an die Art und Weise und den Inhalt der Regelung dieser Beziehungen ergeben, die erfüllt sein müssen, wenn das Recht seiner spezifischen Funktion im Ensemble der verhaltensbeeinflussenden Faktoren gerecht werden soll — im Sinne des qualitativen Aspekts —.

Diese Zusammenhänge sollen im folgenden — wenn auch nur in Grundzügen — für das sozialistische Wirtschaftsrecht aufgezeigt werden.

„Die Wirtschaft“ ist bekanntlich ein so umfassender, komplexer und zugleich in sich differenzierter Bereich gesellschaftlicher Beziehungen, daß die rechtlicher Regelung bedürfenden Beziehungen nicht nur Objekt und Gegenstand eines Rechtszweiges bilden. Außer vom Wirtschaftsrecht werden solche Beziehungen auch vom Staats-, Verwaltungs-, Arbeits-, Zivil-, LPG- und Bodenrecht geregelt. Im Begriff „Wirtschaftsrecht“ widerspiegeln sich sein Objekt- und Gegenstandsbereich also nicht unverwechselbar (die Bezeichnung ist zu weit). Auch hier können die Regelungsobjekte und -gegenstände der verschiedenen Rechtszweige nicht aus Zweckmäßigkeitsgründen, sondern nur aus unterschiedlichen sozialen Grundlagen bestimmt werden. Über die Erfassung der gesellschaftlichen Beziehungen in der Wirtschaft in den Rechtszweigen besteht ein heftiger Meinungsstreit.[6] Dabei gibt es auch Auffassungen, denen zufolge das von den Vertretern des Wirtschaftsrechts herausgearbeitete spezifische Regelungsobjekt nicht existiere und mithin die Existenz des Wirtschaftsrechts zumindest als Rechtszweig (nicht unbedingt als Gesetzgebungsgebiet oder Wissenschaftsdisziplin) bestritten wird. Wir dagegen sind davon überzeugt, daß dieses spezifische Regelungsobjekt in unserer gesellschaftlichen Wirklichkeit vorhanden ist und daß dies objektiv in den materiellen gesellschaftlichen Verhältnissen im Sozialismus begründet ist.[7]

Der Regelungsgegenstand des Wirtschaftsrechts erfaßt das Gefüge wirtschaftlicher Beziehungen zwischen den Organen der staatlichen Wirtschaftsleitung und den Wirtschaftseinheiten— Kombinate, Kombinatsbetriebe, Betriebe —, dieser Wirtschaftseinheiten untereinander sowie innerhalb großer Wirtschaftseinheiten, insbesondere der Kombinate. Damit haben wir die regelungsnotwendigen Beziehungen freilich zunächst nur beschreibend vorgestellt, und es bleibt die Frage zu beantworten, welches seine sozialen Grundlagen sind.

Für das zu ihrer Aufdeckung erforderliche Vorgehen hat H. Klenner[8] eine wichtige Orientierung gegeben, indem er mit Nachdruck und zutreffend in Erinnerung rief, daß eine marxistisch-leninistische Betrachtung des Rechts nur als genetische *und* funktionale materialistische Qualität anzunehmen vermag, weil das Recht immer erst ein Ergebnis gesellschaftlicher Entwicklung und erst danach ein Mittel ist, diese Entwicklung zu festigen, zu verändern oder gar abzubrechen.

Das durch das Wirtschaftsrecht zu regelnde Gefüge gesellschaftlicher Beziehungen ist durch das Entwicklungsniveau der Produktivkräfte und Produktionsverhältnisse in der Sozialismusphase der gesellschaftlichen Umwälzung bedingt. Karl Marx hat in der Kritik des Gothaer Programms bekanntlich jene Konsequenzen herausgearbeitet, die sich für diese Phase daraus ergeben, daß sich der Aufbau der kommunistischen Gesellschaft zunächst — vor allem ökonomisch — nicht auf eigener Grundlage entwickelt, sondern aus der kapitalistischen Gesellschaft heraus erfolgt und mit deren Erbe behaftet ist. Er hat damit zugleich Bedingungen und Triebkräfte aufgedeckt, die es beim Aufbau und der Entwicklung des Sozialismus in Rechnung zu stellen und zu nutzen gilt. Sie haben für die Politische Ökonomie des Sozialismus wie für die sozialistische Rechtstheorie gleichermaßen fundamentale Bedeutung. Damit waren nämlich auch die Ursachen freigelegt, welche letztlich generell das Recht im Sozialismus „als gleichen Maßstab“, „als Regulator bei der Verteilung der Produkte und der Arbeit unter die Mitglieder der Gesellschaft“ notwendig machen.[9] Sie haben jedoch über die allgemeine Determinierung der Notwendigkeit des Rechts im Sozialismus hinaus zugleich spezifische Bedeutung für Regelungsobjekt und -gegenstand des Wirtschaftsrechts.

Die Entwicklung der gesellschaftlichen Verhältnisse, die das Regelungsobjekt des Wirtschaftsrechts bilden, ist ein Ergebnis der revolutionären Umwälzung, der Errichtung der Diktatur des Proletariats, die die Arbeiterklasse benutzt, um die Produktionsmittel in gesellschaftliches Eigentum zu überführen und die sozialistischen Produktionsverhältnisse allseitig zu entwickeln. Dadurch entstehen erst die materiellen gesellschaftlichen Verhältnisse, die das Regelungsobjekt des Wirtschaftsrechts bilden, und erst auf dieser Grundlage konnte sich in Theorie und Praxis das Wirtschaftsrecht herausbilden.[10] Die soziale Grundlage des Wirtschaftsrechts ist folglich die konkret-historische Einheit von Produktivkräften und Produktionsverhältnissen im Sozialismus. Diese die Sozialismusphase im ganzen betreffende Charakterisierung schließt natürlich die Entwicklung der Produktivkräfte und Produktionsverhältnisse im Prozeß der Gestaltung der entwickelten sozialistischen Gesellschaft ein. Mehr noch: Diese bestimmen ja gerade innerhalb der gesellschaftlichen Grundqualität die Dynamik des Regelungsobjekts des Wirtschaftsrechts.

Die soziale Grundlage des Wirtschaftsrechts ist damit zwar grundsätzlich, jedoch noch nicht präzise genug abgegrenzt. Sein Gegenstand umfaßt ganz *bestimmte* wirtschaftliche Verhältnisse, die entsprechend dem Stand der Vergesellschaftung der Produktion im Sozialismus objektiv existieren. Auf der Grundlage des gesellschaftlichen Eigentums an Produktionsmitteln haben Arbeit, Produktion und Aneignung gesellschaftlichen Charakter, ist die planmäßige Leitung im gesamtgesellschaftlichen Maßstab möglich und notwendig. Spezifisches Merkmal der sozialistischen Produktion ist aber zugleich die Existenz ökonomisch relativ selbständiger Betriebe (Wirtschaftseinheiten),[11] in denen die Produktion bzw. sonstige Wirtschaftstätigkeit stattfindet, die ihre Produkte als Waren produzieren und austauschen und insoweit eigene Interessen haben und verfolgen, die zwar mit den gesellschaftlichen Interessen prinzipiell übereinstimmen, aber mit ihnen nicht identisch sind. Die relative ökonomische Selbständigkeit der Betriebe ergibt sich nicht nur materiell-technisch aus der Verwendung verschiedenartiger Arbeitsmittel und unterschiedlicher technologischer Prozesse, aus der Arbeitsteilung, Spezialisierung u. a., sondern ökonomisch aus der Entwicklungsstufe der Vergesellschaftung der Arbeit und der Produktion im Sozialismus.[12] Sie trägt dem Widerspruch zwischen betrieblicher und allgemein gesellschaftlicher Arbeit, zwischen Gebrauchswert und Wert der Ware Rechnung. Sie erfordert wirtschaftliche Rechnungsführung, Ware-Geld-Form der Austauschbeziehungen, ökonomische Leistungsbewertung und Stimulierung der Betriebe. Das sind Faktoren, die nicht neben der planmäßigen Leitung im gesamtgesellschaftlichen Maßstab stehen, sondern von ihr erfaßt werden; denn: aus den charakterisierten gesellschaftlichen Grundlagen insgesamt resultiert die komplexe Wirkungsweise der ökonomischen Gesetze des Sozialismus wie die widersprüchliche Einheit von gesamtgesellschaftlichen, betrieblichen und individuellen Interessen, die in der Wirtschaftsleitung und Wirtschaftstätigkeit ständig zu berücksichtigen bzw. gezielt auszunutzen sind.

Die Ursachen für die gesamtgesellschaftliche Leitung und Planung wie für die relative ökonomische Selbständigkeit der Betriebe und den Charakter der Warenproduktion im Sozialismus ergeben sich also aus den Bedingungen des Sozialismus selbst, aus der historisch-konkreten Einheit von Produktivkräften und Produktionsverhältnissen im Sozialismus. Der Dialektik von Vergesellschaftung und relativ ökonomischer Selbständigkeit entspricht das Verhältnis von gesamtgesellschaftlicher Verantwortung für die optimale Leitung und Planung des volkswirtschaftlichen Reproduktionsprozesses und Eigenverantwortung der Betriebe für die optimale Gestaltung des betrieblichen Reproduktionsprozesses auf der Grundlage verbindlicher zentraler staatlicher Planentscheidungen.[13]

All dies bildet die soziale Grundlage für die gesellschaftlichen Beziehungen zwischen den staatlichen Organen der Wirtschaftsleitung[14] und den Kombinaten und Betrieben (Wirtschaftseinheiten) sowie der Wirtschaftseinheiten untereinander bei der Gestaltung der planmäßigen Wirtschaftstätigkeit, welche das Objekt des Wirtschaftsrechts kennzeichnen. Dabei ist nicht zu übersehen, daß die Beziehungen zwischen staatlichen Organen der Wirtschaftsleitung und den Kombinaten und anderen Wirtschaftseinheiten einerseits und zwischen den Wirtschaftseinheiten andererseits zu unterscheiden sind. Es wird hier einerseits von „Leitungsbeziehungen“ oder „vertikalen“ Beziehungen gesprochen, andererseits von Beziehungen der Produktionskoordinierung, der Kooperation, des Leistungsaustausches oder von „horizontalen“ Beziehungen.[15]

Aus der Dialektik von Vergesellschaftung und relativer ökonomischer Selbständigkeit — als für die historisch-konkrete Einheit von Produktivkräften und Produktionsverhältnissen im Sozialismus charakteristisch — ergibt sich jedoch, daß diese verschiedenen Arten von Beziehungen nicht nur miteinander verbunden sind, sondern eine *untrennbare Einheit* bilden, die einen ohne die anderen nicht existieren. Kooperationsbeziehungen zwischen den Betrieben (Wirtschaftseinheiten) haben Beziehungen der zentralen staatlichen Leitung zur Voraussetzung, aber auch die Leitungsbeziehungen dieser Art sind dadurch bestimmt, daß sie auf die Wirtschaftstätigkeit relativ selbständiger Wirtschaftseinheiten gerichtet sind. Die Wirtschaftsrechtsverhältnisse haben also einen einheitlichen Charakter, der durch die planmäßige Wirtschaftstätigkeit warenproduzierender Wirtschaftseinheiten bestimmt ist, bei der die zentrale staatliche Leitung untrennbar mit der Eigenverantwortung der Kombinate und Betriebe bei der Leitung und Planung ihres Reproduktionsprozesses und bei der unmittelbaren Durchführung der Produktion und des Warenaustausches verbunden sind.

Aus dieser qualitativen Seite des wirtschaftsrechtlichen Regelungsobjekts ergeben sich folglich tiefgreifende Konsequenzen für die Art und Weise der Regelung. Der Gesetzgeber muß diese Beziehung den spezifischen sozialökonomischen Grundlagen adäquat so regeln, daß der Einheit von zentraler staatlicher Leitung und eigenverantwortlicher Wirtschaftstätigkeit ökonomisch relativ selbständiger Wirtschaftseinheiten als Einheit von Planung und wirtschaftlicher Rechnungsführung entsprochen und die ökonomische Leistungsbewertung und Stimulierung gewährleistet ist.

Diese Aufgabe wie die Probleme ihrer Bewältigung — von denen eingangs zwei dargestellt wurden — waren und sind z. B. bei der Erarbeitung der neuen Planungsordnung, der Bilanzierungsverordnung und des Vertragsgesetzes deutlich erkennbar. Hier zeigt sich zugleich die notwendige Einheit von genetischer und funktionaler Betrachtung. Auf immer höherem Entwicklungsniveau der sozialistischen Gesellschaft ist durch den sozialistischen Staat und wesentlich mittels seines Rechts jener zutiefst revolutionäre Prozeß zu gestalten, in dem es nach Lenins treffender Charakterisierung darum geht, „die Produktion tatsächlich zu vergesellschaften", ein dem Sozialismus gemäßes „außerordentlich kompliziertes und feines Netz von neuen organisatorischen Beziehungen herzustellen, die die planmäßige Produktion und Verteilung der Produkte" und die „strengste Rechnungsführung und Kontrolle" darüber erfassen.[16]

Dabei gilt auch für das Wirtschaftsrecht die bereits weiter vorn begründete generelle These, wonach kein direkter, linearer Zusammenhang zwischen den materiellen Verhältnissen, die über die Eigenschaft der Regelungsnotwendigkeit verfügen, und der Art und Weise der rechtlichen Regelung im einzelnen besteht. Die materiellen Verhältnisse finden auch in den Wirtschaftsrechtsnormen einen vielfach vermittelten Ausdruck. Faktoren der gesellschaftlichen Gesamtentwicklung — politische, ökonomische, soziale, geistig-kulturelle, historische u. a. — und der internationalen Beziehungen unter Berücksichtigung der konkreten Klassenkampfsituation treten hinzu. So können wir gegenwärtig z. B. sehr nachhaltige Wirkungen der Entwicklung der internationalen Wirtschaftsbeziehungen auf die Wirtschaftsgesetzgebung feststellen. Auch auf dem Gebiete des Wirtschaftsrechts hat der Gesetzgeber einen Entscheidungsspielraum für Entscheidungsvarianten. In diesem Zusammenhang muß freilich in die Überlegungen einbezogen werden, daß die genannten anderen Faktoren im Rechtsbildungsprozeß auch unbegründet Regelungsvorschlägen entgegengehalten werden können, die aus dem Regelungsobjekt und seiner Dynamik abgeleitet wurden.

Die Wirtschaftsrechtswissenschaft stand zunächst vor der Aufgabe, für ihren relativ jungen Rechtszweig das durch die materiellen Verhältnisse bestimmte „Wie" der

Regelung, die dem Regelungsobjekt des Wirtschaftsrechts adäquate Art und Weise der Einwirkung des Rechts auf die gesellschaftlichen Verhältnisse herauszuarbeiten und theoretisch zu verallgemeinern. In der rechtswissenschaftlichen Literatur wird insoweit überwiegend von der „Methode der Regelung“ gesprochen, es besteht aber schon keine Einmütigkeit darüber, was darunter zu verstehen ist.[17] Bei diesen Bemühungen erwiesen sich alsbald jene Auffassungen als ungeeignet, nach denen für einen Rechtszweig nur eine bestimmte Art der Einwirkung charakteristisch und möglich sei und systembildende Bedeutung habe, wie die an die Über/Unterordnung der beteiligten Rechtssubjekte anknüpfende Rechtsform der staatlichen Einzelentscheidung als Methode des Verwaltungsrechts oder die der Gleichberechtigung der Partner entsprechende Rechtsform des Vertrages als Methode des Zivilrechts. Mit der Negierung dieser Auffassungen stellten die Wirtschaftsrechtler zugleich die enge Definition der „Methode der rechtlichen Regelung“ in Frage (was übrigens nicht nur durch sie geschah). In das Blickfeld wurde das gesamte „rechtliche Regime“, „die Wirkungsweise des Wirtschaftsrechts“ gerückt, verbunden mit der Position, daß all dies unter „Methode der Regelung“ zu verstehen sei.

Unsere Überlegungen dazu, die wir in der Diskussion geäußert haben,[18] gehen von der Erkenntnis aus, daß die Ziele der planmäßigen Wirtschaftstätigkeit, die Bedürfnisbefriedigung wie hohe ökonomische Effektivität sichernde Leistungen, stets im Ergebnis des Handelns mehrerer Akteure in einem sachlich und zeitlich stark gegliederten Prozeß erreicht werden. Das erforderliche Verhalten ist Folge verschiedener Handlungsketten sowohl beim einzelnen Wirtschaftsrechtssubjekt wie im Aufeinanderein- und Zusammenwirken verschiedener Wirtschaftsrechtssubjekte. Es bedarf also komplexer Einwirkung, um den Gesamtzusammenhang zu gewährleisten, vor allem durch

— jeweils einen ganzen Komplex juristischer Mittel (Wirtschaftsrechtsnormen, Wirtschaftsrechtsverhältnisse, weitere Wirtschaftsrechtsformen [-akte]) der Einwirkung auf die gesellschaftlichen Verhältnisse, um Anforderungen an und Grundlagen für ein im einzelnen eigenverantwortlich zu gestaltendes aktives Handeln festzulegen bzw. zu schaffen;

— jeweils ein mehr oder minder vielgliedriges System von Wirtschaftsrechtsverhältnissen zwischen wirtschaftsleitenden staatlichen Organen und Wirtschaftseinheiten sowie den Wirtschaftseinheiten untereinander.

Als wesentliche Züge der spezifischen Wirkungsweise des Wirtschaftsrechts, des wirtschaftsrechtlichen Regimes konnten festgestellt werden:

a) Die wirtschaftsrechtliche Regelung muß die vieldimensionale Verflechtung der Beziehungen berücksichtigen, die in bezug auf ihre Entstehung, Gestaltung, Entwicklung und Realisierung objektiv existieren. So sind die Beziehungen zwischen den Kombinaten und Betrieben und ihren übergeordneten wirtschaftsleitenden staatlichen Organen, insbesondere Ministerien, mit den Kooperationsbeziehungen der Wirtschaftseinheiten untereinander, die Planungsrechtsverhältnisse mit den Bilanzrechtsverhältnissen und die Wirtschaftsrechtsverhältnisse eines Kombinats in der volkswirtschaftlichen Verflechtung mit den Wirtschaftsrechtsverhältnissen innerhalb des Kombinats verbunden. Das findet seinen Ausdruck auch darin, daß die verschiedenen Rechtsformen des Wirtschaftsrechts (Planentscheidungen, Wirtschaftsvertrag u. a.) dabei vielfältig verknüpft angewandt werden.

b) Die wirtschaftsrechtliche Regelung geht davon aus, daß jede Entscheidung, auf welcher Ebene sie auch getroffen wird, wie auch die Rechte und Pflichten in jedem

Wirtschaftsrechtsverhältnis durch die dialektische Einheit von zentraler Leitung und Eigenverantwortung der Wirtschaftseinheiten geprägt sein müssen. Das bedeutet u. a., daß Planentscheidungen die Grundlage von Wirtschaftsverträgen sind und — umgekehrt — staatliche Planentscheidungen Vorschläge, Verteidigungsergebnisse und bereits abgeschlossene Wirtschaftsverträge berücksichtigen. Das schließt aber auch die Durchsetzbarkeit der Vertragsabschlußpflicht im Vertragsgestaltungsverfahren vor dem Staatlichen Vertragsgericht sowie das Recht ein, das Entscheidungsverlangen zu stellen, wenn z. B. staatliche Planentscheidungen nicht bilanziert und abgestimmt sind.

c) Für die wirtschaftsrechtliche Regelung ist charakteristisch, daß das für die Lösung einer konkreten ökonomischen Aufgabe erforderliche Verhalten in der Regel erst über Ketten funktional verbundener Wirtschaftsrechtsverhältnisse gesichert werden kann. Die Produktion eines neu- oder weiterentwickelten Erzeugnisses oder die Einführung einer neuen Technologie hat z. B. Wirtschaftsrechtsverhältnisse der Planung, Bilanzierung, Koordinierung, der Ausarbeitung und des Schutzes wissenschaftlich-technischer Ergebnisse, der Finanzierung, der Kooperation über Zulieferungen und den Absatz, ggf. aber auch der Investition, territorialen Koordinierung oder der Berücksichtigung von Umweltschutzerfordernissen zur Voraussetzung und Folge.

d) Die wirtschaftsrechtliche Regelung muß dem Umstand Rechnung tragen, daß für die Wirtschaftsrechtsverhältnisse weithin ein bestimmter Zeithorizont Bedeutung hat. Dementsprechend ist auch die Existenz von Wirtschaftsrechtsverhältnissen weitgehend von den Planzeiträumen des Fünfjahr- oder Jahresplanes abhängig. Bei vielen Wirtschaftsrechtsverhältnissen können sich in der Zeitperiode, in der sie bestehen, die zugrunde liegenden Bedingungen entwickeln und daraus ggf. Schlußfolgerungen für eine veränderte Gestaltung der Rechte und Pflichten gezogen werden.

e) Charakteristisch für die wirtschaftsrechtliche Regelung ist schließlich das Bestehen wechselseitiger Rechte und Pflichten der Beteiligten der Wirtschaftsrechtsverhältnisse. Das ist in den Kooperationsrechtsverhältnissen ausgeprägt und unbestritten, in den Leitungs- und Planungsbeziehungen dagegen vielfach erst in Ansätzen entwickelt und z. T. auch umstritten. Dabei handelt es sich im einzelnen um unterschiedliche Rechte und Pflichten, auch das Verhältnis von Rechten und Pflichten ist nicht gleich, wohl aber handelt es sich im Sinne der charakterisierten Einheit von zentraler Leitung und Eigenverantwortung, von Planung und wirtschaftlicher Rechnungsführung um gleichartige Rechte und Pflichten.

Bei der Herausarbeitung dieser Elemente der wirtschaftsrechtlichen Methode oder Wirkungsweise handelt es sich um einen ersten ausbaubedürftigen Lösungsansatz, um den Problemen beizukommen, die sich aus der notwendigerweise komplexen Einwirkung des Wirtschaftsrechts auf die gesellschaftlichen Verhältnisse vor allem in miteinander verflochtenen Wirtschaftsrechtsverhältnissen ergeben. Das rechtfertigt in keiner Weise, dem einzelnen Wirtschaftsrechtsverhältnis geringere Aufmerksamkeit zu schenken. Im Gegenteil, es bedarf des überlegten und wirksamen Einsatzes jedes Elements in diesem Mechanismus rechtlicher Einwirkung und der exakten Herausarbeitung entsprechender subjektiver Rechte und Pflichten jeweils bestimmter Rechtssubjekte in konkreten Rechtsverhältnissen. Untersuchungen der gewiß komplizierten Wirkungsweise des sozialistischen Wirtschaftsrechts müssen gerade dafür Voraussetzungen schaffen helfen.

Das ist von großer Bedeutung für die Wirtschaftsgesetzgebung. Sie muß schon durch Struktur und Inhalt der rechtlichen Regelung mit den Wirtschaftsrechtsnormen diese komplexe rechtliche Einwirkung fördern und gewährleisten. Hieraus ergeben sich Forderungen nach übereinstimmenden Grundpositionen, nach aufeinander bezogenen, in ihrem spezifischen Inhalt synchronisierten (und widerspruchsfreien) sowie zunehmend komplexeren Rechtssetzungsakten. Das hat nicht minder Bedeutung für die Rechtsverwirklichung, vor allem für die Begründung, Gestaltung und Realisierung der Wirtschaftsrechtsverhältnisse. Subjektive Rechte und Pflichten sollen den Wirtschaftsrechtssubjekten, den Wirtschaftseinheiten und wirtschaftsleitenden staatlichen Organen als Beteiligte der Wirtschaftsrechtsverhältnisse ermöglichen, ihre wesentlich durch objektive Erfordernisse des Reproduktionsprozesses auf der Grundlage des gesellschaftlichen Eigentums bestimmten Interessen als ihren Willen auszudrücken und aufeinanderein- und zusammenzuwirken im Sinne gesellschaftlich optimalen Handelns. Damit soll eine bestmögliche konkrete Übereinstimmung der gesamtgesellschaftlichen Interessen mit den Interessen der handelnden Wirtschaftsrechtssubjekte sowie dieser untereinander gewährleistet werden. Die übergreifenden gesamtgesellschaftlichen Interessen finden dabei ihren Ausdruck insbesondere in den aus den grundlegenden Entscheidungen der Fünfjahr- und Jahresvolkswirtschaftspläne abgeleiteten staatlichen Planentscheidungen der den Wirtschaftseinheiten übergeordneten wirtschaftsleitenden staatlichen Organe, aber auch in der Bildung und Bestimmung der Aufgabenbereiche und volkswirtschaftlichen Verantwortung der Kombinate als große Wirtschaftseinheiten. Ihre Verantwortung für große Produktionskomplexe, für die wirksamere Verbindung von Wissenschaft, Technik und Produktion in diesen Dimensionen ist auf die Dynamisierung der Produktion mit dem Ziel hoher Bedürfnisbefriedigung und ökonomischer Effektivität gerichtet. Damit repräsentieren die Kombinate insoweit selbst gesellschaftliche Erfordernisse des Reproduktionsprozesses; gesellschaftliche Interessen treten vermittelt als ihre Interessen hervor, die sie als ihren Willen geltend zu machen und einzuordnen haben. Eine dieser Verantwortung entsprechende Wirtschaftstätigkeit ist von ihnen initiativreich und auch diszipliniert zu realisieren, um einen planmäßigen Gesamtprozeß mit hohem Leistungszuwachs zu gewährleisten.

Das erfordert auch und insbesondere für das Wirtschaftsrecht Klarheit über und die volle Ausschöpfung der seine Spezifik und Vorzüge im Ensemble der Leitungsmittel prägenden regulativen Eigenschaften des Rechts.

Für die Wirtschaftsleitung haben zweifellos auch informatorische und ideelle Wirkungen des Rechts große Bedeutung. Einer der historisch neuen Qualität des sozialistischen Rechts gemäßen Regelungswirkung entspricht es, wenn die Rechtsnormen nicht nur allgemein ihr Klassenwesen und ihre gesellschaftliche Funktion offenlegen, sondern auch Aufgaben und Ziele des geforderten Verhaltens und Gründe für den Regelungsinhalt in sich aufnehmen. Sie bilden die Grundlage ihrer schöpferischen Verwirklichung und sind ein Mittel, Identifikation und Einsicht in ihre Notwendigkeit zu erzeugen und dadurch soziale Aktivität und eine überwiegend durch gesellschaftlich bewußtes Handeln freiwillige Einhaltung der Normen zu fördern. Diese wichtigen informativen und ideologischen Wirkungen hängen aber in hohem Maße mit den regulativen Eigenschaften des sozialistischen Rechts zusammen; es muß daher unbedingt darauf geachtet werden, daß sie sich nicht verselbständigen und vor allem nicht von der Wesen und Spezifik bestimmenden Funktion des sozialistischen Rechts isoliert werden, nämlich: Mittel der klassenmäßigen Leitung in seiner Wirkung auf das Verhalten der Gesellschaftsmitglieder gerade durch dessen Regulierung zu sein.

Weitergehende Konsequenzen aus unterschiedlichen Wirkungsrichtungen des sozialistischen Rechts wurden bekanntlich mit der von S. A. Golunski[19] entwickelten

Theorie der „Aufgabennormen" gezogen, nach der neben den „Regelnormen" eine andere Art von Rechtsnormen existiere, die in einem ganz erheblichen Umfange nicht Normen der Struktur herkömmlicher Art (Tatbestand, Folgehandlung, Sanktion), sondern „Aufgabenstellungen" enthalten, mit denen verbindliche Ziele gestellt, eine Aufgabe formuliert, ggf. auch auf Mittel und Wege zu deren Erreichung hingewiesen werde. Der Wirtschaftsgesetzgebung schien diese Theorie besonders zu entsprechen, und auch in der wirtschaftsrechtlichen Literatur hat sie Eingang gefunden.[20] Auch der kürzlich erschienene Grundriß des Wirtschaftsrechts der DDR unterscheidet zwischen „Aufgabennormen", die Handlungsziele festlegen, und „Regelnormen", die keine unmittelbar auf Veränderung bzw. Limitierung gerichteten Ziele setzen, sondern Anforderungen und Möglichkeiten für sich wiederholende andere Seiten des wirtschaftlichen Handelns enthalten.[21]

Wenn eine solche Unterscheidung in verschiedene Qualitäten von Wirtschaftsrechtsnormen bestritten wird, so nicht, weil die Aufnahme von Aufgaben, Zielstellungen oder Orientierungen für eigenverantwortlich zu bestimmende Lösungswege in Wirtschaftsrechtsnormen geringgeschätzt wird. Es hat objektive Ursachen, wenn deren Notwendigkeit auf dem Gebiete der Wirtschaftsleitung im gesamtgesellschaftlichen Maßstab so intensiv hervortritt. Ihren Sinn findet die Aufnahme solcher Festlegungen jedoch eigentlich darin, daß die Wirtschaftsrechtsnormen auf ein durch einheitliche grundlegende Ziele verbundenes eigenverantwortliches, allseitig koordiniertes Handeln der Wirtschaftsrechtssubjekte gerichtet sind. Der Einwand richtet sich gegen die Verselbständigung und Trennung dieser Norminhalte von dem das Verhalten direkt erfassenden Norminhalt. Die spezifische Funktion des Rechts halten wir nicht für teilbar. Zu Rechtsnormen werden u. E. solche Festlegungen erst in ihrem Bezug auf und im Zusammenhang mit der Regelung von Verhalten bestimmter Wirtschaftssubjekte, an die die Wirtschaftsrechtsnormen adressiert sind. Im Wirtschaftsrecht geht es um Verhalten, das auf die Erarbeitung, das Treffen und die Realisierung von Entscheidungen über die Wirtschaftstätigkeit sowie auf die Organisierung und Durchführung entsprechender konkreter Maßnahmen und deren juristische Gewährleistung gerichtet ist. Dort, wo dieser Bezug und Zusammenhang fehlt bzw. nicht feststellbar ist, können derartige Festlegungen in den Rechtsvorschriften sicherlich auch informative und ideelle Wirkungen entfalten. Es ist aber im Interesse der Wirksamkeit des sozialistischen Rechts als eines spezifischen Mittels im Ensemble der staatlichen und nichtstaatlichen Mittel der Gesellschaftsleitung notwendig, auszusprechen, daß sie *diese* Wirkungen nicht kraft ihrer „Rechtsqualität" haben und insoweit keine dem Recht eigenen, seiner Spezifik und seinen Vorzügen entsprechende Wirkungen erwartet werden können. Ihre bloß äußere Deklaration als Recht — ohne einen Zusammenhang mit der Verhaltensregelung — ist der Wirksamkeit des sozialistischen Rechts kaum dienlich.

Wenn dies festgestellt wird, so im Wissen darum, wie kompliziert es ist, den sachlichen Bezug und Zusammenhang dieser unterschiedlichen Bestandteile als Regelnorminhalt herauszuarbeiten und die Struktur und das System der Wirtschaftsrechtsnormen entsprechend zu erschließen. Das wird zusätzlich dadurch erschwert, daß wir im Wirtschaftsrecht ja ohnehin — im Gegensatz etwa zum Strafrecht — die Strukturelemente *einer* Rechtsnorm, ja selbst die Normen *eines* Rechtsinstituts häufig nicht in einer Rechtsvorschrift und noch seltener im gleichen Teil einer Rechtsvorschrift überschaubar einander zugeordnet finden. Hinzu kommt die Art und Weise des geforderten Verhaltens. Wirtschaftsrechtsnormen erfassen selten die konkreten Vorgänge der Wirtschaftstätigkeit unmittelbar, sondern als einen laufenden Prozeß, sie regeln Verhalten, das darauf gerichtet ist, ihn zu bestimmen, ihn zu beeinflussen und voranzubringen. Zu einem wesentlichen Teil handelt es sich demzufolge auch nicht um den Vollzug in einer Verhaltensoperation. Solches Verhalten wird zudem jeweils durch eine mehr oder weniger große Zahl im Systemzusammenhang stehender Wirtschaftsrechtsnormen geregelt. Dabei ist noch nicht einmal die weitere Komplizierung in die Betrachtung einbezogen, die daraus resultiert, daß die Wirtschaftsrechtsnormen das konkrete wirtschaftliche Verhalten vielfältig verbunden mit anderen verhaltensmotivierenden und -beeinflussenden Faktoren, insbesondere moralische und materielle Stimulierung, regeln, die — unbeschadet ihrer teilweisen rechtlichen Vermittlung — auch unmittelbar den Handlungswillen und den Handlungsvollzug bestimmen.

Man kann wohl nur so herangehen, daß die Frage gestellt und zu beantworten versucht wird, ob und wie die in Wirtschaftsrechtsnormen enthaltenen Ziele und Aufgaben jene die Verhaltensregelung direkt betreffenden Elemente — also die Bedingungen für das geforderte Verhalten und das zu vollziehende Verhalten — inhaltlich mitbestimmen. Dabei wird sowohl der höhere Allgemeinheitsgrad vieler solcher Aufgaben und Ziele und deren Integration in den Tatbestandsteil bzw. in die Disposition nicht nur einer, sondern mehrerer Rechtsnormen als auch — das bedingt sich weitgehend — der jeweilige Systemzusammenhang der betroffenen Rechtsnormen zu beachten sein. Übrigens müßte das auch zutage fördern, was von den Aufgaben und Zielstellungen für *rechtliche* Verhaltensregelung notwendig und was entbehrlich ist. Daß dies eine komplizierte Aufgabe ist, die in Rechtstheorie, Rechtsbildung wie Rechtspropaganda beträchtliche Anstrengungen erfordert, ist offensichtlich. Jedenfalls existiert das Problem der verschiedenen inhaltlichen Aspekte von Wirtschaftsrechtsnormen im Wirtschaftsleben tatsächlich und damit auch die Frage, wie es bewältigt wird. Das muß im Interesse der höheren Wirksamkeit des Wirtschaftsrechts durch die Vervollkommnung der verhaltensregulierenden Wirkungen der Wirtschaftsrechtsnormen geschehen.

Beim Stand der theoretischen Klärung kann es kaum verwundern, daß in den Rechtsvorschriften diese Bezüge und Zusammenhänge nicht genügend beachtet sind oder nicht sehr deutlich hervortreten. Dennoch ist festzustellen, daß in nicht wenigen wirtschaftsrechtlichen Vorschriften solche Aufgaben und Ziele einschließende Normeninhalte zu sehr wuchern, keinen faßbaren Bezug zu entsprechend ausgeprägten Rechte- und Pflichtenstrukturen haben oder nicht „rechtsnormengemäß“ formuliert sind. Ferner sind sie — und auch das hängt damit zusammen — in der Rechtsvorschrift häufig zu sehr „für sich“ angeordnet, obwohl sie schon durch die innere Struktur der Rechtsvorschriften möglichst weitgehend mit dem das Verhalten direkt erfassenden Norminhalt verbunden werden sollten, was auch den Sachzwang zu normengerechterer Formulierung verstärken würde.

Eine wesentliche Ursache für die Auffassung, neben Regelnormen bestehe mit den Aufgabennormen eine notwendige zweite Art sozialer Rechtsnormen, liegt wohl in einem traditionellen Verständnis der Regelnormen selbst. Die Auffassung von den neben sie tretenden Aufgabennormen machte wohl auch Anstrengungen weniger dringlich, die neuen und gewiß komplizierten Probleme rechtlicher Regelung sozialistischer gesellschaftlicher Verhältnisse, insbesondere auf dem Gebiete der planmäßigen Wirtschaftstätigkeit, mit den Regelnormen und durch deren qualitative Entwicklung zu bewältigen. Es bedarf also noch größerer Anstrengungen, um zu einer tieferen Analyse der Regelnormen aus heutiger Sicht zu gelangen, wobei alle Rechtszweige in die Verallgemeinerung einbezogen werden sollten. Die Wirtschaftsrechtswissenschaft ist hier im besonderen Maße in Pflicht genommen, den bestehenden rechtstheoretischen Nachholebedarf abbauen zu helfen.

Die Auffassungen über die Wirkungsweise des Wirtschaftsrechts werden neuerdings tiefgehend durch die von A. K. Krawzow und L. Lotze[22] vertretene Position berührt, wonach staatliche Pläne und Planentscheidungen Bestandteile des sozialistischen Rechts besonderer Art und folglich weder Rechtsnormen noch Form der Rechtsverwirklichung seien. Darauf ist im wesentlichen, auch in der DDR, kritisch reagiert worden.[23] Diese Position tangiert rechtstheoretisch die Bedeutung der Regulierung für die Rechtsqualität im Sozialismus ebenso intensiv wie die Bedeutung der Wirtschaftsrechtsverhältnisse im Planungsprozeß.

Die genannten Autoren vertreten u. a. die Auffassung, die im Prozeß der Planung ergehenden Einzelentscheidungen seien nicht mehr Form der Rechtsverwirklichung, ihr Inhalt lasse sich weder anhand von Rechtsnormen überprüfen noch auf sie zurückführen; die staatlichen Planentscheidungen besäßen vielmehr die gleiche Qualität wie Rechtsnormen, im Sozialismus bestehe das Recht aus Normen-Recht und Plan-Recht. In der Wirtschaft, so zugespitzt Krawzow, stehe dieses Plan-Recht an erster Stelle, von einer zunehmenden Bedeutung des Normen-Rechts könne keine Rede sein; denn mit der Planung werde die intensivere Methode der Leitung praktiziert, sie stelle das eigentlich sozialistische Prinzip dar. Das Normen-Recht erscheint hier folglich gewissermaßen nur als ein Rudiment.[24]

Zweifellos ist insbesondere den neuen rechtlich relevanten Fragen des Planungsprozesses nicht beizukommen, wenn man sie in traditionell verstandene Glieder des rechtlichen Regelungsmechanismus lediglich „einzubauen“ versucht. Die prinzipiellen Meinungsunterschiede beziehen sich auf die hieraus zu ziehenden Schlußfolgerungen.[25] Krawzow/Lotze nehmen den Wirkungsmechanismus des Rechts in diesem „traditionellen Verständnis“ als gegeben. Sie versuchen nicht, das Wechselverhältnis von Recht (Rechtsnormen) und Rechtsverwirklichung von seiner realen und spezifischen Ausprägung im Planungsprozeß als neuem Wirkungsfeld des sozialistischen Rechts her theoretisch tiefer auszuloten. Sie verwerfen vielmehr sofort seine Eignung, statt zur Überwindung der aus traditioneller Sicht bestehenden Erkenntnisschranken vorzudringen, um zu tieferer Begründung des Wesens, der Gestaltung und der Wirkung sozialistischer Regelnormen und sozialistischer Rechtsverhältnisse — als Hauptform der Rechtsverwirklichung — beizutragen.

Die Möglichkeiten und die Vorzüge rechtlicher Verhaltensregulierung sind aber auch für die Gestaltung des Planungsprozesses keineswegs erschöpft; im Gegenteil, sie sind erst z. T. ausgenutzt. In der Praxis existieren die staatlichen Pläne und die staatlichen Planentscheidungen einerseits und die Regelung der Aktivitäten der Beteiligten des Planungsprozesses andererseits nicht isoliert voneinander. Weder die Festlegung in den Plangesetzen noch die Regelung in der Planungsordnung oder Bilanzierungsverordnung können jeweils für sich getrennt verwirklicht werden. Sie sind aufeinander bezogen, und das eine ist ohne das andere nicht möglich. Die Regelung der Rechtswirkungen von staatlichen Planentscheidungen und der rechtlichen Anforderungen an solche Entscheidungen in der Planungsordnung bezieht sich in ihrer inhaltlichen Substanz, in der Maßstabsetzung, auf Ziele und Voraussetzungen der Wirtschaftstätigkeit, die letztlich aus den Festlegungen des Fünfjahrplangesetzes bzw. des Jahresvolkswirtschaftsplangesetzes abgeleitet bzw. auf diese zurückführbar sind. Deshalb muß eine isolierte Analyse des

Plangesetzes zu scheinbar unüberwindbaren Schwierigkeiten beim Aufdecken und dem Nachweis ihres Charakters als Regelnorm führen. Die Qualität Recht ergibt sich hier erst bei Berücksichtigung des Zusammenhangs der Norminhalte im Gefüge der die Planung regelnden Rechtsetzungsakte. Die Plangesetze sind Instrument der Verhaltensregelung nur in ihrer Wechselwirkung mit den staatlichen Normativakten, welche die Erarbeitung, das Treffen und die Rechtswirkungen von Planentscheidungen regeln: insbesondere der Planungsordnung und der Bilanzierungsverordnung, in bestimmtem Maße aber auch der Finanzierungsrichtlinie, des Beschlusses über die Leistungsbewertung, des Vertragsgesetzes u. a.

In der Praxis ist dieser Zusammenhang der Normeninhalte offenkundig und bestimmbar: die Regelung des Aufeinanderein- und Zusammenwirkens der Beteiligten bei der Begründung, Gestaltung und Realisierung der Planungsrechtsverhältnisse als Prozeß der Verwirklichung der im genannten Gefüge von Rechtsetzungsakten enthaltenen Regelnormen unter Anwendung der staatlichen Planentscheidungen, Bilanzentscheidungen, Wirtschaftsverträge und anderer Rechtsformen der Rechtsverwirklichung. Durch diese Regelungswirkungen des Wirtschaftsrechts wird gesellschaftlich dienlichen Interessen Grundlage wie Durchsetzungskraft verliehen, um objektiven Erfordernissen und Gesetzmäßigkeiten Rechnung zu tragen, wird soziale Aktivität gefördert, die unerläßliche Regelung und Ordnung gesellschaftlicher Produktion gewährleistet und sozialistische Demokratie in Aktion gesetzt.

Die vom Wirtschaftsrecht zu regelnden gesellschaftlichen Verhältnisse unterliegen hoher Dynamik. Diese wird gegenwärtig vor allem durch die Bildung und Entwicklung der Kombinate als große Wirtschaftseinheiten geprägt, in denen jetzt schon über 90% der Industrie- und Bauproduktion realisiert werden. In bezug auf die Tragweite ist dieser Vorgang mit der Einführung der sozialistischen Planwirtschaft verglichen worden. Durch die Zusammenfassung bisher selbständiger Betriebe bzw. Kombinate in großen neuen Kombinaten ist es zu einer wesentlichen Veränderung der Subjektstruktur des Wirtschaftsrechts und des Systems der Wirtschaftsrechtsverhältnisse gekommen.

Die erste Frage, die sich in dem hier untersuchten Zusammenhang stellt, ist, ob dem Veränderungen in der Grundqualität des Regelungsobjekts des Wirtschaftsrechts zugrunde liegen. Unseres Erachtens ist das nicht der Fall; die Veränderungen vollziehen sich im Rahmen der für die konkret-historische Einheit von Produktivkräften und Produktionsverhältnissen in der Sozialismusphase charakteristischen Verbindung von planmäßiger Leitung im gesamtgesellschaftlichen Maßstab und eigenverantwortlicher Wirtschaftstätigkeit ökonomisch relativ selbständiger Wirtschaftseinheiten und damit auch der Verbindung von Planung und wirtschaftlicher Rechnungsführung. Zugleich aber handelt es sich innerhalb dieser Grundqualität wohl um den bisher tiefgreifendsten Schritt der weiteren Vergesellschaftung der Produktion, dem mit einer bloßen Extrapolation des geltenden Rechts nicht entsprochen werden kann.

In den Beziehungen zwischen den wirtschaftsleitenden staatlichen Organen und den Wirtschaftseinheiten ist nunmehr auf der Seite der Wirtschaftseinheiten in der Regel das Kombinat und auf der Seite der wirtschaftsleitenden Organe ein Industrie- oder anderes Ministerium beteiligt. Beide — obwohl dies bisher für die Ministerien kaum untersucht ist — sind Partner neuer Qualität, die Verbindung von zentraler Leitung und Eigenverantwortung, von Plan, wirtschaftlicher Rechnungsführung und ökonomischer Stimulierung muß folglich in neuen Dimensionen bewältigt werden.

Das Kombinat trägt die volkswirtschaftliche Verantwortung für die Entwicklung der Produktion und die Verbindung von Wissenschaft, Technik und Produktion in neuer Größenordnung und mit größtmöglichem Zeitgewinn, für die Deckung des volkswirtschaftlichen Bedarfs an den zum Produktionskomplex gehörenden Erzeugnissen und Leistungen und für eine hohe Effektivität. Dementsprechend hat es den Reproduktionsprozeß in seiner inneren Geschlossenheit einheitlich zu leiten und zu planen. Das erfordert eine eigene strategische Konzeption und zugleich die Einordnung der Reproduktionsaufgaben solcher Kombinate in die Gesamtentwicklung in höherer Qualität, sowohl bezüglich der Aufgabenstellung als auch der Voraussetzungen für die Arbeit der Kombinate. Dafür ist ein ständiges enges Zusammenwirken zwischen dem Kombinat einerseits und dem betreffenden Ministerium sowie der Staatlichen Plankommission andererseits schon vom Planansatz her erforderlich. Bei der Charakterisierung dieser Veränderung wird deshalb von den Kombinaten als Partner dieser die staatliche Wirtschaftsleitung ausübenden Ministerien gesprochen, was nicht gleiche Rechte der Beteiligten meint, sondern charakterisieren will, daß die Kombinate in ihrer Verantwortung für einen ganzen Abschnitt des volkswirtschaftlichen Reproduktionsprozesses — in anderer Weise als bisher die Betriebe — Beteiligte dieser Beziehungen sind.

Das gilt aber auch für die Ministerien als die anderen Beteiligten dieser Beziehungen. Auch sie sind nicht nur schlechthin übergeordnete Organe der größeren Produktionskomplexe, die aus mehreren ihnen direkt unterstellten Kombinaten bestehen, sondern sie tragen für den Leistungszuwachs und die Effektivität dieser großen Produktionskomplexe eine hohe Verantwortung. Auf dieser Ebene wird zwar wirtschaftliche Rechnungsführung nicht realisiert. W. Panzer[26] hat indes mit Recht darauf aufmerksam gemacht, daß es notwendig ist, zu prüfen, ob und auf welche spezifische Weise für diesen aus direkt unterstellten Kombinaten bestehenden Bereich eines Industrieministeriums ein Zusammenhang herstellbar ist zwischen Leitungs- und Planungsfunktion und ökonomischer Bewertung der Leistungen des gesamten Bereichs als Mittel der Beeinflussung von Planungs- und anderen Leitungsentscheidungen.

Das erfordert auch eine Weiterentwicklung der subjektiven Rechte und Pflichten der Beteiligten in diesen Rechtsverhältnissen, um das Aufeinanderein- und Zusammenwirken in der skizzierten neuen Qualität zu fördern. Nach wie vor ist das erforderliche Handeln in der Planungsordnung wie in der neuen Kombinatsverordnung jedoch nur im Ansatz, meist auch relativ vage in Rechten und Pflichten formuliert. Gleichwohl sind diese Ansätze hervorhebenswert. Was die Planung betrifft, so enthält z. B. § 9 der Kombinatsverordnung eine Reihe der erwähnten Festlegungen und Verpflichtungen. Es wird u. a. festgelegt, daß die Grundlagen für die Ausarbeitung der Pläne des Kombinats und der Kombinatsbetriebe die staatlichen Planentscheidungen sind und der Generaldirektor mit dem Plan und eigener kontinuierlicher, langfristiger konzeptioneller Arbeit die innere Geschlossenheit des Reproduktionsprozesses des Kombinats sichert. Diese Regelung findet ihre Fortsetzung in der Verpflichtung zur vollständigen Umsetzung der dem Kombinat erteilten staatlichen Planentscheidungen in die kombinatsinterne Planung, d. h. in die den einzelnen Kombinats*betrieben* zu übergebenden Planentscheidungen (§ 10). Das korrespondiert auch mit der Festlegung der Pflicht des Ministeriums, Entscheidungen zur Verwirklichung der Wirtschaftspolitik mit dem Kombinat vorzubereiten, ihre Durchführung zu unterstützen, sowie der Pflicht des Ministers, mit dem Generaldirektor regelmäßig Beratungen durchzuführen und den Erfahrungsaustausch zu entwickeln (§ 4 Abs. 2). Dazu gehört ferner die Pflicht des Generaldirektors, während der Ausarbeitung der Planentwürfe eine ständige enge Verbindung zwischen Kombinat und Ministerium sowie der Staatlichen Plankommission zu gewährleisten.

Näher detailliert geregelt ist dies freilich nicht. Nur an anderer Stelle finden wir in der Kombinatsverordnung die Regelung, daß der Generaldirektor das Recht hat, vom Minister zu treffende Entscheidungen oder Abstimmungen zu verlangen, wobei er dieses Entscheidungsverlangen mit Lösungsvorschlägen zu verbinden hat (§ 24). Das ist von wesentlicher Bedeutung für die Gewährleistung der auf das Aufeinanderein- und Zusammenwirken gerichteten Rechte und Pflichten in diesem Wirtschaftsrechtsverhältnis überhaupt. Bei einem solchen Entscheidungsverlangen handelt es sich nicht um eine Konfrontation des Kombinats mit seinem übergeordneten Organ. Der Zweck einer solchen Regelung ist die Vertiefung des koordinierten Handelns durch Herbeiführung notwendiger oder Überprüfung schon getroffener Entscheidungen. Mit Recht ist mit dem Entscheidungsverlangen ein neues Rechtsinstitut mit neuem Begriff entwickelt und auf solche Rechtsinstitute und Begriffe wie „Einspruch“ oder „Beschwerde“ verzichtet worden.[27] Es handelt sich hierbei darum, daß die in einer solchen Aktivität hervortretenden Interessen des betreffenden Kombinats wesentliche Aspekte gesamtgesellschaftlicher Interessen bezüglich der Entwicklung des Produktionskomplexes, des wissenschaftlich-technischen Standes der Erzeugnisse und Technologien sowie der Effektivität der Wirtschaftstätigkeit des Kombinats vermitteln. Selbstverständlich schließt das umgekehrt nicht aus, daß in dem einen oder anderen Falle ein konkretes Entscheidungsverlangen unbegründet ist, wenn das Kombinat seiner eigenen Verantwortung besser gerecht geworden wäre. Es ist also auch eine legitime Variante, daß im Ergebnis der Überprüfung, auf sie gestützt und begründet, eine andere als die vom Kombinat erwartete oder vorgeschlagene Entscheidung getroffen und darin eine weitere Entfaltung der Leistungsbereitschaft des betreffenden Kombinats gefordert wird.

Auch für das Entscheidungsverlangen sind Pflichten hinsichtlich der Art und Weise sowie der Fristen der Reaktion auf solches Entscheidungsverlangen nicht festgelegt. Wie wir sehen, ist die Rechte- und Pflichtenstruktur im Detail nicht genügend geregelt, und ihre weitere Entwicklung bleibt eine aktuelle Aufgabe.

Unter den Konsequenzen aus der Dynamik des Regelungsobjekts des Wirtschaftsrechts, von denen hier nur einige behandelt werden können, erfordert auch die Art und Weise der organisationsrechtlichen Regelung besondere Aufmerksamkeit, speziell unter rechtstheoretischem Aspekt.

Der Bildung neuer und der Erweiterung bestehender Kombinate in den Jahren 1978/79 ist keine gesetzliche Neuregelung vorausgegangen. Diese erfolgte erst unter Auswertung bereits gewonnener Erfahrungen gegen Ende dieses Prozesses mit der Kombinatsverordnung vom 8. November 1979.[28] Das wird hier zwar nicht als ein Mangel der Gesetzgebung beklagt, es macht aber nicht nur das Tempo deutlich, in dem sich die Veränderung vollzog, und den Umstand, daß die Regelung der Kombinate, wie sie in der VEB/VVB-Verordnung von 1973 enthalten war, noch ausreichend Raum bot, sondern auch, daß das Handeln in den Gründungsvorgängen selbst weithin nicht auf der Grundlage entsprechender rechtlicher Regulierung erfolgte.

Der Vergesellschaftungsprozeß verläuft in den einzelnen Industriezweigen differenziert, deshalb ist auch Kombinat nicht gleich Kombinat. Das widerspiegelt sich in der Zurückhaltung der neuen Kombinatsverordnung hinsichtlich der für alle Kombinate gleichermaßen verbindlichen Regelungen. Es lagen auch nicht genügend Voraussetzungen und Erfahrungen vor, für bestimmte Gruppen von Kombinaten gewissermaßen typspezifische

Regelungen zu treffen. Wegen der differenzierten Reproduktionsbedingungen wie des unterschiedlichen Entwicklungsstandes ist ein entsprechend ausfüllbarer Rahmen mit Mindestanforderungen als zweckmäßig angesehen worden, verbunden mit der Berechtigung des Generaldirektors, eine den spezifischen Bedingungen entsprechende Regelung eigenverantwortlich vorzunehmen. Das gilt z. B. für die Änderung von Funktionen und Aufgaben von Kombinaten und Kombinatsbetrieben im Prozeß der weiteren engen Verbindung von Wissenschaft, Technik und Produktion oder im Hinblick auf die weitere Spezialisierung, Konzentration und Kooperation im Kombinat; das gilt auch für die Entscheidung über die zentralisierte Wahrnehmung bestimmter Funktionen auf dem Gebiete der Forschung und Entwicklung, der Investitionen und anderer ausdrücklich bestimmter Gebiete (§ 7 Kombinatsverordnung). Auch bezüglich der Leitungsorganisation im Kombinat orientiert die Verordnung zwar darauf, in der Regel die Leitung des Kombinats mit der Leitung des Stammbetriebes zu verbinden, sie schafft aber auch die gesetzliche Grundlage für eine selbständige Kombinatsleitung, sofern es die spezifischen Reproduktionsbedingungen des Kombinats erfordern. Schließlich ermöglicht die Verordnung entsprechende Entscheidungen für die Wahrnehmung von Leitungsfunktionen des Kombinats durch Leitbetriebe, sie trifft aber solche nicht definitiv für bestimmte Gruppen von Kombinaten (§ 26 Abs. 1 und 3 Kombinatsverordnung).

Hier tritt ein spezifischer Zusammenhang zwischen Regelungsnotwendigkeit und Art und Weise der Regelung zutage. In bezug auf die inhaltlichen Entscheidungen ist der Rahmen für eigenverantwortliches Handeln sehr weit, waren grundsätzliche wie Mindestanforderungen nur in sehr begrenztem Maße so formulierbar, daß sie unmittelbar der Praxis im einzelnen Kombinat zugrunde gelegt werden können. Die rechtliche Regelung kann hier die Übereinstimmung der für die einzelnen Kombinate zu treffenden Entscheidungen mit den sich aus dem Regelungsobjekt ergebenden inhaltlichen Anforderungen nicht dadurch sichern, daß sich diese Maßnahmen in ein in den Rechtsnormen vorgeschriebenes Regelungsmodell mit inhaltlichen Anforderungen für alle Beteiligten überprüfbar einordnen müssen. Das konkrete Handeln ist in diesem Sinne nicht unter einer Rechtsnorm subsumierbar. Der Mechanismus der wirtschaftsrechtlichen Regelung muß hier vielmehr den gesellschaftlichen Erfordernissen entsprechende Entscheidungen für das einzelne Kombinat dadurch gewährleisten, daß die rechtliche Regelung verbindliche Anforderungen an die Art und Weise der Entscheidungsvorbereitung und Entscheidungsfindung stellt. Das betrifft z. B. das Zusammenwirken mit den übergeordneten Organen, die Koordinierung mit anderen, insbesondere territorialleitenden Organen; die Einbeziehung der Direktoren der Kombinatsbetriebe und kollektiven Beratungsorgane in die Entscheidungsvorbereitung; das enge Zusammenwirken mit den Betriebsparteiorganisationen, den zuständigen Gewerkschaftsorganen und anderen gesellschaftlichen Organisationen (§§ 4, 5, 7, 24 Kombinatsverordnung). Diese Mitwirkung an der Leitung ist aber nicht näher in Rechte und Pflichten geregelt. Aus dieser Art der Wechselwirkung von genereller, für alle Kombinate gültiger Regelung in der Verordnung selbst und geforderter oder zugelassener Entscheidungen entsprechend den spezifischen Reproduktionsbedingungen des einzelnen Kombinats ergibt sich auch der Stellenwert des Statuts und der durch den Generaldirektor zu erlassenden Ordnungen, aber auch die Bedeutung der notwendigen Bestätigung des Status durch den Minister (§ 29 Kombinatsverordnung) und der Mitwirkung der Kombinatsbetriebe und gesellschaftlichen Organisationen bei Erarbeitung und Erlaß von Ordnungen. Es erhöht sich die Bedeutung dieser kombinatsinternen Regelungen, und damit wachsen auch die Anforderungen an die Qualität und ausreichende Stabilität.

Tiefgreifende Konsequenzen aus der Entwicklung der Kombinate zu einem sozialökonomischen Organismus neuer Qualität sind nicht nur für die unmittelbar subjektbezogenen, sondern auch hinsichtlich der direkt prozeßbezogenen Regelungen zu ziehen. Auf die Planung ist schon eingegangen worden. Zweifellos resultieren die hierbei auftretenden Schwierigkeiten sowohl aus den schon betonten differenzierten Reproduktionsbedingungen als auch — und vor allem — daraus, daß es in einem längeren Prozeß der Entwicklung der Kombinate zu Wirtschaftseinheiten neuer Qualität gleichzeitig darauf ankommt, in jeder Phase den Kombinatseffekt zu nutzen und dabei auch der relativen ökonomischen Selbständigkeit der Kombinatsbetriebe Rechnung zu tragen. Da die Rechtsvorschriften für einen längeren Geltungszeitraum bestimmt sind und Regelungen enthalten müssen, die sowohl für den Zeitraum unmittelbar nach ihrem Inkrafttreten als auch in jeder Phase ihrer Geltung anwendbares Recht darstellen, die Regelung aber auch nicht vage ausfallen darf, ist es recht kompliziert, den gewissermaßen „in Bewegung" befindlichen Prozeß der tieferen Vergesellschaftung im Kombinat anwendungsbereit in den Griff zu bekommen.

Betrachtet man den vorliegenden Entwurf des Vertragsgesetzes, so sind gewisse Schwierigkeiten bei der Bewältigung dieser Aufgabe unverkennbar. Dieses Gesetz regelt in erster Linie die volkswirtschaftliche Kooperation. Die Kooperationsbeziehungen zwischen den Kombinaten liegen jetzt angesichts der strukturellen Veränderungen häufig an anderen Nahtstellen der volkswirtschaftlichen Verflechtung. Die Kombinate haben aber nach wie vor wichtige Kooperationsbeziehungen miteinander zu realisieren, vor allem dort, wo es um die Verbindung von Wissenschaft, Technik und Produktion geht mit dem Ziel, größtmöglichen Zeitgewinn zu erzielen, und die Kombinate dafür sachlich und zeitlich synchron ihre wissenschaftlich-technische Arbeit und die Erzeugnis- und Leistungsentwicklung bewältigen müssen.

Auf den ersten Blick mag es so scheinen, als seien dies zwar wesentliche Veränderungen in der Partner- und Leistungsstruktur, jedoch im Rahmen der bewährten Grundstruktur der kooperationsrechtlichen Regelung mehr oder minder faßbare Vorgänge. Die Neuregelung muß sich aber der weitergehenden Frage stellen, welche Beziehungen künftig den Prototyp der vom Vertragsgesetz zu regelnden Beziehungen darstellen. Sie kann nur dahingehend beantwortet werden, daß dies die Beziehungen zwischen den Wirtschaftseinheiten sind, die an der volkswirtschaftlichen Kooperation teilhaben, vor allem der Kombinate, Partner von Wirtschaftsverträgen also, deren Plangrundlagen die von den staatlichen Organen der Wirtschaftsleitung erlassenen Plan-, Bilanz- und anderen Leitungsentscheidungen sind; Partner, die auf dieser Grundlage mit hoher Eigenverantwortung ihren einheitlichen Reproduktionsprozeß zu planen, zu organisieren und zu realisieren haben und dafür die ökonomische Verantwortung tragen. Das sind die Kooperationsbeziehungen des Kombinats nach außen. Unter dem Gesichtspunkt der volkswirtschaftlichen Verantwortung der Kombinate kann es dabei zunächst dahingestellt bleiben, ob diese Beziehungen durch das Kombinat selbst, durch den Stammbetrieb, einen Kombinatsbetrieb mit Leitfunktion oder einen anderen Betrieb begründet und realisiert werden. Entscheidend ist, daß in jeder dieser Beziehungen die Effekte der Kombinatsbildung wirksam werden und in Gestalt entsprechender vertraglicher Pflichten auch dem Vertragspartner gegenüber geschuldet werden. Es geht also auch hier darum, die Konsequenzen daraus zu ziehen, daß das Kombinat kein wirtschaftsleitendes Organ, sondern eine große Wirtschaftseinheit ist und als solche die vertraglichen Pflichten zu begründen hat und für deren Erfüllung auch die ökonomische Verantwortung trägt.

Eine Teilfrage davon ist, daß es den Kombinaten nicht gestattet sein sollte, im Prozeß der Vorbereitung künftiger Kooperationsbeziehungen wie ein übergeordnetes Organ seiner Betriebe zu agieren statt als große in Betriebe gegliederte Wirtschaftseinheit. Entscheidend ist, daß die Kombinate die Kooperationsbeziehungen langfristig organisieren und diese Verpflichtungen auch selbst im Rahmen ihres einheitlichen Reproduktionsprozesses, ggf. durch ihre Betriebe, erfüllen. Sie verbinden von Anfang an eigene Wirtschaftstätigkeit, koordinieren nicht nur Plan- und andere Leitungsentscheidungen — wie z. B. wirtschaftsleitende Organe —, sondern treffen zugleich ökonomische Dispositionen bei der Verknüpfung von Wissenschaft, Technik und Produktion und bringen die im Kombinat zusammengeschlossenen ökonomischen Potenzen zur Entfaltung. Von hier aus, und nicht als Fortsetzung des Streites über die Klassifizierung der Wirtschaftsverträge und ihre begriffliche Kennzeichnung, sind unsere Bedenken gegen den einheitlichen Koordinierungsvertrag motiviert.[29] Es ist notwendig, im Gesetz ein Regelungsmodell in den Vordergrund zu rücken, das von seiner Rechte- und Pflichtenstruktur her dieser Sachlage gerecht wird, orientierend wirkt und ein entsprechendes Handeln der Kombinate fördert. In dieser Rechte- und Pflichtenstruktur hat die Pflicht, bei Eintritt der festgelegten Voraussetzungen Leistungsverträge entsprechenden Inhalts zu schließen, zentrale Bedeutung. Das hat der Generaldirektor im Rahmen der einheitlichen Leitung des Reproduktionsprozesses und verbunden mit seinen Planentscheidungen zu gewährleisten. Dabei ist es sekundär, wer die Leistungsverträge schließt, das Kombinat oder Kombinatsbetriebe. Die Begriffsproblematik ist hierbei von untergeordneter Bedeutung. Wenn man glaubt, die Bedenken gegen den Begriff „Kooperationsvertrag" — den wir bisher verwandt haben — nicht ausräumen zu können, so sollte es beim Begriff „Vertrag über die Vorbereitung künftiger Leistungsbeziehungen" bleiben, den auch die neue Planungsordnung und die Bilanzierungsverordnung verwenden.

Die genannte Forderung bedeutet nicht, daß andere Koordinierungsverträge für die Kombinate keinerlei Bedeutung hätten. Soweit die Kombinate bilanzierende oder bilanzausarbeitende Organe in der Material-, Ausrüstungs- und Konsumgüterbilanzierung sind, werden sie bei der Wahrnehmung der Bilanzierungsaufgabe als staatlicher Funktion auch Koordinierungsverträge mit anderen am Bilanzierungsprozeß Beteiligten schließen. Soweit sie jedoch zugleich selbst der Hauptproduzent sind, schulden sie das in die Bilanz eingestellte Aufkommen aus ihrer eigenen Wirtschaftstätigkeit. Sie sollten sich dann auch entsprechend vertraglich durch Abschluß von Leistungsverträgen oder Verträgen zur Vorbereitung künftiger Leistungen binden, mit denen sie zugleich Grundlagen für ihre Planungstätigkeit schaffen, und sich zu entsprechender Wirtschaftstätigkeit verpflichten, also ökonomische Dispositionen treffen, für die sie auch die ökonomische Verantwortung tragen. Begrenzen sie in diesen Fällen die Verpflichtung auf die Abstimmung der Plan- und Bilanzentscheidungen, so nehmen sie u. E. ihre volkswirtschaftliche Verantwortung als große Wirtschaftseinheiten nicht voll wahr.

Dasselbe gilt schließlich für den Maßstab der Verantwortlichkeit bei Vertragsverletzungen.[30] Auch hier muß davon ausgegangen werden, daß das Kombinat in der volkswirtschaftlichen Kooperation in jedem Falle die Kombinatseffekte wirksam machen muß. Das bezieht sich insbesondere auf die Ausschöpfung der Möglichkeiten, Wissenschaft und Technik in neuen Dimensionen zu verbinden, und auf die Vorteile der einheitlichen Leitung und Planung des relativ geschlossenen Reproduktionsprozesses des Kombinats. Sicher sind auch hier die Anforderungen von heute nicht identisch mit denen von morgen, denn die Ausnutzung der Vorzüge in der Neuformierung des Volkseigentums im Interesse der Entwicklung der Produktivkräfte ist ein längerer Prozeß. Bestandteil der einheitlichen Leitung des Kombinats sind die Entscheidungen darüber, wer in der volkswirtschaftlichen Kooperation des Kombinats, also nach außen, Vertragspartner ist. Wie hier auch im einzelnen entschieden wird, maßgebliche Voraussetzungen für die allseitige Erfüllung dieser Verträge sind durch die einheitliche Leitung und Gestaltung des Reproduktionsprozesses im ganzen Kombinat zu schaffen. Davon ausgehend, ist die Frage aufgeworfen und zu beantworten, ob nicht in jedem Falle der Prüfung der Voraussetzungen materieller Verantwortlichkeit nachzuweisen ist, daß der Kombinatseffekt ausgenutzt wurde, gleichgültig wer konkret Vertragspartner nach außen ist. Die Frage ist hier nicht nur weiter, sondern qualitativ anders gestellt als in den bisher bekannten Fällen „der Verantwortlichkeit für Dritte". Die grundsätzliche Neuorientierung ist auch hier jetzt notwendig und möglich. Bei der Handhabung des Maßstabes muß dann der jeweilige Entwicklungsstand im konkreten Entwicklungsstadium berücksichtigt werden, was Anforderungen vor allem auch an die Spruchpraxis des Staatlichen Vertragsgerichts stellt.

Abschließend kann festgestellt werden, daß die aus der Kombinatsbildung sich ergebenden Konsequenzen bestätigen, welche große Bedeutung eine tiefere Analyse des Regelungsobjekts des einzelnen Rechtszweiges für die gesetzgeberischen Entscheidungen und ihre Vorbereitung in Theorie und Praxis hat.

5. Rechtliche Regelung von Planungsprozessen und Wirtschaftsrecht

Nach im wesentlichen übereinstimmender Auffassung der Wirtschaftsrechtler der DDR bilden den Gegenstand des sozialistischen Wirtschaftsrechts die rechtlich geregelten Beziehungen zwischen den staatlichen, insbesondere zentralen Organen der Wirtschaftsleitung und den Kombinaten und Betrieben sowie der Wirtschaftseinheiten untereinander.[1] Die dem Wirtschaftsrecht zuzuordnenden Rechtsnormen regeln damit soziale Beziehungen sowohl der Leitung als auch des zwischenbetrieblichen Warenaustausches. Dabei werden in bestimmtem Umfang sowohl Beziehungen der staatlichen Organe untereinander als auch innerhalb der Wirtschaftseinheiten erfaßt. Die Verknüpfung der Rechtsverhältnisse der Leitung und des zwischenbetrieblichen Warenaustauschs wird als das eigentliche Anliegen des Wirtschaftsrechts angesehen.

In der historischen Herausbildung der rechtlichen Regelung wirtschaftlicher Verhältnisse im Sozialismus stand die Regelung der Vertragsbeziehungen im Vordergrund.[2] Vor allem von der Wirksamkeit der Normen her gesehen, herrscht auch heute noch die traditionelle vertragsrechtliche Regelung bei weitem vor, existieren noch relativ wenig wirksame planungsrechtliche Regelungen, sind vorhandene Ansätze nicht sehr effektiv geworden. Das Niveau der rechtlichen Regelung der Ware-Geld-Beziehungen ist erheblich höher als das der Leitungsbeziehungen. Ihre Regelungsbedürftigkeit wird durchgehend akzeptiert.

Diese Situation ist in einem bestimmten Grade objektiv begründet und auch historisch zu erklären. Das die Ware-Geld-Beziehungen regelnde Zivilrecht bildete den Kern des kapitalistischen Rechts. Marx hat den zwingenden Zusammenhang von Produktions- und Rechtsverhältnissen, die Regelungsbedürftigkeit gesellschaftlicher Verhältnisse gerade an Hand der Beziehungen von Warenaustausch und Vertrag herausgearbeitet. Die Austauschbeziehungen von Warenproduzenten nähmen notwendig die Form eines Willensverhältnisses an, das als Vertragsverhältnis ein Rechtsverhältnis bilde: „Dies Rechtsverhältnis, dessen Form der Vertrag ist, ob nun legal entwickelt oder nicht, ist ein Willensverhältnis, worin sich das ökonomische Verhältnis widerspiegelt. Der Inhalt dieses Rechts- oder Willensverhältnisses ist durch das ökonomische Verhältnis selbst gegeben."[3]

Dieser von Karl Marx für den Kapitalismus herausgearbeitete Zusammenhang gilt für jegliche Ware-Geld-Beziehungen, also auch für die im Sozialismus existierenden. Über den Platz und die Rolle der Ware-Geld-Beziehungen und des Wertgesetzes wird seit langem in der ökonomischen Wissenschaft und in der Wirtschaftspraxis diskutiert.[4] Als Ergebnis der bisherigen Diskussion ist anzusehen, daß das Wertgesetz im Sozialismus nicht als

Hauptregulator der Produktion betrachtet werden kann, daß es aber als ein Gesetz im System der Gesetze der politischen Ökonomie des Sozialismus einen notwendigen und wichtigen Platz einnimmt, daß sich die Notwendigkeit der Ware-Geld-Beziehungen aus dem sozialistischen Eigentum an den Produktionsmitteln selbst ergibt, nichts ihm Fremdes ist.

Zugleich aber folgt aus dem sozialistischen Eigentum an den Produktionsmitteln, aus der damit gegebenen unmittelbar gesellschaftlichen Arbeit, daß die Ware-Geld-Beziehungen in die planmäßige Leitung der Produktion eingeordnet sind. Daraus ergeben sich notwendige Konsequenzen für die Rechtsverhältnisse zwischen den Wirtschaftseinheiten. Der Vertrag ist nicht mehr Willensverhältnis zwischen unabhängigen Privateigentümern, die sich isoliert auf dem Markt gegenübertreten, sondern zwischen Teilsubjekten des einheitlichen Volkseigentums. Daraus folgt, daß der Vertrag entsprechend den Prinzipien sozialistischer Planwirtschaft an das Primat des Plans gebunden ist. Der Inhalt des Vertrages kann deshalb nicht mehr allein auf den Willen der Partner und die diesem zugrunde liegenden ökonomischen Verhältnisse zurückgeführt werden. Er wird notwendig entscheidend durch Planfestlegungen dieser oder jener Art bestimmt. Die horizontalen Beziehungen der Wirtschaftseinheiten werden in hohem Grade durch Leitungsbeziehungen geformt.

Diese Leitungsbeziehungen sind nicht nur Beziehungen zwischen Wirtschaftseinheiten und übergeordneten Organen. Der Vertragsabschluß wird durch mehrere, oft viele Planentscheidungen verschiedener staatlicher Organe und anderer Wirtschaftseinheiten (z. B. Bilanzentscheidungen) berührt. Das Niveau der rechtlichen Regelung der Leitungsbeziehungen muß sich damit notwendig auf die tatsächliche rechtliche Ausgestaltung der Ware-Geld-Beziehungen auswirken. So nimmt der langfristige Vertrag keineswegs die ihm von Wissenschaft und Gesetzgebung zugedachte Stellung ein, weil eine Stabilität der vertraglich vereinbarten Rechte und Pflichten im Rahmen der Leitungsbeziehungen nicht gewährleistet ist.

Die Erfahrungen der Wirtschaftspraxis der DDR und anderer sozialistischer Länder machen also deutlich, daß die Regelungsbedürftigkeit der Austauschbeziehungen zwischen den Wirtschaftseinheiten nicht aus diesen Beziehungen allein abgeleitet werden kann, sondern im Zusammenhang mit der Regelungsbedürftigkeit von Leitungsbeziehungen gesehen werden muß. Die Wirksamkeit der rechtlichen Regelung der Ware-Geld-Beziehungen ist in hohem Grade an das Bestehen und die Wirksamkeit der rechtlichen Regelung der Beziehungen der planmäßigen Leitung gebunden.

Wie sieht es nun mit der Regelungsbedürftigkeit von Leitungsbeziehungen in der sozialistischen Volkswirtschaft aus?

Unbestritten wird sein, daß im Sozialismus die Leitungsbeziehungen eine qualitativ neue Stellung einnehmen. Gesellschaftliches Eigentum an den Produktionsmitteln ist undenkbar ohne gesellschaftliche Leitung, ohne entsprechende Willensbeziehungen. Im Kapitalismus vollziehen sich Leitungsbeziehungen im wesentlichen innerhalb des kapitalistischen Unternehmens. Marx hat im Ersten Band seines Werkes „Das Kapital" aus der Kooperation das Kommando, den Befehl des Kapitalisten als Produktionsbedingung abgeleitet: „Alle unmittelbar gesellschaftliche oder gemeinschaftliche Arbeit auf größrem Maßstab bedarf mehr oder minder einer Direktion, welche die Harmonie der individuellen Tätigkeiten vermittelt und die allgemeinen Funktionen vollzieht, die aus der Bewegung des produktiven Gesamtkörpers im Unterschied von der Bewegung seiner selbständigen Organe entspringen." Im Dritten Band wird dann das Thema noch einmal aufgenommen und ausdrücklich erklärt, daß „in allen Arbeiten, worin viele Individuen kooperieren, sich notwendig der Zusammenhang und die Einheit des Prozesses in einem kommandierenden Willen dar(stellt)".[5] Diese Tätigkeit des Kapitalisten wird ausdrücklich als eine produktive Arbeit charakterisiert, „die verrichtet werden muß in jeder kombinierten Produktionsweise".[6] Im Sozialismus nimmt die Direktion als planmäßige Leitung einen völlig neuen Raum ein, eine grundsätzlich neue Qualität an. Die Kooperation ist nicht mehr auf den Rahmen des Betriebes beschränkt, sie erreicht volkswirtschaftliche Dimensionen. An die Stelle der Direktion des Kapitalisten tritt die planmäßige Leitung im System der Volkswirtschaft. Die neue Rolle der Leitungsbeziehungen gegenüber den in sie eingeordneten Ware-Geld-Beziehungen ist offenkundig.

Was nun die rechtliche Regelungsbedürftigkeit der Leitungsbeziehungen anlangt, so könnte diese auf den ersten Blick bereits aus der Tatsache abgeleitet werden, daß der Staat im Rahmen dieser Leitungsbeziehungen einen zentralen Platz einnimmt. Tatsächlich bedeutet staatliches Volkseigentum, daß staatliche Organe eine entscheidende Rolle im System der Leitungsbeziehungen einnehmen, der Staat die Rolle des ökonomischen Zentrums spielt, seine Organe insoweit produktive Tätigkeit ausüben.[7] Das bedeutet aber noch nicht zwingend, daß es sich dabei auch um Rechtsbeziehungen handeln muß.

Von Rechtsbeziehungen kann dann und nur dann die Rede sein, wenn Rechte und Pflichten festgelegt sind, für deren Durchsetzung ein bestimmter Mechanismus besteht, der bei voll ausgebildeten Rechtsbeziehungen die Existenz besonderer Konfliktentscheidungsorgane erfordert. Das setzt voraus, daß die Rechte und Pflichten beiderseitig, wenn auch natürlich nicht notwendig gleichgewichtig sind. Nur in diesem Fall wird die Gestaltung der Beziehungen durch die Rechtsvorschrift inhaltlich beeinflußt. Anders ausgedrückt: Das Recht wäre sonst nicht in der Lage, die Rolle des gleichen Maßstabs zu spielen.[8] Bestehen auf einer Seite nur Rechte, auf der anderen nur Pflichten, so wird der Inhalt der Verhältnisse vor allem durch den einen Partner, in bestimmtem Grade auch durch den anderen Partner (entsprechend seinen faktischen Möglichkeiten), in keinem Fall jedoch durch die Festlegungen in der Rechtsvorschrift bestimmt. In diesem Fall ist die rechtliche Regelung nur äußerlich, stellt sie nur eine formale „Hülle" dar.[9]

Ob gesellschaftliche Verhältnisse rechtlich geregelt werden können, hängt insofern auch von der Spezifik des Rechts ab, als die gesellschaftlichen Verhältnisse eben dieser Spezifik zugänglich sind, ihrer bedürfen. Es handelt sich also um eine Wechselwirkung von Charakter der Verhältnisse und Spezifik des Rechts.

Die Ermittlung und Durchsetzung gesellschaftlicher Interessen erfolgt durchaus nicht immer in der Form rechtlicher Regelung. Die neue Qualität der Leitung im Sozialismus im allgemeinen und der staatlichen Leitung im besonderen muß deshalb nicht unbedingt die Form der rechtlich geregelten Leitung annehmen. Hierzu gehören weitere Voraussetzungen, die noch darzulegen sind.

Die Direktion im kapitalistischen Betrieb war nicht rechtlich begründet. Die innerbetrieblichen Weisungsbeziehungen hatten ihre Grundlage nicht in staatlich-rechtlichen Festlegungen, wenn sie auch durch Rechtsnormen abgesichert wurden. Karl Marx schrieb, daß den Arbeitern der Zusammenhang ihrer Arbeiten „ideell als Plan, praktisch als Autorität des Kapitalisten gegenüber(tritt), als Macht eines fremden Willens, der ihr Tun seinem Zweck unterwirft.

Wenn daher die kapitalistische Leitung dem Inhalt nach zwieschlächtig ist, ... so ist sie der Form nach despotisch."[10] Sie gründet sich insofern nicht auf politische Macht und auf das Recht, sondern auf das kapitalistische Privateigentum.

Der Sieg der sozialistischen Revolution hat das kapitalistische Privateigentum und mit ihm die kapitalistische Leitung und ihren Despotismus beseitigt. An ihre Stelle traten gesellschaftliches Eigentum und gesellschaftliche Leitung. Die Rolle der damit verknüpften Willensbeziehungen ist ungeheuer gewachsen, die notwendig durch das Recht erfaßten vertraglichen Austauschbeziehungen sind nach wie vor bedeutsam, treten aber an gesellschaftlichem Gewicht gegenüber den Willensbeziehungen im Rahmen der planmäßigen Wirtschaftsleitung zurück.

Als die Frage, ob eine solche gesellschaftlich-staatliche Leitung der rechtlichen Regelung bedarf, das erste Mal diskutiert wurde, und zwar in der Sowjetunion der zwanziger Jahre, wurde dem Recht keine sehr umfassende Perspektive mehr eingeräumt. So war für Paschukanis das Recht ein Produkt der Ware-Geld-Beziehungen und damit auch im Sozialismus an ihren Fortbestand gebunden und auf ihre Regelung beschränkt. „Der Tauschakt konzentriert ... wie in einem Brennpunkt die sowohl für die politische Ökonomie als auch für das Recht wesentlichsten Momente." In dem Maße, in dem „ein in naturalwirtschaftlichen Kategorien verlaufendes Wirtschaftsleben und eine in vernünftiger, unmaskierter Form (das heißt nicht in Warenform) auftretende gesellschaftliche Verbindung zwischen den Produktionseinheiten" die Ware-Geld-Beziehungen verdränge, verschwinde auch die Rechtsform.[11]

Vor kurzem wurden diese Gedankengänge in anderer Form von Krawzow wieder aufgenommen. Zwar lehnt er die Alternative Plan oder Recht ab. Zugleich jedoch erweitert er den Rechtsbegriff dergestalt, daß das Recht Plan und Normen umfaßt. Das Prinzip des gleichen Maßstabs gelte zwar für die Normen, nicht aber für den Plan als Ausdruck höherer Gerechtigkeit.[12] Die planmäßige Leitung erhält damit den Namen des Rechts, wird aber gerade auf Grund dieser These nicht mehr den Normen des Rechts unterworfen. Deren Raum bleiben nur die Ware-Geld-Beziehungen, jede juristische Verbindung von planmäßiger Leitung und Vertrag, von Arbitrage und Planungsfragen wird abgelehnt.[13] Aus der dem Sozialismus eigenen Notwendigkeit der planmäßigen Leitung wird die Notwendigkeit einer rein administrativen Leitung abgeleitet, die keiner rechtlichen Regelung unterliege.

In der Auseinandersetzung mit diesen Auffassungen soll die Planung als Kernstück der Leitung in den Mittelpunkt gerückt werden. Das erfordert zunächst einmal zwischen Planung und rechtlicher Regelung der Planung durch den Staat klar zu unterscheiden. In beiden Fällen wird der sozialistische Staat tätig, wenn auch mit unterschiedlichen Mitteln. Der Prozeß der Planung, der planmäßigen Leitung überhaupt ist primär kein juristischer Prozeß. Es handelt sich zunächst einmal um planungstechnische und ökonomische Vorgänge. Wenn wir bestimmen wollen, ob diese Beziehungen notwendig eine juristische Seite haben, also regelungsbedürftig sind, so müssen wir Planungsverhältnisse und Planungsrechtsverhältnisse unterscheiden. Nur dieses Vorgehen erlaubt es, die Möglichkeiten, aber auch die Grenzen rechtlicher Regelung der Planung, der Leitung überhaupt zu bestimmen.

Die grundlegenden wirtschaftlichen Aufgaben werden in Gesetzen über den Volkswirtschaftsplan verbindlich formuliert. Diese Aufgaben werden dann durch mehr oder weniger detaillierte staatliche Auflagen jeweils für bestimmte Bereiche (Ministerien, Kombinate, Betriebe) stufenförmig aufgeschlüsselt. Das setzt sich innerhalb der Betriebe bis zur Weisung hinsichtlich der Arbeitsaufgaben der unmittelbaren Produzenten fort. Dabei ist diese Aufschlüsselung keineswegs ein mechanischer Prozeß. Sowohl die Vielzahl der Adressaten, deren Kräfte jeweils zusammenfassend organisiert werden müssen, die Komplexität der den Wirtschaftseinheiten erteilten Planentscheidungen als auch die Notwendigkeit, sie richtig zeitlich einzuordnen, stellen hohe Anforderungen an die schöpferische Arbeit.

Diese Arbeit ist nicht ohne Mitwirkung der Adressaten zu vollziehen, da hohe Ergebnisse nur auf der Grundlage ihrer aktiven Teilnahme erzielt werden können. Daraus ergibt sich auch, daß die Planung nicht in einem Zuge, sondern entsprechend der Planmethodik in mehreren Etappen erfolgt. Dieser Prozeß, der sich komplex für den Fünfjahr- und Jahresplanzeitraum abspielt, dem aber Planungsentscheidungen verstärkt vorangehen — und der auch durch Planentscheidungen im Planzeitraum selbst fortgesetzt wird —, ist von fundamentaler Bedeutung für die sozialistische Gesellschaft.

Eine solche stufenweise Festlegung und Umsetzung verbindlicher Entscheidungen erfordert gesamtgesellschaftlich verbindliche Entscheidungen in Gestalt des Volkswirtschaftsplanes, bestimmte grundlegende Prinzipien der Arbeitsweise, allgemeine Orientierungen des Verhaltens. Sie erfordert von sich aus noch keine rechtliche Regelung.

Die entscheidende Grundlage der Erteilung einer verbindlichen Planentscheidung ist die für den Autor der Planentscheidung seinerseits verbindliche Planentscheidung. Dies genügt zunächst in Verbindung mit allgemeinen Prinzipien (die keine konkreten durchsetzbaren Rechte und Pflichten festlegen) für die inhaltliche Gestaltung der Planentscheidung auf der Basis der grundsätzlich bestimmten Kompetenzen des erlassenden Organs.

Die Unterscheidung allgemeinverbindlicher Prinzipien (die es auch in anderen gesellschaftlichen Bereichen gibt und die z. B. in Parteibeschlüssen eine erhebliche Rolle spielen) von Rechtsnormen, die unmittelbar konkrete durchsetzbare Rechte und Pflichten der letzten Adressaten begründen, ist unbedingt erforderlich, um die Spezifik des Rechts, die Möglichkeiten und Grenzen seiner gestaltenden Rolle zu bestimmen. Dabei sind auch im Rahmen der Rechtsvorschriften derartige Prinzipien notwendig, besonders auch im Hinblick auf die ideologisch-erzieherische Funktion des Rechts. Sie können jedoch die normativen Festlegungen im strengen Sinne nicht ersetzen.[14]

Es ist also Krawzow hinsichtlich seiner Unterscheidung von Plan und Rechtsnorm, von Planungsprozeß und rechtlicher Regelung insoweit durchaus zuzustimmen. Es ist auch m. E. nicht zulässig, durch die Charakterisierung der Planaufgaben als Aufgabennormen diesen Unterschied von Plan und Norm zu verwischen.[15] Indem Krawzow aber dann den Plan selbst als Recht charakterisiert, eliminiert er das für den Juristen entscheidende Problem, ob und inwieweit der Planungsprozeß der rechtlichen Regelung unterliegen muß. Die Notwendigkeit der rechtlichen Regelung und deren Bereich ergibt sich erst, wenn wir den Planungsprozeß als gesellschaftlichen Gesamtprozeß ins Auge fassen, von seinem ökonomischen, sozialen und politischen Charakter ausgehen. Gerade in dieser über die Einzelbeziehung hinausgehenden Fragestellung liegt die Spezifik des wirtschaftsrechtlichen Herangehens, sowohl gegenüber dem traditionellen Zivilrecht als auch gegenüber dem traditionellen Verwaltungsrecht.[16]

Es gibt drei Ursachen, die in ihrer Einheit die Notwendigkeit der rechtlichen Regelung von Planungsprozessen (natürlich nicht aller Planungsprozesse) bestimmen.

Erstens: Das gesellschaftliche Eigentum ermöglicht und erfordert Entscheidungsoptimierung nach volkswirtschaftlichen Kriterien. Das aber verlangt aufeinander abgestimmte, koordinierte Optimierung Hunderttausender von Entscheidungen auf allen Leitungsebenen und deren ebenso koordinierte Durchführung. Dieses Zusammenwirken muß geregelt werden. „Regel und Ordnung ist selbst ein unentbehrliches Moment jeder Produktionsweise, die gesellschaftliche Festigkeit und Unabhängigkeit von bloßem Zufall oder Willkür annehmen soll."[17]

Aus dem gesellschaftlichen Eigentum ergibt sich die umfassende Verflechtung der Planbeziehungen. Der Plan ist das arbeitsteilige Produkt aller Leitungsebenen und Arbeitskollektive. Die Planentscheidung ist nicht nur ein Verhältnis zweier Partner, des übergeordneten Organs und der Wirtschaftseinheit, sie bestimmt in der Regel über die Produktion von Dutzenden oder Hunderten von Zulieferern und Abnehmern. Die arbeitsteilige Produktion wird deshalb in ihren Grundzügen — und oft auch schon in den Details — nicht erst in den Verträgen der Wirtschaftseinheiten, sondern bereits längst vorher in den auf den verschiedenen Leitungsebenen festgelegten Planentscheidungen organisiert. Der innere Zusammenhang des gesellschaftlichen Gesamtarbeiters muß also bereits auf diesen Ebenen gewährleistet werden. Das aber kann nicht durch einzelne voneinander unabhängige Entscheidungen oder Entscheidungslinien gesichert werden. Es müssen zugleich auf jeder Ebene die volkswirtschaftlichen Verflechtungen durch horizontale Koordinierung erfaßt werden, die sich auf den gesamten Bereich von Wissenschaft und Technik bis hin zum Absatz erstreckt. Die zunehmende Bedeutung der Beherrschung der volkswirtschaftlichen Komplexität schließt eine Reduzierung der Planungsbeziehungen auf vertikale Weisungsbeziehungen aus und erfordert entsprechende Regelungen.

Zweitens: Unter den Bedingungen des Sozialismus, also unter den Bedingungen der widersprüchlichen Einheit von gesellschaftlichen, kollektiven und individuellen Interessen ist eine Berücksichtigung dieser Interessen bereits im Prozeß der planmäßigen Wirtschaftsleitung selbst und damit auch eine entsprechende Verhaltensregelung erforderlich. Es geht also nicht nur um die — notwendige — Regelung der Rückwirkung der Ware-Geld-Beziehungen auf die Leitung. Die Regelung muß vielmehr darauf gerichtet sein, daß in möglichst hohem Grade von vornherein in der planmäßigen Wirtschaftsleitung diese Interesseneinheit gewährleistet ist. Sie muß der wirtschaftlichen Rechnungsführung der Wirtschaftseinheiten bereits Rechnung tragen, ihre volle Ausnutzung gewährleisten, die späteren Austauschbeziehungen der Wirtschaftseinheiten widerspiegeln. Es kann also in der Leitung nicht nur um eine technisch-organisatorische Aufschlüsselung von Aufgaben gehen, die von Stufe zu Stufe differenzierter werden. Auf jeder Ebene muß die wirtschaftliche Rechnungsführung berücksichtigt, muß die Kooperation (natürlich in unterschiedlicher Abstraktion) erfaßt werden.

Drittens: Das Verhältnis von Staat und Betrieb, von Leitung und Arbeitern ist im Sozialismus nicht das Verhältnis von Eigentümern und Nichteigentümern. Die zu organisierendenden Willensbeziehungen sind vielmehr Beziehungen innerhalb des Prozesses der gemeinsamen Gestaltung des sozialistischen Eigentums. Der Staat tritt als Eigentümer der Produktionsmittel auf, aber er repräsentiert dabei die herrschende Klasse, die Gesellschaft, ist mit ihr eng verbunden und gewährleistet die Aneignung durch die in ihm organisierten Werktätigen.[18] Das Wesen des sozialistischen Staates verlangt seine Orientierung auf die Entfaltung der Schöpferkraft der Massen mehr und mehr auch in der Leitung selbst. Der Plan ist politisches Führungsinstrument. Subjekt der planmäßigen Wirtschaftsleitung ist das gesamte Leitungssystem, das vom Staat geprägt ist, aber ebenso die gesellschaftlichen Organisationen und die Leiter und Kollektive in den Betrieben einschließt.[19] Der Despotismus des Privateigentums kann auf dem Wege zum Kommunismus nur durch die Einheit von staatlicher Leitung und demokratischer Mitwirkung und Mitentscheidung ersetzt werden. Die Leitungsbeziehungen müssen die Form sozialistischer politischer Beziehungen annehmen.Das aber setzt voraus, daß entsprechende Rechte und Pflichten nicht nur der Wirtschaftseinheiten, sondern auch der Leiter aller Ebenen und der Organe der Mitwirkung der Werktätigen festgelegt und gewährleistet werden.

Nur mit Hilfe der rechtlichen Regelung kann gesichert werden, daß die gesellschaftlichen Erfordernisse bei maximaler Entfaltung der kollektiven und individuellen Interessen und der demokratischen Mitwirkung ermittelt und durchgesetzt werden. Nur eine solche Konzeption, die nicht vom gleichgeordneten Nebeneinanderbestehen von Leitungs- und Austauschbeziehungen ausgeht, sondern von ihrer dialektischen Einheit unter Dominanz der planmäßigen Leitung, ermöglicht auch eine überzeugende Auseinandersetzung mit der traditionellen zivilrechtlichen Konzeption, die Organisations- und Vermögensbeziehungen trennt, verschiedenen Rechtszweigen zuordnet und damit von Kategoriesystemen ausgeht, deren „großes Arsenal" nach Bedarf funktionell einzusetzen ist.[20]

Die Möglichkeit und Notwendigkeit der wirtschaftsrechtlichen Regelung planmäßiger Leitungsbeziehungen bedeutet, daß diese Leitungsbeziehungen zwar zum Objekt der rechtlichen Regelung gehören, nicht aber, daß sie heute bereits alle rechtlich geregelt wären. Es wurde schon darauf verwiesen, daß tatsächlich, in der gesellschaftlichen Wirklichkeit, noch die vertragsrechtlichen Regelungen im Vordergrund stehen.

Ende der sechziger Jahre war in der DDR die Konzeption der Schaffung eines umfassenden Wirtschaftsgesetzbuches entwickelt worden.[21] Rückblickend kann heute diese Aufgabe als in dem vorgesehenen Zeitraum objektiv nicht lösbar eingeschätzt werden. Dafür spricht auch die Tatsache, daß in der Sowjetunion, wo inzwischen ein Entwurf eines solchen Gesetzbuches veröffentlicht werden konnte,[22] der Erlaß eines Wirtschaftsgesetzbuches ebenfalls bisher nicht vorgesehen ist. Eine Gesamtkodifikation erfordert nicht nur eine hohe Reife der gesellschaftlichen Verhältnisse, sie verlangt, daß die wesentlichen Elemente des Zweiges bereits ihren festen Platz in der Rechtswirklichkeit, in den bestehenden Rechtsverhältnissen gefunden haben, die dann in der Kodifikation vervollständigt und systematisiert werden. Die Gesamtkodifikation steht nicht am Anfang der Herausbildung eines Rechtszweiges, sondern bildet einen Höhepunkt seiner Entwicklung.

Auch das neue Vertragsgesetz wird, wie die bisher veröffentlichten Überlegungen zeigen, nicht die ursprünglich daran geknüpften Erwartungen hinsichtlich der Regelung von Leitungsbeziehungen erfüllen. Anfänglich war der Erlaß eines Kooperationsgesetzes mit voller Regelung der vertraglichen Kooperationsbeziehungen unter Einschluß auch der grundsätzlichen kooperationsrelevanten Planungs- und Bilanzierungsvorschriften erwogen worden. Ein solches Vorgehen wurde für erforderlich gehalten, um die vom IX. Parteitag geforderte bessere Gewährleistung der Einheit von Plan, Bilanz und Vertrag durch die Einbeziehung derjenigen Regelungen der Planung und Bilanzierung zu sichern, die notwendig sind, um die Autorität des Vertrages zu erhöhen.[23] Mit der „Verordnung zur Sicherung der Einheit von Plan und Vertrag bei dem Abschluß und der Erfüllung von Wirtschaftsverträgen" vom 26. 1. 1978 (GBl. I, S. 85) wurden bestimmte Schritte in dieser Richtung getan. Bei der weiteren Arbeit an den rechtlichen Regelungen setzte sich dann allerdings der Standpunkt durch, daß Planungs- und Vertragsbeziehungen grundsätzlich in getrennten Rechtsakten zu normieren seien, deren Verknüpfung und Abstimmung dann gesichert sein müßte.[24]

Damit sind zwar bestimmte Fortschritte hinsichtlich der rechtlichen Regelung der Einheit von Plan, Bilanz und Vertrag erzielt worden, ein der wirtschaftsrechtlichen Konzeption entsprechender Durchbruch ist indes nicht erreicht worden. Tatsächlich stehen in der gesellschaftlichen Wirkung nach wie vor die vertragsrechtlichen Regelungen im Vordergrund. Obwohl hierfür teilweise auch praktische Umstände, Traditionen, subjektive Faktoren eine Rolle spielen, muß doch betont werden, daß die entscheidende Ursache im Reifegrad der sozialistischen Verhältnisse selbst liegt. Rechtliche Regelung der Leitungsbeziehungen setzt einen bestimmten Grad an Stabilität dieser Beziehungen voraus, vor allem aber ein starkes gesellschaftliches Bedürfnis nach Erhöhung dieser Stabilität, sowie bestimmte Voraussetzungen hierfür im Innern des Landes und in den Außenbeziehungen. Die ordnungssichernde und Initiative fördernde Wirkung des Rechts ist an bestimmte Voraussetzungen gebunden, die in seiner Spezifik, in seinem spezifischen Wirkungsmechanismus begründet liegen.

Die wirtschaftsrechtliche Konzeption hinsichtlich des Kreises der rechtlich zu regelnden Beziehungen ist also bisher erst zum Teil von der Gesetzgebung aufgenommen worden. Dieser Widerspruch erscheint nicht unnormal. So kann darauf verwiesen werden, daß Rechtszweige auch als heuristisches Modell der Rechtsentwicklung verstanden werden können.[25] Zweig der Wissenschaft, Zweig der Gesetzgebung und Bereich der rechtlich regelungsnotwendigen und -möglichen Verhältnisse müssen keineswegs stets miteinander übereinstimmen. Allerdings muß eine auf gesellschaftlichen Nutzen orientierte Rechtswissenschaft notwendig sich immer wieder der Frage stellen, ob ihre innere Organisation (und dieser Aufgabe dient ja auch die Rechtszweiggliederung) gesellschaftlich fruchtbringend ist, ebenso wie eine auf Wirksamkeit orientierte Gesetzgebung nach ihrer Wirkung über Rechtsverhältnisse fragen muß.

Letztes Kriterium ist dabei für Rechtswissenschaft wie Gesetzgebung das gesellschaftliche Bedürfnis nach rechtlicher Regelung. Dieses Bedürfnis ist hier theoretisch für die wirtschaftsrechtliche Regelung von Planungsprozessen begründet worden. Eine erfolgreiche Arbeit der Wirtschaftsrechtswissenschaft verlangt, daß sie in den konkreten gesellschaftlichen Prozessen diejenigen Vorgänge aufspürt, die die Notwendigkeit weitergehender rechtlicher Gestaltung von Leitungsbeziehungen anzeigen. Wenn die Kodifikation eine bestimmte Stufe der Herausbildung neuer rechtlicher Qualitäten bildet, dann müssen ihre Anzeichen in den ökonomischen Prozessen selbst, ihre Widerspiegelung in Vorstellungen der Leiter und in rechtlichen Einzelregelungen aufgedeckt werden. Einige solcher Elemente sollen im folgenden dargestellt werden.

Es wurde bereits darauf hingewiesen, daß die Verträge zwischen den Kombinaten und Betrieben als unentbehrliches Mittel zur Organisation der zwischenbetrieblichen Kooperation angesehen werden. Diese Verträge sind notwendig mit Planungs- und Bilanzierungsbeziehungen verknüpft, in sie eingebunden. Die Wirksamkeit dieser Verträge hängt entscheidend von ihrer Rolle, ihrem Stellenwert im System der Leitung und Planung ab. Der von der Wissenschaft propagierte und von der Gesetzgebung vorgesehene Abschluß langfristiger Verträge erfolgte in vielen Fällen gerade deshalb nicht, weil die Stabilität derartiger Verträge zwar durch die vertragsgesetzliche Regelung, nicht aber durch entsprechende planungsrechtliche, vor allem Bilanzregelungen gewährleistet wird. Mit der neuen Bilanzierungsverordnung vom 15. 1. 1980 (GBl. I S. 1) wurde jetzt festgelegt, daß langfristige Wirtschaftsverträge, die auf bestimmten, im einzelnen näher angegebenen Bereichen auf der Grundlage des Fünfjahrplanes abgeschlossen werden, in die Jahrespläne einschließlich der Bilanzen einzuordnen sind, soweit nicht andere Entscheidungen des Ministerrates oder zentraler Staatsorgane vorliegen (§ 16 Abs. 7).

In der Leistungsbewertung muß lie Wirksamkeit vertraglicher Sanktion eindeutig weit geringer bewertet werden als entsprechende Festlegungen im Rahmen der Planung und Stimulierung, insbesondere hinsichtlich des Ranges der Kennziffer Warenproduktion. Da die Stabilität ein objektives Bedürfnis der Organisation der ökonomischen Prozesse ist, das sich mit den Anforderungen an Wissenschaft und Technik, mit der Notwendigkeit der langfristigen, auf dauerhafte Effektivität gerichteten Leitung weiter vertieft, geht ein verstärkter Druck von den Leitern in Richtung auf rechtliche Gestaltung der Planungs- und Bilanzierungsbeziehungen aus.

Bei einer repräsentativen Befragung wurde von der Mehrheit der Leiter die Verbesserung der Planung und Bilanzierung als das entscheidende Mittel zur Qualifizierung der Kooperationsbeziehungen angesehen. Erst im weiten Abstand folgten bessere Anwendung der bestehenden sowie die Einführung neuer Sanktionen. Ein Ausbau der rechtlichen Regelung von Leitungsbeziehungen wird von der Mehrzahl der Leiter als nützlich und möglich angesehen. Hervorzuheben ist dabei, daß unter den vorteilhaften Wirkungen des Rechts die Sicherung von Ordnung und Stabilität an erster Stelle rangiert. Erst danach kommen die durch das Recht gebotene Hilfe zur Durchsetzung der Interessen, sein Charakter als notwendiges Disziplinierungsmittel sowie die Sicherung der notwendigen Eigenverantwortung. In der kritischen Bewertung stehen übermäßige Kompliziertheit und Unübersichtlichkeit an erster Stelle.

Die Stellungnahme hängt natürlich im einzelnen auch von den Interessen der jeweiligen Wirtschaftseinheit; von subjektiven Einsichten, darunter vom Stand des Rechtsbewußtseins ab. In den Bettieben und Kombinaten wird die Wirksamkeit des Rechts unter den gegenwärtigen Bedingungen zurückhaltender eingeschätzt als in den zentralen staatlichen Organen. Auf der anderen Seite sind gerade hier — vor allem unterhalb der Ebene der Generaldirektoren — die an das Recht gerichteten Erwartungen höher.

Eine immer wichtigere Form der rechtlichen Organisation der Leitungsbeziehungen sind Vereinbarungen unterschiedlichster Art im Leitungsprozeß. Die objektiv bedingte vielfältige Verflechtung der Wirtschaftsbeziehungen spiegelt sich in entsrechenden Leitungsbeziehungen wider.

Die Koordinierung der zwischenbetrieblichen Lieferbeziehungen durch die Leistungsverträge der Betriebe kann nur dann optimal erfolgen, wenn eine entsprechende Koordinierung auf der Ebene der Kombinate und der Ministerien vorausgegangen ist. Das Bedürfnis nach Koordinierung wird hier nur zum geringen Teil in der Rechtsform des Vertrages befriedigt. Oft treten an seine Stelle Abstimmungen.[26] Tatsächlich bringt der schrittweise erfolgende Planungsprozeß immer neue Festlegungen und Korrekturen hervor. Oft streiten miteinander das Interesse an Bindung — vor allem des Partners — mit der Einsicht, daß mögliche Änderungen im eigenen Interesse liegen oder auch aus volkswirtschaftlichen Gründen zu erwarten sind. Ein lehrreiches Beispiel hierfür bilden Sortimentskonzeptionen, die zwischen den Organen der Industrie und des Handelns abgeschlossen werden.[27]

Es wird notwendig sein, das Erfordernis verbindlicher und möglichst stabiler Regelungen mit der Möglichkeit von Reaktionen auf neue Ereignisse zu vereinen. Den Ausgangspunkt muß eine vom Inhalt und den Interessen der Partner her bestimmte Unterscheidung der jeweilig festgelegten Rechte und Pflichten bilden. In dem Entwurf des neuen Vertragsgesetzes ist vorgesehen, daß die Verletzung der Pflichten aus Koordinierungsverträgen zur Zahlung von Schadensersatz verpflichtet. Die bereits erwähnte „Verordnung zur Sicherung der Einheit von Plan und Vertrag“ sah erstmalig das Recht jedes an einer Planabstimmung beteiligten Organs vor, von dem anderen beteiligten wirtschaftsleitenden Organ den Abschluß einer Koordinierungsvereinbarung (zukünftig: Koordinierungsvertrag) mit den entsprechenden Folgen zu verlangen und beim Staatlichen Vertragsgericht durchzusetzen.

Die Hauptfrage für die Partner ist allerdings die Einsteuerung derartiger Koordinierungsfestlegungen in die vertikalen Planungs- und Leitungsprozesse. Hierfür ist eine Schadensersatzpflicht des Partners nur ein Mittel und — für sich genommen — keineswegs ausreichend. Eine weitere Stabilisierung kann erreicht werden, wenn jedenfalls die Verletzung von Informationspflichten, vor allem über die Unmöglichkeit, den getroffenen Vereinbarungen gerecht werden zu können, mit Vertragsstrafe bedroht würde.

Bedeutungsvoller und zukunftsträchtiger sind Entscheidungsverlangen, die jetzt stärker in die Gesetzgebung Eingang finden. Angesichts der aus dem gesellschaftlichen Eigentum folgenden Dominanz der planmäßigen Leitung kommt es vor allem darauf an, daß die Interessen und Erkenntnisse der Wirtschaftseinheiten von vornherein in den Prozeß der Leitung und Planung Eingang finden. In den sechziger Jahren war der Versuch unternommen worden, dies vor allem über den Ausgleichsanspruch bei ungerechtfertigten Eingriffen zu erreichen.

Jetzt wird davon ausgegangen, daß nicht über die Abwehr ungerechtfertigter Entscheidungen, sondern vorrangig über die Einflußnahme auf den Inhalt der Entscheidungen die rechtzeitige und inhaltlich optimale, koordinierte Entscheidung gewährleistet werden soll. Dabei wird durch das Entscheidungsverlangen der Wirtschaftseinheiten zunächst nicht der Inhalt der Entscheidung bestimmt. Es soll nur gewährleistet werden, daß überhaupt eine Entscheidung gefällt wird, auf deren Grundlage dann in den Wirtschaftseinheiten gearbeitet werden kann. Das aber ist für die Durchsetzung rechtzeitiger Entscheidungen ebenso wie für deren Optimierung und damit für die Möglichkeit, in den Wirtschaftseinheiten langfristiger zu arbeiten, von großer Bedeutung. Gerade für die Kombinate, als grundlegende Wirtschaftseinheiten von erheblicher Wirtschaftskraft, ist eine solche Voraussetzung für ihre konzeptionelle Arbeit entscheidend.

Die „Verordnung über die Aufgaben, Rechte und Pflichten der volkseigenen Betriebe, Kombinate und VVB“ vom 28. 3. 1973 (GBl. I S. 129) hatte ein solches Entscheidungsverlangen für den Direktor des volkseigenen Betriebes gewährt, wenn die im Planentwurf enthaltenen Aufgaben auf Grund der Ergebnisse der Bilanzierung nicht gesichert sind (§ 10 Absatz 5). Die „Verordnung zur Sicherung der Einheit von Plan und Vertrag“ sieht ein Entscheidungsverlangen bei Verweigerung des Vertragsabschlusses und Vorliegen von Bilanzanteilen gegenüber dem Leiter des dem leistenden Betrieb übergeordneten Organs vor (§ 10 Abs. 1). Die „Bilanzierungsverordnung“ legt das Recht der am Abschluß langfristiger Wirtschaftsverträge interessierten Wirtschaftseinheiten fest, vom bilanzierenden bzw. bilanzbeauftragten Organ eine Entscheidung über die Einordnung in die Vordisposition des entsprechenden Bedarfs für den nächstfolgenden Zeitraum zu verlangen (§ 16 Abs. 6). In der „Verordnung über die volkseigenen Kombinate, Kombinatsbetriebe und volkseigenen Betriebe“ vom 8. 11. 1979 (GBl. I S. 355) endlich wird generell dem Generaldirektor des Kombinats das Recht gewährt, die vom Minister zu treffenden Entscheidungen oder Ab immungen zu verlangen (§ 24 Abs. 4).

Wenngleich nur teilweise Fristen für die Entscheidung festgelegt sind und überhaupt eine verfahrensrechtliche Ausgestaltung nur in Ansätzen besteht, so stellt sich doch dieses Entscheidungsverlangen als ein wichtiges und ausbaufähiges Instrument der rechtlichen Sicherung optimaler und stabiler Pläne dar. Das gilt auch besonders für diejenigen Fälle, in denen heute die Wirtschaftseinheiten sich mit ihren Partnern vor dem Vertragsgericht streiten, obwohl im Grunde eine Entscheidung des übergeordneten Organs des einen oder anderen Partners oder eines Bilanzorgans verlangt wird.

Hatten wir bisher die gesellschaftlichen Bedürfnisse der stärkeren rechtlichen Regelung von Leitungsprozessen vor allem vom Planungsprozeß und von den Wirtschaftseinheiten her betrachtet, so darf eine andere Seite dieses Prozesses keinesfalls außer acht gelassen werden. Die sprunghaft wachsenden Anforderungen an die Volkswirtschaft der DDR sind mit erhöhten Anforderungen an Ordnung und Disziplin verbunden. Hier ergeben sich neue Anforderungen an das Wirtschaftsrecht und seine Durchsetzung.

Das Recht ist erst wirksam geworden, wenn es in das Verhalten der Menschen, der Leiter und der Kollektive Eingang gefunden hat. Die Rechtsnorm fixiert ein den gesellschaftlichen Interessen entsprechendes Verhalten, schützt es durch Rechte, erzwingt es durch Pflichten. Bei Verletzung der Pflichten sind Sanktionen vorgesehen. Diese Sanktionen sind im Wirtschaftsrecht nach bisherigem Verständnis ökonomische Sanktionen, sie zielen auf die wirtschaftliche Rechnungsführung. So wird bei der Vertragsstrafe und beim Schadensersatz bei Vertragsverletzung davon ausgegangen, daß — zusammen mit der Schadensausgleichsfunktion beim Verletzten — durch die ökonomischen Sanktionen das Verhalten des Schädigers prophylaktisch beeinflußt wird. Tatsächlich wird diese Wirkung gegenwärtig recht zurückhaltend beurteilt.[28] Das hängt zu einem wesentlichen Teil mit der Rolle der wirtschaftlichen Rechnungsführung zusammen. Aber auch wenn die Rolle der wirtschaftlichen Rechnungsführung zunimmt — und dies ist mit der weiteren Ausgestaltung der volkswirtschaftlichen Verantwortung der Kombinate zu erwarten — auch dann wird eine Verhaltenssteuerung allein oder vorwiegend über den Mechanismus der vertraglichen materiellen Verantwortlichkeit nicht zu erwarten sein, sondern daneben weitere Mechanismen erforderlich werden.

Eine große Bedeutung hat dabei die Verantwortung der Leiter. In den Rechtsvorschriften der letzten Zeit spielt diese Verantwortung eine wachsende Rolle, wobei immer stärker Wert darauf gelegt wird, zwischen den Rechten und Pflichten der Wirtschaftseinheiten und den Rechten und Pflichten ihrer Leiter zu unterscheiden. Ob diese Leiterbeziehungen wenigstens teilweise dem Wirtschaftsrecht zuzurechnen sind, ist umstritten.[29] In jedem Fall ist die konkrete Festlegung der Verantwortung von Leitern, die Bestimmung exakter Entscheidungsfelder und Verantwortungsbereiche ein wichtiges gesellschaftliches Erfordernis. Dabei ist es von der wirtschaftsrechtlichen Konzeption her notwendig, daß diese Entscheidungsfehler von den Aufgaben der jeweiligen Wirtschaftseinheiten abgeleitet werden. Die Willensbeziehungen zwischen Leitern und die sie gestaltenden Rechtsbeziehungen sind letztlich bestimmt zur Leitung der Wirtschaftseinheiten, zielen auf ihre Arbeit im Rahmen der wirtschaftlichen Rechnungsführung, auf die Gestaltung ihrer Ware-Geld-Beziehungen. Von dieser Zielstellung losgelöst entbehren sie ihres spezifischen Sinnes. Ähnliches muß auch über die Direktoren hinaus für die Stellung anderer Leiter, z. B. des Hauptbuchhalters, gelten und sollte auch in bezug auf die Organe der Mitwirkung der Werktätigen an der planmäßigen Wirtschaftsleitung geprüft werden.

Umsetzung des Wirtschaftsrechts in das Verhalten der Menschen heißt letztlich Umsetzen in Verhalten in der unmittelbaren Produktion. Ob die im Planungsrecht konzipierten höheren Aufgaben verwirklicht werden, entscheidet sich schließlich am Arbeitsplatz. Dabei spielen aber dann vermittelnd andere Rechtszweige eine unentbehrliche Rolle. Das Wirtschaftsrecht ist — als einziger Rechtszweig außer dem Staatsrecht — auf die Planung gesamtgesellschaftlichen Zusammenwirkens orientiert. Zur Umsetzung in individuelles Verhalten bedarf es vor allem der Regelungen des Arbeits- und des Neuererrechts. Hier sind noch manche Fragen offen, wobei die wirksamere Umsetzung kollektiver materieller Verantwortlichkeit in individuelle arbeitsrechtliche Verantwortlichkeit — die bisher keineswegs befriedigen kann — nur eine, wenn auch eine besonders ins Auge fallende Frage bildet.

Die erhöhten Anforderungen an Ordnung und Disziplin in der Volkswirtschaft setzen von der Seite der rechtlichen Gestaltung der Leitungsbeziehungen her noch eine weitere

Frage in neuer Form auf die Tagesordnung, nämlich die der staatlichen Rechtskontrolle. Darunter wird hier die staatliche Durchsetzung der festgelegten wirtschaftsrechtlichen Rechte und Pflichten verstanden.

Selbstverständlich sind alle Wirtschaftseinheiten und staatlichen Organe zur Einhaltung des sozialistischen Rechts verpflichtet. Darüber hinaus sind aber besondere Organe erforderlich, die spezifisch eine die Durchsetzung der gesellschaftlichen Interessen gewährleistende Funktion besitzen.

Die Wirtschaftseinheiten, aber auch die wirtschaftsleitenden Staatsorgane haben in erster Linie ökonomische Aufgaben, an deren Erfüllung sie auch vorrangig gemessen werden. Das schließt Interessenwidersprüche, Konflikte sowie Erscheinungen des Betriebs-, Zweig- oder Territorialegoismus nicht aus. Die Durchsetzung der im Recht verankerten gesamtgesellschaftlichen Zielstellungen, des hier formulierten allgemeinen Maßstabes erfordert deshalb auch das Wirken spezifischer Staatsorgane, die voll auf gesamtgesellschaftliche Interessen orientiert sind und sie gegenüber Wirtschaftseinheiten, aber auch Staatsorganen im Konfliktfall durchsetzen.[30]

Bei der staatlichen Rechtskontrolle sind zwei unterschiedliche, wenn auch eng verbundene Mechanismen zur Gewährleistung der Gesetzlichkeit zu unterscheiden. Einmal wird von Trägern subjektiver Rechte die Einhaltung entsprechender Pflichten gefordert und notfalls die Unterstützung staatlicher Organe in Anspruch genommen. Hier erfolgt die staatliche Rechtskontrolle mittelbar, indirekt über Rechtsschutzgewährung. Im zweiten Fall wird die Einhaltung von Pflichten unmittelbar von den entsprechenden staatlichen Organen gefordert. Die staatliche Rechtskontrolle tritt hier einmal indirekt, unterstützend, das andere Mal direkt auf den Plan. Die direkte Rechtskontrolle — als Rechtskontrolle im engeren Sinne — ist dabei notwendig stärker in das System der Leitung und Planung integriert und ist, soll sie echte Rechtskontrolle und nicht nur allgemeine Wirtschaftskontrolle sein, stärker an die rechtliche Regelung von Leitungsbeziehungen gebunden.

Das bedeutsamste Organ der staatlichen Rechtskontrolle im Bereich des Wirtschaftsrechts ist das Staatliche Vertragsgericht. Gerade hier haben sich im Verlaufe der Jahre Veränderungen vollzogen, die mit unserer Fragestellung nach der Entwicklung von Rechtsbeziehungen in der Leitung im Zusammenhang stehen. Vor allem hat die direkte Rechtskontrolle zunehmend an Bedeutung gewonnen.

Fast ein Fünftel aller Verfahren wird ohne Antrag, also auf Initiative des Staatlichen Vertragsgerichts durchgeführt. Eine besondere Rolle spielen dabei Kooperationssicherungsverfahren, bei denen vor allem Maßnahmen gegen drohende Vertragsverletzung getroffen werden sollen. An Bedeutung haben die Wirtschaftssanktionsverfahren gewonnen, bei denen die Zahlung nicht an einen geschädigten Partner, sondern an den Staat erfolgt. Sie werden gezielt bei besonders schwerwiegenden Verletzungen der Vertragsdisziplin eingesetzt, wobei ihre Wirkung vor allem mit der mit ihnen verbundenen offiziellen Kritik zusammenhängt. In derselben Richtung soll das neuentwickelte Beauflagungsverfahren wirken,[31] das mit der Feststellung von Pflichtverletzungen umfassende Möglichkeiten für Auflagen — bis hin zur Verpflichtung, Disziplinarverfahren einzuleiten und die Anwendung der arbeitsrechtlichen materiellen Verantwortlichkeit zu prüfen — verbindet. Als positiv stimulierendes Gegenstück ist die Anerkennung geregelt.

In enger Verbindung zum System der staatlichen Leitung und Planung steht auch das Recht des Staatlichen Vertragsgerichts, gegenüber Wirtschaftseinheiten Auflagen zur Beseitigung von Mängeln oder Verstößen gegen Rechtsvorschriften bei der Vorbereitung und Erfüllung von Wirtschaftsverträgen zu erteilen und mittels Zwangsgeld durchzusetzen. Gegenüber Ministern und Leitern anderer zentraler Staatsorgane ist dem Vorsitzenden des Staatlichen Vertragsgerichts ein Entscheidungsverlangen bei der Vorbereitung und Erfüllung von Wirtschaftsverträgen für volkswirtschaftlich bedeutsame Aufgaben eingeräumt worden.[32] Gerade hier wird besonders deutlich, wie sich der Einflußbereich des Staatlichen Vertragsgerichts schrittweise auf den Bereich der Leitungsbeziehungen ausdehnt. Von vielen Leitern in den Wirtschaftseinheiten wird jedoch eine noch stärkere Aktivität gefordert. Damit werden allerdings traditionelle Grenzen überschritten, sind auch Vorbehalte zu überwinden und Fragen der Qualifikation ebenso gestellt wie Fragen des Ausbaus des materiellen Rechts, das ja gerade im Planungsbereich wenig Ansatzpunkte für die Rechtskontrolle bietet.

Wird schon hier eine Gewichtsverschiebung zu Lasten des traditionellen Rechtsschutzes sichtbar, so ist dies bei den übrigen Organen der staatlichen Rechtskontrolle noch weit deutlicher. Es gibt eine Vielzahl von Verletzungen des Wirtschaftsrechts, bei denen entweder überhaupt keine subjektiven Rechte anderer Wirtschaftseinheiten verletzt werden — wie dies etwa bei den außerhalb des Planes gesetzwidrig in Milliardenhöhe vorgenommenen Investitionen der Fall war[33] — oder aber ein ungenügendes Interesse des Partners besteht, der Verletzung entgegenzutreten — wie bei vielen Preisverstößen, die weitergegeben werden können. Hier müssen solche Organe tätig werden wie die ABI, die staatliche Finanzrevision, die Staatsbank der DDR, das Amt für Preise und andere.

Auch bei einer erhöhten Rolle der Wertkategorien und einem damit verbundenen größeren Interesse der Kombinate und Betriebe an der Geltendmachung subjektiver Rechte wird im Rahmen der Wirtschaftsleitung dieser Mechanismus der unmittelbaren staatlichen Rechtskontrolle mindestens gleichberechtigt neben der Rechtskontrolle durch Rechtsschutz stehen.

Während im traditionellen Verständnis der Schutz subjektiver Vermögensrechte dem Zivilrecht, die unmittelbare Durchsetzung von Rechtspflichten aber dem Verwaltungsrecht zugeordnet wurde, entspricht der wirtschaftsrechtlichen Konzeption eine Einheit von Rechtsschutz und Rechtskontrolle, die ihrerseits der Einheit von staatlicher Leitung und Entfaltung der Eigenverantwortung der Wirtschaftseinheiten, besonders der Kombinate entspricht. Sie ist notwendig mit einer verstärkten rechtlichen Gestaltung auch der Leitungsbeziehungen verbunden. Wenn die Kraft des Rechts wirksam werden, wenn seine Spezifik zur Geltung kommen soll, dann müssen Rechtsschutz wie Rechtskontrolle an allgemeine, durch Rechtsnormen gesetzte Maßstäbe anknüpfen, dann muß dies auch mit einer verstärkten rechtlichen Gestaltung der Leitungsbeziehungen verbunden sein.

Die Wirkung des Rechtsschutzes und auch die Wirkung der Rechtskontrolle ist in hohem Maße daran gebunden, daß dieser allgemeine Maßstab zunehmend nicht nur an die Arbeit von Wirtschaftseinheiten, sondern auch an die Arbeit von staatlichen Organen angelegt wird.

Zusammenfassend kann also festgestellt werden, daß sowohl von der Entwicklung der Eigenverantwortung der Wirtschaftseinheiten, vor allem der Kombinate, als auch vom gesamtgesellschaftlichen Interesse an der Erhöhung von Ordnung und Disziplin Tendenzen der verstärkten rechtlichen Regelung von Leitungsbeziehungen ausgehen. Sie werden in Forderungen der Leiter wie auch in der Gesetzgebung sichtbar.

Verstärkung der Eigenverantwortung der Wirtschaftseinheiten und Erhöhung von Ordnung und Disziplin sind kein Gegensatz, sondern müssen einander ergänzen, um die

Einheit von zentraler staatlicher Leitung und Planung und Aktivität der nach der wirtschaftlichen Rechnungsführung arbeitenden Wirtschaftseinheiten zu gewährleisten. Gerade diese widerspruchsvolle Einheit, entsprechend dem Prinzip des demokratischen Zentralismus, erfordert den verstärkten Einsatz des Rechts.

Gleichzeitig kann das Wirken von Gegentendenzen nicht übersehen werden, die vor allem in einer Zunahme der Operativität zum Ausdruck kommen.

Das Recht ist ein außerordentlich wirksames Instrument, die Verbindung gesellschaftlicher, kollektiver und individueller Interessen zu sichern. Zugleich ist seine Wirksamkeit an Bedingungen gebunden, die eine stabile Voraussicht der gesellschaftlichen Interessen ebenso umfassen wie die Möglichkeit, diesen Interessen entsprechende Rechte und Pflichten zu formulieren und durchzusetzen. Es muß die Möglichkeit gegeben sein, auf der Grundlage der Erkenntnis objektiver Gesetze durch Wirtschafts- und Leitungswissenschaft sowie der Entwicklungstendenzen von Naturwissenschaft und Technik die inneren und äußeren Verflechtungen der Volkswirtschaft weitgehend zu beherrschen. Komplizierte außenwirtschaftliche Bedingungen, damit verbundene Anspannungen in bezug auf die Ressourcen, vielfältige Widersprüche beim Übergang zur Intensivierung der Produktion führen zu einer Zunahme operativer Steuerung und setzen damit den Entwicklungsmöglichkeiten des Rechts als Mittel langfristiger und stabiler Leitung und der Initiativförderung Grenzen.

Auf der anderen Seite, und darin sehen wir längerfristig den entscheidenden Prozeß, wirken ökonomische Faktoren, die eine höhere Rolle des Rechts erfordern. Das betrifft vor allem die Intensivierung der Produktion. Sie erfordert hohe Leistungen aller Partner und Stabilität ihrer Zusammenarbeit. Sie stellt große Anforderungen an das System der Leitung und Planung. „Der vollständige Übergang unserer Volkswirtschaft auf die intensiv erweiterte Reproduktion ist keinesfalls einfacher als die Schaffung der sozialistischen Planwirtschaft."[34] Daraus ergeben sich auch Konsequenzen für Veränderungen auf dem Gebiet der Leitung und Planung. Je höher entwickelt eine Volkswirtschaft ist, desto weniger ist es möglich, dauerhafte Erfolge ohne Stabilität und Ordnung zu erreichen, desto mehr bedingen Dynamik und Proportionalität einander;[35] desto dringlicher muß auch die Frage nach der vollen Ausnutzung aller vom Recht gebotenen Möglichkeiten gestellt werden.

Der umfassende Prozeß des Ausbaus der Kombinate erhöht ihre Verantwortung, fordert die Festlegung eines initiativfördernden Entscheidungsraumes nicht nur im Bereich der horizontalen, sondern auch im Bereich der vertikalen Beziehungen. Die von Wissenschaft und Technik erwarteten Ergebnisse können nur dann erreicht werden, wenn Initiative stärker gefördert wird, wenn die Volkswirtschaft über eine entsprechende Ordnung und Reaktionsmöglichkeit verfügt. Der Ausbau der sozialistischen ökonomischen Integration ist für uns lebensnotwendig, um die Möglichkeiten sozialistischer Großproduktion voll zu erschließen. Ihre maximale Entfaltung setzt Zuverlässigkeit und Verläßlichkeit aller Partner voraus, die zwischen und in den Ländern in Leitungs- und Austauschbeziehungen gewährleistet sein müssen.

Die hier skizzierten Prozesse erfordern längerfristig eine größere Rolle des Wirtschaftsrechts, eine bessere Ausnutzung seiner ordnungs- und initiativfördernden Möglichkeiten, die volle Abdeckung seines Regelungsobjekts. Dabei verläuft diese Entwicklung schrittweise, nicht ohne Widersprüche und auch nicht ohne Rückschläge. Sie ist mit Veränderungen im System der Leitung und Planung der Volkswirtschaft und mit einer ideologischen Höherbewertung des Rechts verbunden.

6. Entwicklungstendenzen des strafrechtlichen Regelungsobjekts

Regelungsobjekt des sozialistischen Strafrechts sind die Beziehungen, die durch die Begehung einer gesellschaftsgefährlichen bzw. gesellschaftswidrigen kriminellen Handlung zwischen Täter und Gesellschaft entstehen, die das Einstehenmüssen des Täters für seine Tat vor der sozialistischen Gesellschaft (strafrechtliche Verantwortlichkeit) beinhalten und durch die Anwendung und Verwirklichung von Maßnahmen der strafrechtlichen Verantwortlichkeit sowie durch die Bewährung und Wiedergutmachung des Straftäters erfüllt werden. Der spezifische wesentliche Inhalt dieser Beziehungen ist die persönliche strafrechtliche Verantwortlichkeit und ihre Durchsetzung. Straftat und Strafe bzw. andere Maßnahmen der strafrechtlichen Verantwortlichkeit sind die beiden charakteristischen Hauptelemente des strafrechtlichen Regelungsobjekts. Das Strafrecht regelt auf diese Weise individuelles Handeln bzw. Verhalten, das bestimmte elementare gesellschaftliche Grundinteressen tangiert. Es zielt darauf ab, kriminelle gesellschaftswidrige bzw. gesellschaftsgefährliche Handlungen vermittels Strafandrohung und -anwendung zu unterdrücken, zu unterbinden. Zu diesem Zwecke sieht es die Entstehung spezifischer Rechtsverhältnisse, eben Strafrechtsverhältnisse vor, die die Anwendung von Strafen und anderen Maßnahmen der strafrechtlichen Verantwortlichkeit gegen den verantwortlichen Urheber der kriminellen Störung bestimmter gesellschaftlicher Beziehungen einschließen.

Die Objektivität, die objektive Natur der vom Strafrecht zu regelnden Verhältnisse als seinem Regelungsobjekt ist darin und damit gegeben, daß Straftaten objektiv, unabhängig vom Bewußtsein und Willen der Gesellschaft bzw. des Gesetzgebers oder der Strafjustiz zustande kommen, also existieren, und daß dies notwendig — auch unabhängig von deren Bewußtsein und Wollen — regelmäßig eine entsprechende Reaktion bzw. Ahndung erfordert. Die Durchsetzung der strafrechtlichen Verantwortlichkeit liegt nicht im Belieben irgend jemandes, es ist vielmehr ein objektiver Zusammenhang von Straftat und Strafe zu realisieren.

Das Strafrechtsverhältnis selbst entsteht — auf dem juristischen Hintergrund entsprechender Strafrechtsnormen — gleichfalls objektiv und unabhängig vom Bewußtsein und Wollen der Gesellschaft und ihrer Strafverfolgungsorgane durch die *Begehung* der Straftat. Ebenso objektiver Natur ist die strafrechtliche Regelungsbedürftigkeit der Verhältnisse, die das strafrechtliche Regelungsobjekt ausmachen, worauf im einzelnen noch einzugehen sein wird.

Die Strafrechtsverhältnisse sind aber keine primären oder originären gesellschaftlichen Verhältnisse. Sie sind auch nur bedingt für die Entwicklung der Gesellschaft notwendige gesellschaftliche Verhältnisse. Sosehr sie auch — wie alle Rechtsverhältnisse — einer qualitativen Weiterentwicklung unterliegen und bedürfen, ist die sozialistische Gesellschaft doch prinzipiell weder an einer Ausdehnung noch Erweiterung der Strafrechtsverhältnisse, sondern vielmehr daran interessiert, daß diese zunehmend seltener entstehen. Diese Besonderheit unterscheidet die strafrechtlich zu regelnden bzw. geregelten gesellschaftlichen Verhältnisse von anderen gesellschaftlichen Verhältnissen, insbesondere den Produktionsverhältnissen und anderen mit diesen eng verbundenen bzw. von diesen unmittelbar abgeleiteten gesellschaftlichen Verhältnissen, wie etwa den Arbeits-, Austausch-, Familien- und ähnlichen Verhältnissen, einschließlich der damit verbundenen politischen und ideologischen gesellschaftlichen Verhältnisse.[1]

Die strafrechtlich unmittelbar geregelten gesellschaftlichen Verhältnisse, die Strafrechtsverhältnisse, sind darauf gerichtet, die anderen — primären, originären und grundlegenden — gesellschaftlichen Verhältnisse vor kriminellen Störungen und Angriffen zu schützen; dadurch dienen sie im Sozialismus der Festigung und Entwicklung dieser gesellschaftlichen Verhältnisse. Daraus resultiert, daß die zum Regelungsobjekt des Strafrechts gehörenden schutzwürdigen gesellschaftlichen Verhältnisse nicht allein aus strafrechtlicher oder strafrechtlich-kriminologischer Sicht, auch nicht allein aus dem Inhalt des Strafrechtsverhältnisses, der persönlichen strafrechtlichen Verantwortlichkeit und ihrer Durchsetzung begriffen werden können. Sie können wesentlich erst aus dem politischen und sozialen Inhalt und Wert der gesellschaftlichen Verhältnisse und Prozesse erfaßt werden, zu deren Schutz das Strafrecht eingesetzt wird. Deren — strafrechtliche — Schutzbedürftigkeit bestimmt in hohem Maße — wenn auch nicht ausschließlich — ihre strafrechtliche Regelungsbedürftigkeit als Aufgabenstellung für die Strafgesetzgebung. Der sekundäre (sanktionierende) Charakter des Strafrechts[2] erfordert also, auf außerstrafrechtliche, vorstrafrechtliche gesellschaftliche Verhältnisse zurückzugreifen. Diese stellen sich uns in der Regel als Rechtsverhältnisse dar, die vielfach zugleich auch subjektive Rechte, insbesondere politische und persönliche Rechte und Freiheiten der Bürger, oft damit auch verfassungsrechtlich verankerte Grund- und Menschenrechte einschließen. Zum anderen hat auf die Schutz- und strafrechtliche Regelungsbedürftigkeit der betreffenden gesellschaftlichen Verhältnisse natürlich auch die Entwicklung der Kriminalität, ihres Charakters, ihres spezifischen Gewichts und Niveaus, ihrer Dynamik und Struktur sowie ihrer sozialen (gesellschaftlichen) Ursachen Einfluß, ohne daß diese selbst strafrechtliches Regelungsobjekt würden. Aber die strafrechtliche Regelung muß die gesellschaftswidrigen bzw. -gefährlichen Angriffe berücksichtigen, vor denen sie schützen soll. Damit sind zugleich die (beiden) Hauptaspekte dieses Problems umrissen: die Entwicklung der schutzwürdigen gesellschaftlichen Verhältnisse und ihre Gefährdung durch kriminelle Handlungen.

Die des strafrechtlichen Schutzes bedürfenden gesellschaftlichen Verhältnisse sind nicht zu erfassen, wenn man sich auf einfache Darstellungen und Definitionen der strafrechtlichen Schutzobjekte zurückzieht, wie sie — mehr oder weniger gelungen — in unseren Lehrbüchern zu finden sind.[3] Dabei soll nicht übersehen werden, daß die Unterscheidung der strafrechtlichen Schutzobjekte (wie z. B. Leben, Gesundheit, öffentliche Ordnung, allgemeine Sicherheit usw. — also spezifischer Regelungsobjekte des Strafrechts —) für die gesellschaftspolitische Charakteristik der jeweiligen Straftaten und für die Bestimmung der strafrechtlichen Maßnahmen große praktische und politische

Bedeutung hat. Theoretisch und praktisch bedeutsame Erkenntnisse und Einsichten zu unserem Thema sind indessen nur aus der konkret-historischen Bedeutung, dem konkret-historischen Interesse und sozialen Wert der betreffenden gesellschaftlichen Verhältnisse zu gewinnen, die diese insbesondere für die Arbeiterklasse und die Verwirklichung ihres geschichtlichen Menschheitsauftrages haben. Es ist auch und gerade hier Objektivität, konsequent materialistisches Herangehen gefragt, das uns eine hinreichend eindeutige Abgrenzung von der spätbürgerlichen Rechtsgutlehre[4] ermöglicht.

Die bürgerlich-idealistische Lehre, die den Rechtsgüterschutz naturgemäß nicht aus den materiellen Verhältnissen und objektiven Gesetzmäßigkeiten ableitet, sondern — eigentlich tautologisch — als Schutz von Gütern des objektiven Rechts der Allgemeinheit versteht, hat unter dem Einfluß der Einführung des Zweckgedankens in das Strafrecht (Liszt) oder der Wertvorstellungen bzw. Kulturüberzeugungen der maßgebenden Schichten (Maurach) sowie der finalen Strafrechtslehre (Welzel) an Irrationalismus und Mystizismus beträchtlich zugenommen. Solche Konzeptionen eröffnen, da Rechtsgutvorstellungen für die Gesetzesauslegung praktisch bedeutsam werden, namentlich im Bereich von „Wertbegriffen" und also vornehmlich im politischen Staatsschutz-Strafrecht willkürlicher Handhabung Tür und Tor. Gerade angesichts dessen ist es so wichtig, Inhalt und Umfang des strafrechtlichen Regelungsobjekts aus den relevanten objektiven gesellschaftlichen Verhältnissen zu bestimmen.

In gewisser Hinsicht spiegelt sich der gesellschaftlich-objektive Rang, die Wertschätzung, die Bedeutungszumessung bestimmter gesellschaftlicher Verhältnisse (als strafrechtlichen Schutzes und strafrechtlicher Regelung bedürftiger) in der Gliederung der strafrechtlichen Kodizes, namentlich ihres Besonderen Teils, wider. So stand im preußischen (und auch im späteren deutschen) Strafgesetzbuch die Majestät des Königs bzw. Kaisers an der Spitze der strafrechtlichen Schutzgüter, dessen Person im faschistischen deutschen Reichsstrafgesetzbuch durch die des „Führers und Reichskanzlers" ersetzt wurde. Während der Entwurf eines neuen StGB der BRD (E 1962) den Besonderen Teil — bürgerlich-liberalistisch-individualistische Positionen vorgebend — mit den Straftaten gegen die Person begann, blieb die schließlich Gesetz gewordene Neufassung des StGB in der nicht veränderten Gliederung des Besonderen Teils des StGB von 1871 traditionell erhalten.

Für das sozialistische Strafrecht ist die Sicherung des Friedens und die Verteidigung der Arbeiter-und-Bauern-Macht das Wichtigste, weil die Wahrung aller anderen Werte und Belange der Gesellschaft im ganzen wie auch ihrer Kollektive und Mitglieder zunächst davon abhängt. Diese Schutzobjekte stehen daher in den Strafgesetzbüchern der sozialistischen Länder an der Spitze des Besonderen Teils.

Es genügt aber nicht, bestimmte Schutzobjekte (bzw. Schutzgüter) mit einer vornehmlich der strafrechtlichen Differenzierung dienenden abstrakten und formalen Kurzformel (Leben, Gesundheit, Eigentum) anzusprechen. Es kommt vor allem darauf an, diese vom Standpunkt der sozialistischen Revolution und als sozialistische Errungenschaften zu begreifen. Nur so kann unter Vermeidung konvergenztheoretischer Positionen oder Wirkungen der diametral unterschiedliche Gehalt und Charakter der schutz- und regelungsbedürftigen gesellschaftlichen Verhältnisse erfaßt und herausgearbeitet werden, was sowohl für die Gesetzgebung und Rechtsanwendung wie auch für die Rechtspropaganda so ungemein wichtig und verbesserungsbedürftig ist.

Eben gerade wegen dieses prinzipiellen politischen und sozialen Unterschieds der betreffenden gesellschaftlichen Verhältnisse in verschiedenen Gesellschaftsordnungen, so z. B. der Staatlichkeit, ist konterrevolutionärer Hochverrat gegen den Staat der Diktatur des Proletariats grundverschieden von einem beliebigen Hochverrat in einem anderen Staat oder ist imperialistische Spionage in keiner Weise vergleichbar mit der dem Frieden und der Menschheit dienenden Tätigkeit sozialistischer Kundschafter.

Für bestimmte gesellschaftliche Verhältnisse gibt es indessen nicht einmal eine äußerliche Entsprechung: Ausdrückliches Schutz- und Regelungsobjekt des sozialistischen Strafrechts der DDR sind Frieden und Menschlichkeit (vgl. Kap. 1 des Besonderen Teils). In Übereinstimmung mit dem Londoner Statut des Internationalen Militärtribunals[5] werden Verbrechen gegen den Frieden, die Menschlichkeit und Kriegsverbrechen auch im innerstaatlichen Recht (Landesrecht) der sozialistischen Länder als schwerste Verbrechen qualifiziert und strafrechtlich geregelt.[6]

Das Eigentum der Monopole wie grundsätzlich auf Ausbeutung beruhendes kapitalistisches Eigentum können im sozialistischen Staat eo ipso keinen strafrechtlichen Schutz erfahren und daher kein strafrechtliches Regelungsobjekt sein, ebensowenig wie faschistische oder sonstige antidemokratische Betätigung,[7] feudale, rassische, soziale oder andere der Gleichheit der Bürger zuwiderlaufende Privilegien. Aber es werden vom sozialistischen Strafrecht — in Übereinstimmung mit der Verfassung — allerdings auch Freiheiten (und Rechte) der Bürger strafrechtlich geschützt, deren Ausübung zumindest nicht vorrangig und direkt der gesetzmäßigen gesellschaftlichen Entwicklung zum Kommunismus dient, z. B. die Freiheit der Religionsausübung.

Andererseits ist klar und einleuchtend, daß gerade die neuen sozialistischen Gesellschaftsverhältnisse, wie das Volkseigentum und das Eigentum produktiver Genossenschaften, die Planwirtschaft und die demokratischen Aktivitäten der Bürger, besondere Aufmerksamkeit der sozialistischen Strafgesetzgebung erfuhren und erfahren.[8]

Kommen wir jedoch auf den gesellschaftlichen Inhalt und die strafrechtliche Schutzbedürftigkeit solcher gesellschaftlicher Verhältnisse zurück, die wegen ihrer allgemeinen Verbreitung und ihres „allgemeinmenschlichen" Charakters „über den Klassen" zu stehen, Ewigkeitswert und Allgemeingültigkeit zu besitzen scheinen. Das betrifft einmal die traditionellen strafrechtlichen Schutzobjekte wie Leben und Gesundheit, persönliche Freiheit und Würde, persönliches Eigentum, zum anderen solche, die eng mit der Entwicklung von Wissenschaft und Technik zusammenhängen, wie der Schutz von Produktions- und Verkehrsprozessen und -verhältnissen. Man denke an Straftaten gegen die allgemeine Sicherheit, wie vor allem Verkehrsdelikte, Arbeitsschutz- und Branddelikte, aber auch Straftaten auf dem Gebiet des Umweltschutzes.

Bekanntlich ist die biologische Existenz,[9] das (biologische) Leben und die (körperliche) Gesundheit, wichtige unabdingbare Voraussetzung für die soziale Existenz, für das soziale Leben des Menschen in der Gesellschaft. Aber erst in der sozialen Tätigkeit und in den Sozialbeziehungen beweist er sich als Mensch, als Ensemble der gesellschaftlichen Verhältnisse.[10] Erst dadurch gewinnt auch die biologische Voraussetzung ihre soziale Existenz, ihren Sinn und Wert. Erst dadurch wird sie selbst ein sozialer Wert und gesellschaftlich interessierendes Schutz- und rechtliches Regelungsobjekt. Auffassungen von der Wertlosigkeit der biologischen Voraussetzung menschlichen Lebens und entsprechende gesellschaftliche Praxis hat die Geschichte an vielen Beispielen demonstriert, in jüngerer Zeit vor allem im Faschismus. Für die kapitalistische Gesellschafts-, Staats- und Rechtsordnung ist der Mensch, d. h. die Masse der Menschen, das Volk (und seine biologische Voraussetzung: Leben und Gesundheit), vornehmlich interessant als Träger der Ware Arbeitskraft, als „Kanonenfutter" und Manipulierungsobjekt. Wo der durch dieses Interesse abgesteckte Rahmen überschritten wird, ist der Mensch — sein (biologisches) Leben, seine Gesundheit wie überhaupt sein individuelles soziales Schicksal — uninteressant, gleichgültig, wertlos (was nicht nur die Mißachtung des Arbeitsschutzes und die Kriegsopfer, sondern auch die kriminelle Demoralisierung und Verseuchung, der Verfall in Drogensucht, vor allem der Jugend, in den Ländern des Kapitals beweisen).

Natürlich benutzt die Bourgeoisie die abstrakte Form des bürgerlichen Rechts, auch des bürgerlichen Strafrechts, das angeblich Leben und Gesundheit jedes Menschen gleichermaßen schütze, für die apologetische Irreführung der Massen. Tatsache bleibt aber, daß das Motiv des strafrechtlichen Schutzes von Leben und Gesundheit der breiten Masse des Volkes in den Ländern des Kapitals darin besteht, die werktätigen Menschen auszubeuten und für die eigene Klassenpolitik zu mißbrauchen. Ein wahrhaft humanistisches Anliegen wird damit nicht verfolgt. Natürlich ist es möglich, wie die Geschichte beweist, daß die Arbeiterklasse und andere demokratische Kräfte bestimmte Regelungen strafrechtlichen Schutzes — und sei es nur zeitweise oder peripher — der Bourgeoisie abtrotzen können (z. B. hinsichtlich des Arbeitsschutzes oder des Friedensschutzes). Aber grundsätzlich bleibt: Nur in den vorgenannten gesellschaftlichen Beziehungen sind Leben und Gesundheit im Kapitalismus strafrechtliche Schutzgüter und Regelungsobjekte.

Erst im Sozialismus, wo der Mensch wirklich im Mittelpunkt aller Bestrebungen steht, kann eine wahrhaft humanistische Haltung auch in dieser Frage zur Geltung kommen: Leben und Gesundheit des Bürgers in der sozialistischen Gesellschaft werden vor kriminellen Angriffen geschützt, weil sie unabdingbare Voraussetzungen für die Entfaltung der produktiven Kräfte und der (sozialistischen) Persönlichkeit eines jeden zum Wohl des gemeinsamen Nutzens sind und die sozialistische Gesellschaft die tätige Mitwirkung aller ebenso braucht wie die Wertschätzung und Achtung jeder menschlichen Person. Mit solcher strafrechtlichen Regelung des Schutzes von Leben und Gesundheit wird zugleich der Humanismus als Grundprinzip dieser Gesellschaftsordnung bekräftigt und verteidigt.

Ähnlich verhält es sich mit dem strafrechtlichen Schutz des persönlichen Eigentums der Werktätigen. Ganz abgesehen davon, daß bei aller Differenziertheit, etwa in der BRD oder anderen hochentwickelten kapitalistischen Staaten, die Substanz des (persönlichen) Eigentums der Werktätigen, vor allem der Arbeiter insgesamt, äußerst minimal und in ihrem (ökonomischen) Wert außerordentlich begrenzt — also ziemlich wertlos — ist, ist es ja auch hier nicht primär das materielle Interesse der Werktätigen, das die Strafgesetzgebung bestimmt. Dominierend ist das Interesse der Bourgeoisie, mit dem strafrechtlichen Schutz jeglichen Eigentums die Idee von der Heiligkeit des Eigentums (d. h. des Privateigentums, insbesondere an den Produktionsmitteln) zu propagieren, zu bekräftigen und strafrechtlich abzusichern. Die Formel vom Schutz „des Eigentums“ schlechthin ist für die Bourgeoisie die sicherste, weil umfassende Methode, vor allem das auf Ausbeutung beruhende und Profit bringende Privateigentum der Bourgeoisie vor kriminellen Angriffen auch strafrechtlich wirksam zu schützen.

Erstmals im Sozialismus — wo das Privateigentum an Produktionsmitteln abgeschafft ist — dient der Schutz des Eigentums der Bürger zielgerichtet der strafrechtlichen Verteidigung gerade auch des persönlichen Eigentums, das auf dem gesellschaftlichen Eigentum an Produktionsmitteln beruht und das sich die Werktätigen auf Grund ihrer Arbeit gemäß dem Leistungsprinzip redlich erworben haben, was zugleich ein materieller Ausdruck der Steigerung des Lebensstandards, des Wohlstands der Bürger ist. So erweist sich also die prinzipiell objektive Verschiedenheit gleichklingender strafrechtlicher Schutz- und Regelungsobjekte.

Auch die Frage der strafrechtlichen Regelungsbedürftigkeit solcher Beziehungen und Prozesse, die mit der Entwicklung von Wissenschaft und Technik zusammenhängen, kann nicht klassenneutral, sondern nur in ihrem gesellschaftlichen Kontext richtig beantwortet werden. Selbstverständlich haben alle Produktionsprozesse eine natürliche, naturbezogene Seite, die durch die Naturgesetze und die Gesetze der Technik bzw. Technologie bestimmt wird. Aber kein Arbeits- bzw. Produktionsprozeß oder -verhältnis hat nur diese Seite, ist ohne gesellschaftliche Einordnung. Ja, mehr noch, auf Grund der stürmischen Entwicklung der Produktivkräfte gewinnt mit den wachsenden Dimensionen dieser Prozesse der soziale Aspekt an Bedeutung und Gewicht, wird die Frage, unter welchen gesellschaftlichen Bedingungen und für welche gesellschaftlichen Veränderungen diese Prozesse des wissenschaftlich-technischen Fortschritte wirken, immer ausschlaggebender. Eben deshalb „gewinnen die Erkenntnisse der Natur- und technischen Wissenschaften in der gesellschaftswissenschaftlichen Forschung zunehmend an Gewicht“.[11]

Die sozialen Auswirkungen der wissenschaftlich-technischen Revolution[12] werden immer größer. Vor allem wächst auf Grund des wissenschaftlich-technischen Fortschritts nicht nur die Verantwortung der Gesellschaft als Ganzes für die Beherrschung dieser immer komplexer und komplizierter werdenden auch globalen und ökologischen Prozesse, sondern es nimmt auch die Verantwortung jedes einzelnen Menschen zu, namentlich derer, denen „Schaltstellen“ bei der Steuerung und Regelung derartiger Prozesse anvertraut und übertragen sind. Für extreme Nichterfüllung dieser hohen Verantwortung wird daher auch das Strafrecht als Mittel der Bekämpfung und Vorbeugung von Pflichtverletzungen herangezogen.

Dieser Prozeß der Heranziehung des Strafrechts zum Schutze von Vorgängen im Bereich der Technik gewann erst vor kaum 50 Jahren, dann allerdings stürmisch zunehmend, an Bedeutung. Bezog sich vordem das Strafrecht fast ausschließlich auf unmittelbar klassen- und andere sozial bezogene Handlungen, so nunmehr zunehmend auch auf gesellschaftlich relevante Handlungen oder Tätigkeiten, die mit der Beherrschung bzw. Nichtbeherrschung technischer Vorgänge zusammenhingen, zunächst vor allem im Bereich des Verkehrswesens (vgl. z. B. die Einführung bzw. Neufassung der Tatbestände für Transportgefährdung — §§ 315, 316 — in das StGB im Jahre 1935). Damit war eine prinzipielle Erweiterung des Objektbereichs des Strafrechts verbunden, die sich in der Folgezeit — namentlich in mehreren sozialistischen Ländern — in der Konstituierung eines relativ selbständigen Gruppenobjekts, der allgemeinen Sicherheit (vgl. Kap. 7 des Besonderen Teils des StGB der DDR), widerspiegelt. Obwohl in diesem Kapitel auch einige traditionelle Straftatbestände, z. B. für Brandstiftung, Eingang gefunden haben, kann man sagen, daß es im Kern spezifisch dem strafrechtlichen Schutz des wissenschaftlich-technischen Fortschritts — als sozialer Erscheinung, als Summe gesellschaftlicher Beziehungen — dient, so vor allem im Bereich des Katastrophen-, Gesundheits- und Arbeitsschutzes sowie des Verkehrswesens. Dabei verdeutlichen gerade die Tatbestände für kriminelle Verletzung von Bestimmungen des Gesundheits- und Arbeitsschutzes die hohe Wertschätzung des Schutzes von Leben und Gesundheit der Werktätigen im sozialistischen Staat; das StGB der BRD kennt solche Straftatbestände bezeichnenderweise nicht! Die durchaus moderne und zeitgemäße gesetzliche Gestaltung des o. g. Kapitels im Jahre 1968 schloß jedoch eine baldige Novellierung (1977), und zwar hinsichtlich des Umweltschutzes, nicht aus.

Es geht aber nicht nur um eine Erweiterung des Objektbereichs des Strafrechts und damit seines Regelungsgegenstandes. Vielmehr entsteht auch eine relativ neuartige Fragestellung hinsichtlich des strafrechtlichen Regelungsobjekts bzw. der Regelungsbedürftigkeit. Ausgangspunkt sind nicht mehr schlechthin Wert und Schutzbedürftigkeit gesellschaftlicher Verhältnisse vor (böswilligen) Angriffen und Störungen von außen, sondern zunehmend die Gewährleistung eines ordnungsgemäßen, störungs- und schädigungsfreien Ablaufs bestimmter Produktionsprozesse, störungsfreie Verwirklichung bestimmter Produktionsverhältnisse durch verantwortungsbewußte Erfüllung von als Rechtspflichten formulierten objektiven Erfordernissen durch die beteiligten Subjekte. Die Beherrschung moderner Technik — als soziales und ethisches Problem — erheischt eine spezifische Aufmerksamkeit des strafrechtlichen Gesetzgebers wie auch des Richters. Das objektive gesellschaftliche Erfordernis, Wissenschaft und Technik zum höchstmöglichen Wohle der Menschheit zu entwickeln und zu nutzen — für dessen Realisierung die sozialistische Gesellschaft beste Voraussetzungen besitzt —, muß als kollektive und individuelle Verantwortung erfaßt und möglichst in entsprechende — ganz konkrete — Rechtspflichten umgesetzt werden. Der objektive Rang solcher Rechtspflichten kann bei der immensen Größe von Gefahren für die Menschen, die aus der Nichtbeherrschung moderner Technik erwachsen können, die Notwendigkeit mit sich bringen, strengste Maßstäbe an eine peinlich exakte Erfüllung derartiger Rechtspflichten anzulegen, ihre Verletzung mit Sanktionen — erforderlichenfalls selbst mit strafrechtlichen Sanktionen — zu belegen. Das ist ein wesentlicher Faktor für die wachsende Rolle der spezifischen Disziplinierungs- und Erziehungsfunktion des sozialistischen Strafrechts, die auf die Erhöhung und Festigung des Verantwortungsbewußtseins jedes Bürgers gerichtet ist. Hier unterstützt das Strafrecht das regelmäßig vorhandene positive Bestreben um Realisierung der normalen Produktions- und Verkehrsverhältnisse dadurch, daß die Rechtssubjekte auch mit strafrechtlichen Mitteln verbindlich und nachhaltig angehalten werden, das objektiv Notwendige unbedingt zu tun, zu beachten und einzuhalten.

Das gilt auch für die strafrechtliche Regelung des Umweltschutzes. Strafrechtliches Schutz- und Regelungsobjekt sind nicht Boden, Wasser, Luft schlechthin, sondern direkt bestimmte gesellschaftswidrige oder -gefährliche Handlungen wie ihre Verunreinigung (vgl. § 191a StGB) bzw. mittelbar die gefahrlose Nutzung dieser natürlichen Produktionsbedingungen durch den Menschen. Wir erkennen also, welchen gravierenden Einfluß die wissenschaftlich-technische Revolution auf Inhalt und Umfang des strafrechtlichen Regelungsobjekts hat, welche neuen — als rechtspolitische Forderungen formulierten — objektiven Regelungserfordernisse auf den Gesetzgeber zukommen.

Allerdings soll damit keiner „Inflation" von Strafrechtsnormen, auch nicht von Fahrlässigkeitstatbeständen, das Wort geredet werden. In erster Linie ist durch sicherheitsgerechte, gefahrlose Technik und entsprechend umsichtigen Einsatz der Schutz tangierter gesellschaftlicher Verhältnisse und Interessen zu gewährleisten. Es sollte jedoch die Möglichkeit einer bestimmten Erweiterung des strafrechtlichen Regelungsobjekts nicht als von vornherein ausgeschlossen angesehen werden.

Der strafrechtliche Schutz der Gesellschaft vor verantwortungsloser Nichtbeherrschung moderner Technik ist unter strikter Beachtung des das sozialistische Strafrecht kennzeichnenden Verschuldensprinzips, zu gewährleisten. Daraus ergeben sich spezifische

Probleme, die auch auf die Gestaltung der gesetzlichen Regelung Einfluß haben. So entfernt sich der Kreis der u. U. strafrechtlich Verantwortlichen, der strafrechtlichen Subjekte zusehends vom „Ort des Geschehens", des Schadenseintritts; Projektanten, Konstrukteure, Oberaufseher, Kontrolleure und andere Verantwortliche können erfaßt werden. Relevant als Handlung wird besonders das pflichtwidrige Unterlassen, die verantwortungslose Unaufmerksamkeit, Sorg- und Achtlosigkeit bzw. Gleichgültigkeit, wobei dieses vielfach erst im Zusammenwirken mehrerer objektiver und subjektiver Umstände den strafrechtlich entsprechenden „Erfolg" hervorbringt. Als außerordentlich kompliziert erweist sich zusehends die ex post factum vorzunehmende Beurteilung der Voraussehbarkeit von Gefahren oder schädlichen Folgen durch den Verantwortlichen ante factum, zumal hier oft nicht leicht einzuschätzende Fragen der Überschaubarkeit vorhandener oder zugänglicher Erkenntnisse und Erfahrungen, von Zufälligkeiten, Unwägbarkeiten und Wahrscheinlichkeiten — nicht zuletzt auch Risikoprobleme — eine Rolle spielen.[13]

In jedem Fall werden außerordentlich hohe Anforderungen an Millionen von Bürgern gestellt, die zur Beherrschung bestimmter technischer Teilprozesse berufen sind. Und die adäquaten Relationen zwischen gesellschaftlichen Schutzinteressen und Übertragung von Verantwortung auf den einzelnen werden noch zu definieren sein.

Weiterhin sind die relevanten strafrechtlichen Schutzes bedürftigen gesellschaftlichen Verhältnisse nicht für sich und statisch, sondern in ihrer Dynamik, Entwicklung und Veränderung konkret-historisch zu betrachten. Die nominell gleichlautende Bezeichnung verbirgt nicht nur — wie oben hingewiesen — diametral klassenmäßig entgegengesetzte soziale Inhalte und Interessen, folglich Regelungsbedürftigkeiten und gesetzgeberische Motive, sondern auch sich qualitativ entwickelnde Inhalte. Beispielsweise hat sich die Klassengrundlage des Staates der Diktatur des Proletariats im Vergleich zum Jahre 1949 nicht nur verbreitert, sondern auch qualitativ eine weitaus höhere Stufe erlangt. Ähnlich entwickelten und veränderten sich das Volkseigentum, die Volkswirtschaft (sozialistische Planwirtschaft) oder die Landesverteidigung als strafrechtlichen Schutzes bedürftige Verhältnisse qualitativ wie quantitativ enorm. Auch die soziale Qualität des Bürgers der sozialistischen Gesellschaft und seiner Lebensweise hat sich in klassenmäßiger, moralischer, ideologischer Hinsicht, in der Ausprägung sozialistischer Persönlichkeiten gravierend verändert und so auch die relevanten strafrechtlichen Regelungsobjekte. Aus solchen inhaltlichen Veränderungen können auch Modifikationen in der Schwerpunktsetzung resultieren. So wäre es berechtigt, heute auf Grund der gesellschaftlichen Entwicklung die Bedeutung des strafrechtlichen Schutzes der Persönlichkeit, der Achtung und der Würde des Menschen weit höher einzuordnen bzw. stärker zu betonen als vor etwa 30 Jahren, z. B. den strafrechtlichen Schutz von Leben und Gesundheit stärker auch in ihrem Zusammenhang und ihrer Bedeutung für die sozialen Beziehungen, für die Entfaltung der (sozialistischen) Persönlichkeit, der sozialistischen Lebensweise zu sehen.

Hier kann kein historischer Rückblick auf die Entwicklung der strafrechtlich schutzbedürftigen gesellschaftlichen Verhältnisse in den vergangenen mehr als drei Jahrzehnten vermittelt werden. Es erscheint aber nicht uninteressant, auf einige sehr spezifische, historisch einmalige und einzigartige Phänomene des strafrechtlichen Regelungsobjekts aufmerksam zu machen, die die erste Zeit nach der Befreiung vom Hitlerfaschismus betreffen.

Einerseits entfielen im Ergebnis der totalen Niederwerfung der Hitlerschen Herrschaftsmaschinerie durch die Armeen der Alliierten, vornehmlich der Sowjetarmee, tatsächlich und objektiv die spezifisch faschistischen Verhältnisse auch als Regelungsobjekte der Strafgesetzgebung, was im Wege alliierter Gesetzgebung (Kontrollratsgesetze) juristisch realisiert bzw. widergespiegelt wurde. Mit dem Sturz der faschistischen Machthaber verloren diese die Möglichkeit, ihrer Herrschaft dienliche volksfeindliche, gewaltsam errichtete Diktaturverhältnisse strafrechtlich abzusichern, willkürlich zu strafrechtlichen Schutzobjekten zu machen. Der alliierte Gesetzgeber trug dieser Tatsache alsbald durch Außerkraftsetzung der faschistischen Strafgesetzgebung Rechnung.[14] Teilweise stellte er die vorfaschistische Rechtsordnung wieder her. Gleichzeitig wurde positiv der strafrechtliche Schutz der — vordem im Völkerrecht umrissenen — elementaren objektiven Menschheitsinteressen formuliert und juristisch ausgearbeitet, und zwar in Gestalt des Schutzes des Friedens und der Menschlichkeit als den fundamentalen Lebensgrundlagen und -verhältnissen der Menschheit überhaupt und zugleich als deren oberste Grundrechte. So ermöglichte der Sieg über den Hitlerfaschismus, elementare Gesellschaftsverhältnisse, allgemein anerkannte Werte und Interessen der Menschheit in spezifischer Weise auch strafrechtlich zu regeln und damit wirksamer zu schützen.[15] Und schließlich konnte — namentlich im Osten Deutschlands — die neue antifaschistische, revolutionär-demokratische Macht, d. h. auch ihre Legislative mit Unterstützung der sowjetischen Besatzungsmacht den neuen gesellschaftlichen Verhältnissen strafrechtlichen Schutz angedeihen lassen. Das betraf insbesondere den Schutz der elementarsten Lebensinteressen des Volkes, seiner materiellen Versorgung mit dem Notwendigsten (namentlich im Kampf gegen Schieber und Spekulanten), den Schutz vor (neo)faschistischen Umtrieben bzw. vor Fortsetzung faschistischer Aktivitäten gegen die sich neu formierenden demokratischen Kräfte und Verhältnisse.[16] Das betraf bereits wenig später den strafrechtlichen Schutz von Elementen der neuen ökonomischen Basis, insbesondere des Volkseigentums und der Planwirtschaft (vgl. insbesondere die Wirtschaftsstrafverordnung) und nach der Errichtung der Diktatur des Proletariats und dem Übergang zur sozialistischen Revolution auch den direkten strafrechtlichen Schutz der sozialistischen Staatsmacht[17] und des sozialistischen Eigentums.[18] Gerade diese dynamische, offen sichtbare revolutionäre Periode zeigt sehr augenfällig die Veränderungen im strafrechtlichen Regelungsobjekt und -gegenstand.

In der Folgezeit dominierte die planmäßige Entwicklung und Vervollkommnung der hier als strafrechtliche Schutzobjekte interessierenden gesellschaftlichen Verhältnisse, deren System sich in den 50er Jahren im wesentlichen herausgebildet hatte. Diese Tatsache ermöglichte (und erforderte) darum auch, an die große strafrechtliche Kodifizierungsarbeit heranzugehen, eine Aufgabe, die insbesondere der V. Parteitag mit entsprechenden Rechtsforderungen zum Beschluß erhoben hatte.

Während die strafrechtlich zu schützenden gesellschaftlichen Verhältnisse als strafrechtliches Regelungsobjekt behandelt wurden, betrachten wir das Kriminalitätsgeschehen selbst, seine Entstehung und Entstehungsbedingungen, seine Dynamik, Struktur und Verteilung, sein Erscheinungsbild nicht als Objekt strafgesetzlicher Regelung. Die Kriminalität wird bekämpft, auf bestimmte Kriminalitätserscheinungen wird strafgesetzgeberisch reagiert, und einzelne Straftäter werden wegen konkreter Straftaten strafrechtlich zur Verantwortung gezogen. Aber das relativ massenhaft auftretende soziale Gesamtphänomen „Kriminalität" unterliegt keiner strafrechtlichen Regelung. Wohl aber ist eine Analyse dieser Erscheinung eine notwendige Voraussetzung guter Strafgesetzgebung und das gesellschaftliche Anliegen der Einschränkung oder Zurückdrängung der Kriminalität Ziel strafgesetzgeberischer wie strafrechtsanwendender praktischer Tätigkeit. Unter diesem Gesichtspunkt ergibt sich eine Reihe von komplizierten, teilweise recht aktuellen Problemen der Gesetzgebung, die eine umfassende und weitsichtige Behandlung verdienen.

Um praktische Fragen der Strafgesetzgebung theoretisch zu beantworten, reicht es nicht aus, die gesellschaftlichen Verhältnisse, Interessen und Werte, die eines rechtlichen Schutzes bedürfen, zu erfassen. Der Hinweis auf schutzbedürftige gesellschaftliche Verhältnisse beantwortet noch nicht ihre strafrechtliche Regelungsbedürftigkeit und -notwendigkeit. Es bedarf also weiterer — einengender, präzisierender — Untersuchungen und Betrachtungen, um die Frage zu beantworten, ob und wann strafrechtlicher Schutz einsetzen soll und muß. Diese Frage läßt sich nicht ausschließlich aus der Bedeutung und Wertigkeit der betreffenden gesellschaftlichen Verhältnisse und Interessen abschließend beantworten.

Gewiß erscheint die Notwendigkeit strafrechtlichen Schutzes der Arbeiter-und-Bauern-Macht, des Volkseigentums, des Lebens und der Gesundheit der Bürger so eminent wichtig, daß niemand Einwände erheben würde, diese strafrechtlich zu schützen. Aber bereits die Frage nach dem „Wovor soll das Strafrecht diese Verhältnisse schützen?" zwingt zur Präzisierung. Bekanntlich kann sowohl das Leben eines Menschen als auch die Arbeiter-und-Bauern-Macht durch vielfältige andere Störungen, Angriffe oder Gefährdungen betroffen werden als durch kriminelle Handlungen; bestimmte unökonomische Verhaltensweisen im Wirtschaftsleben, die keine Straftaten sind, könn·n enorme Schäden für die Volkswirtschaft, für das Volkseigentum und für die Arbeiter-und-Bauern-Macht mit sich bringen. Die Frage, „wovor" bestimmte gesellschaftliche Verhältnisse, Interessen und Werte „strafrechtlich zu schützen sind", kann nur befriedigend beantwortet werden, wenn bedacht wird, daß das Strafrecht wirksam nur eingesetzt werden kann zum Schutze der Gesellschaft gegenüber solchen Erscheinungen, die strafrechtlicher Regelung und Bekämpfung zugänglich sind, d. h. gegenüber (gesellschaftswidrigen bzw. gesellschaftsgefährlichen) Taten, für die der Urheber (Subjekt) persönlich strafrechtlich verantwortlich ist bzw. gemacht werden kann. Auch hierbei handelt es sich um objektive Größen und Erfordernisse, denen Rechnung zu tragen ist, und nicht um subjektive Intentionen. Im Kern geht es dabei um die Frage nach der objektiven Natur der Straftat, nach ihren objektiv konstitutiven Elementen.

Es sind also außer der Hervorhebung dringender Schutzbedürftigkeit bestimmter gesellschaftlicher Verhältnisse, Interessen und Werte weitere Gesichtspunkte strafrechtlicher Regelungsbedürftigkeit, -möglichkeit und -notwendigkeit heranzuziehen, die sowohl die Eigenschaften relevanter (strafbarer) Handlungen betreffen, als auch die objektive
Dazu gehören u. E. mindestens noch folgende:
Zulässigkeit und Geeignetheit der dagegen einzusetzenden strafrechtlichen Mittel.

— Es muß sich um objektiv gesellschaftswidrige bzw. gesellschaftsgefährliche Individualhandlungen einzelner Personen oder Gruppen von Individuen handeln.

— Die Gesellschaftswidrigkeit muß ein bestimmtes minimales soziales Gewicht haben, dessen Grenze sich mit den gesellschaftlichen, namentlich mit den ökonomischen Veränderungen verschiebt. Aber auch die Häufigkeit des Auftretens bestimmter deliktischer Erscheinungen hat Einfluß auf die Gesellschaftswidrigkeit der einzelnen Tat. Es sind also Wechselbeziehungen zwischen der Schwere der einzelnen Tat und der Häufigkeit des Vorkommens zu beachten.

— Die kriminelle Individualhandlung muß — auch aus Gründen der Gesetzlichkeit und Beweisbarkeit — äußerlich faßbar und objektivierbar sein. Weder abenteuerliche

Wahnvorstellungen noch diffuse allgemeine soziale Bewegungen oder Stimmungen oder organisierte militärische Aggressionen in toto[19] wären strafrechtlich faßbar, strafrechtlicher Regelungen zugänglich.

— Es muß auf Grund der personalen Voraussetzungen des kriminell Handelnden und der allgemeinen Erkennbarkeit des rechtswidrigen kriminellen Gehalts seiner Handlung eine persönliche (strafrechtliche) Verantwortlichkeit begründbar sein.[20]

— Von den gegebenen gesellschaftlichen, insbesondere von den politischen Bedingungen her muß das Strafrecht ein gesellschaftspolitisch geeignetes verträgliches Mittel sein; insbesondere muß die Kriminalisierung bestimmter Verhaltensweisen sich auf die Billigung und Unterstützung durch die überwiegende Mehrheit des Volkes stützen können.

— Die strafrechtlichen Mittel müssen von ihrer Spezifik, insbesondere von ihrer spezifischen Wirkungsweise (auch von der Wirkungsweise der einzelnen Arten) her, für die Bekämpfung der betreffenden sozialen Erscheinungen geeignet sein. Dies berührt namentlich das Problem der Abgrenzung und der Wechselbeziehung zu medizinischen, sozialpädagogischen, sozialtherapeutischen und ähnlichen Maßnahmen sowie das Problem der Reichweite (Möglichkeiten) und der Grenzen strafrechtlicher Maßnahmen überhaupt (z. B. bei Personen mit psychischen Anomalien, mit schwerwiegend asozialer Lebensweise, z. B. bei erheblich sozial fehlentwickelten oder schwer erziehbaren Jugendlichen).

Strafrechtliche Mittel können nur im Rahmen der persönlichen strafrechtlichen Verantwortlichkeit eingesetzt sein und effektiv werden. Von ihnen sind weder medizinische Heilerfolge noch sozialpädagogische Korrekturen von Persönlichkeitsdeformationen zu erwarten. Da aber vielfach Straftaten im Zusammenhang mit psychischen Anomalien, mit sozialer Fehlentwicklung oder asozialer Lebensweise zustande kommen, ist es notwendig, in solchen Fällen strafrechtliche und medizinische, psychologische bzw. sozialpädagogische oder sozialtherapeutische Maßnahmen in sinnvoller Kombination vorzusehen bzw. anzuwenden, ohne daß letztere, auch wenn sie in einem strafgesetzgeberischen Akt geregelt werden, strafrechtlichen Charakter annehmen.

Es wird erkennbar, wie stark das strafrechtliche Regelungsobjekt von vielen politischen und sozialen Komponenten abhängt und sich — namentlich in einer so bewegten Zeit wie der unseren, einer Zeit zugespitzter Auseinandersetzung zwischen Sozialismus und Imperialismus, zwischen Krieg und Frieden — ständig und keineswegs nur linear kontinuierlich verändert. Es wird auch erkennbar, daß diese Veränderungen nur zu einem Teil aus inneren Entwicklungen der DDR resultieren. Es sind vielfältige internationale Verflechtungen und Auseinandersetzungen, das Aufeinandereinwirken der beiden sozialen und politischen Systeme zu berücksichtigen, die sich auch in stets neuen Formen krimineller Feindtätigkeit und anderen organisierten kriminellen Aktionen gegen die gesellschaftlichen Verhältnisse in der DDR äußern, denen unsere Strafgesetzgebung in z. T. recht rascher Folge Rechnung zu tragen hat.

Vorstehende Überlegungen machen zugleich auch auf zwei einander entgegengesetzte und sich zugleich verschmelzende Tendenzen der Strafgesetzgebung aufmerksam. Es handelt sich einmal um die — wie uns scheint — grundlegende und *Haupttendenz* einer schrittweisen Einengung des strafrechtlichen Regelungsbereichs, zum anderen aber auch um die Möglichkeit einer Erweiterung. Die Einengung des strafrechtlichen Regelungsbereichs betrifft nicht in erster Linie den Fall, daß bestimmte gesellschaftliche Verhältnisse gänzlich dem strafrechtlichen Scholtz entzogen würden, wohl aber, daß das strafrechtlich relevante Gebiet eingeengt wird. Was die Einengung des strafrechtlichen Regelungsbereichs betrifft (in einigen Ländern als Dekriminalisierung bezeichnet), so hat die DDR in dieser Hinsicht schon seit langem, vor allem im Zusammenhang mit der Kodifizierung von 1968, große Fortschritte erzielt. Dabei wurden zum einen bestimmte begrenzte Bereiche gesellschaftlicher Verhältnisse überhaupt der strafrechtlichen Regelung entzogen. Zum anderen wurden einige weniger schwere Rechtsverletzungen in außerstrafrechtliche Bereiche verwiesen, z. B. durch Verlagerung in andere Gebiete rechtlicher Verantwortlichkeit.

Dieser Prozeß hängt von der Gesamtentwicklung der Gesellschaft ab, aber auch davon, inwieweit andere Rechtszweige einen wirksamen Schutz zu gewährleisten vermögen. Dies entspricht u. E. dem Gedanken Lenins von der Ökonomie des Zwanges, d. h., auf strafrechtliche Mittel dann und dort zu verzichten, wo andere rechtliche Regelungen diese Schutzfunktion hinreichend (oder besser) erfüllen. Dabei kann man nicht umhin, den teilweise zu sehr zurückhaltenden Einsatz anderer rechtlicher Mittel bzw. Verantwortlichkeitsformen kritisch zu betrachten und sich auch gegen solche mitunter anzutreffenden landläufigen Auffassungen zu wenden, die die Durchsetzung sozialistischer Gesetzlichkeit vor allem durch das Strafrecht gesichert sehen möchten. Im übrigen kann das Niveau der Wirksamkeit der strafrechtlichen Sanktion und Verantwortlichkeit nicht losgelöst von dem Wirken, dem Einsatz und der Effektivität aller rechtlichen Sanktionen und Verantwortlichkeitsformen gesehen werden, ja Wirksamkeit und Durchschlagskraft des sozialistischen Strafrechts hängen ganz entscheidend von der konsequenten Bekämpfung von Rechtsverletzungen im Vorfeld des Strafrechts ab. Eben deshalb ist die breite Durchsetzung von Gesetzlichkeit, Ordnung und Sicherheit so wichtig, was auch für die Frage des strafrechtlichen Regelungsobjekts bedeutsam ist.

Zugleich entsteht in diesem Zusammenhang die Frage nach der Entwicklung, den Wechselbeziehungen und der Abgrenzung zu anderen strafrechtsähnlichen Sanktionsrechten, wie etwa dem Recht hinsichtlich der Ahndung von Ordnungswidrigkeiten und Verfehlungen, dem Disziplinarrecht usw.; eine Problematik, die die Entwicklung des Systems der sozialistischen Rechtsordnung, des Systems der Rechtszweige und damit natürlich vor allem ihre Bestimmungskriterien betrifft.

Da diese anderen Sanktionsrechte vielfach gleiche Gruppen von gesellschaftlichen Verhältnissen zu schützen haben wie das Strafrecht und dabei auch die Methode der Begründung, Feststellung und Realisierung persönlicher rechtlicher Verantwortlichkeit anwenden, geht es — außer rechtspolitischen Überlegungen — vor allem um die Frage der quantitativ-qualitativen Abgrenzung: welche Rechtsverletzungen sollen strafrechtlich und welche disziplinar-ordnungsstrafrechtlich geahndet werden. Anders gesagt: In welchen Fällen soll der rechtliche Schutz bestimmter gesellschaftlicher Verhältnisse mit strafrechtlichen und in welchen Fällen mit disziplinarischen, ordnungsstrafrechtlichen oder ähnlichen Mitteln erfolgen, also dem Gegenstand des Strafrechts oder dem eines anderen Rechtszweiges zugeordnet werden. Natürlich handelt es sich nicht um eine subjektiv-voluntaristische freie Zuordnung, sondern um das Aufspüren objektiver Zusammenhänge und qualitativer Unterschiede: welche gesellschaftlichen Verhältnisse erfordern eine strafrechtliche Regelung und welche nicht.

Rechtstheoretisch wird damit nach Unterschieden und Wechselbeziehungen zwischen Regelungsobjekt und Regelungsgegenstand gefragt. Es scheint, auch wenn man die Entwicklung in anderen sozialistischen, aber auch in kapitalistischen Ländern verfolgt — wenngleich aus unterschiedlicher gesetzgeberischer Motivation —, daß dieses Problem an Bedeutung gewinnt und wohl letztlich auch in die Frage nach der Perspektive des Strafrechts einmündet: Soll in der weiteren Perspektive der strafrechtlich geregelte Kreis gesellschaftlicher Verhältnisse weiter eingeschränkt und dafür der Bereich der nichtstrafrechtlichen Verantwortlichkeit und Sanktionen ausgebaut und ggf. in sich stärker vereinheitlicht werden? Wären zu diesem Zweck die Befugnisse zur Anwendung nichtstrafrechtlicher Sanktionen zu erweitern und auch die hier zulässigen Sanktionen zu verstärken? Welche Rechtsformen und auch welche staatlich-gesellschaftlichen Institutionen wären dann wie zu entwickeln — bis hin zu verfahrensrechtlichen Fragen —, um Gesetzlichkeit, Objektivität, Überprüfbarkeit und auch subjektive Rechte der betroffenen bzw. beteiligten Bürger zu gewährleisten? Oder soll das Prinzip der Ökonomie des Zwanges nach Maßgabe der gesellschaftlichen Entwicklung und der Bedingungen der Klassenauseinandersetzung vornehmlich durch weitere Differenzierung der strafrechtlichen Verantwortlichkeit und der strafrechtlichen Maßnahmen verwirklicht werden? Geht es also — perspektivisch — um den Ausbau des Systems von Strafen oder anderen Maßnahmen der strafrechtlichen Verantwortlichkeit ohne Freiheitsentzug, dessen weitere Ausgestaltung sowie um die Prüfung der Möglichkeit, die Verwirklichung von Strafen mit und ohne Freiheitsentzug anzunähern?

Um hierbei voluntaristische wie vordergründig-pragmatische Antworten und Lösungen zu vermeiden, bedarf es gründlicherer Analysen sowohl der sozialen Rolle und des Wirkungsmechanismus des Strafrechts, einschließlich der außerrechtlichen Faktoren, als auch der Spezifik seines Regelungsobjektes.

In diesem Zusammenhang ist auf eine auch rechtstheoretisch interessante Besonderheit strafrechtlicher Regelung in der DDR zu verweisen, nämlich die der Übergabe bestimmter nicht erheblich gesellschaftswidriger Strafsachen an gesellschaftliche Gerichte. Bekanntlich wird dies in Theorie und Gesetzgebungskonzeption der DDR als Form, als Fall der Verwirklichung der strafrechtlichen Verantwortlichkeit mit all den sich daraus ergebenden Konsequenzen aufgefaßt,[21] während man in anderen sozialistischen Ländern solche Behandlung durch gesellschaftliche Organe als Form und Fall des Absehens von der Strafverfolgung bzw. der strafrechtlichen Verantwortlichkeit versteht.

Auch wenn wir davon ausgehen können, daß sich die Gesellschaftlichen Gerichte in der DDR bewährt haben und eine Ausweitung ihres strafrechtlichen Tätigkeitsfeldes wohl nicht sehr aktuell ist, bleiben — auch für weitere, künftige strafgesetzgeberische Lösungen — allgemeine und strafrechtstheoretische Fragen, die mit dem Regelungsobjekt zusammenhängen, so z. B.:

— Wonach soll die Grenze dessen gezogen werden, was an die Gesellschaftlichen Gerichte zu übergeben ist?

— Wonach soll die Grenze zum nichtstrafrechtlichen Bereich gezogen werden, den ja z. T. auch Gesellschaftliche Gerichte behandeln?

— Wie soll ein sanktioneller oder sonstiger Ausbau oder die Vervollkommnung der Tätigkeit der Gesellschaftlichen Gerichte aussehen?

— Hat das Tätigwerden gesellschaftlicher Organe innerhalb des strafrechtlichen Regelungsbereiches eine weitere Perspektive?

Im Strafrecht der DDR ist auch die andere o. g. Tendenz zu erkennen: die der relativen *Erweiterung* des strafrechtlichen Regelungsobjekts. Dies betrifft sowohl das Neuerfassen bestimmter gesellschaftlicher Verhältnisse, wie z. B. des Umweltschutzes, der internationalen Beziehungen (auch z. B. des Schutzes des internationalen Flugverkehrs vor gefährlicher und krimineller Flugzeugentführung) u. ä., als auch das Erfassen neuer krimineller Erscheinungen, die sich in modifizierter Form gegen bereits unter strafrechtlichem Schutz stehende Verhältnisse richten (vgl. die Strafgesetzgebung der 70er Jahre).

Überhaupt ist es erforderlich, das strafrechtliche Regelungsobjekt nicht nur innerstaatlich, national zu fassen. Obzwar Gesetzgebungsbefugnis nur staatlich-landesrechtlich besteht — völkerrechtliche bzw. zwischenstaatliche Rechtsnormen werden ja per Vereinbarung und nicht per legislationem geschaffen —, muß jeder (nationale) Gesetzgeber auch über die Staatsgrenzen hinwegreichende, strafrechtlich relevante Beziehungen und Regelungsobjekte berücksichtigen. Dieses Problem erscheint im Strafrecht traditionell als Frage des räumlichen Geltungsbereichs. Im Zuge der wachsenden internationalen Beziehungen wird es jedoch weit breiter und zunehmend bedeutsam für das sozialistische Strafrecht — auch als Erfordernis der Beachtung des sozialistischen Internationalismus und der Annäherung auch der rechtlichen Regelungen der sozialistischen Staatengemeinschaft.[22]

Das Strafrecht dient dem Schutz — sowie der Festigung und Entwicklung — der zu schützenden gesellschaftlichen Verhältnisse nicht nur durch Strafdrohung und Anwendung von Strafzwang, sondern wesentlich auch durch Bewußtmachen der Schutzbedürftigkeit und damit des sozialen Wertes dieser Verhältnisse. Darin spiegelt sich die ideologische wie auch handlungsstimulierende Funktion des sozialistischen Strafrechts wider. Indem gesellschaftswidrige bzw. -gefährliche Handlungen als strafrechtswidrige und damit (bei Strafandrohung) zu unterlassende Handlungen qualifiziert und bewertet werden, lenkt das sozialistische Strafrecht die Aktivität der Bürger in gesellschaftlich nützliche Richtung.

Aber nicht nur schlechthin in der Anerkennung des Rechtmäßigen bzw. der Bezeichnung des Rechtswidrigen besteht die ideologische und handlungsorientierende Funktion des Strafrechts. Eine bemerkenswerte Besonderheit des Strafrechts besteht in der Entwicklung, Nutzung und Anwendung eines ausgeprägten spezifischen Instrumentariums zur differenzierten Bewertung der kriminellen Aktivitäten, die die zu schützenden gesellschaftlichen Verhältnisse in unterschiedlichem Maße, in sehr unterschiedlicher Intensität angreifen bzw. gefährden. Dessen Ausdrucksform — rechtszweigspezifische Sprache — sind die differenzierten Strafdrohungen, ihre gesetzliche Differenzierung und die gerichtliche Differenzierung und Individualisierung der strafrechtlichen Maßnahmen in Gestalt der konkreten Strafzumessung.

Dieses Herangehen, generell ein wichtiges Prinzip der Strafgesetzgebung und Strafrechtsanwendungspraxis, vermittelt eine differenzierende und differenzierte Wertigkeit bestimmter gesellschaftlicher Verhältnisse wie auch der Gefährlichkeit bestimmter krimineller Anschläge (was sich ja wechselseitig bedingt). Insoweit erfüllt das Strafrecht eine beachtliche politisch-ideologische Erziehungs- und Orientierungsfunktion.

Die richtige Differenzierung ist ein überaus wichtiges, aber auch sehr kompliziertes Problem der strafgesetzlichen Regelung. Die Lösung dieses Problems verlangt nicht nur eine spezifische Kooperation mit der Philosophie, Soziologie, Ethik und Axiologie bzw. eine Nutzung ihrer wissenschaftlichen Ergebnisse, sondern auch eine sehr konkrete praktisch-politische Einschätzung vielfältiger sozialer Komponenten wie auch die Berücksichtigung konkreter praktischer Erfahrungen der Kriminalitätsbekämpfung.

Schließlich ist noch auf eine weitere Besonderheit des Objekts strafrechtlicher Regelung aufmerksam zu machen. Da die Anwendung des Strafrechts ausschließlich durch das Tätigwerden staatlicher Organe (teilweise im Zusammenwirken mit gesellschaftlichen

Kräften und Organen) erfolgt — die Begehung von Straftaten durch ein individuelles Rechtssubjekt ist ja weder als Rechtsanwendung noch als Rechtsverwirklichung anzusehen und doch wohl auch nicht das Nichtstraffälligwerden der übergroßen Mehrzahl der Bürger —, ist eben auch die Tätigkeit dieser staatlichen Organe notwendiges strafrechtliches Regelungsobjekt, was dann im einzelnen z. T. auch in spezielleren Rechtszweigen, wie dem Strafverfahrensrecht oder dem Strafvollzugsrecht, geregelt wird. Dieser Umstand bringt das Strafrecht in eine besondere Nähe zum Staatsrecht; bestimmte strafrechtliche Fragen finden selbst in der Verfassung ihren Platz. Grundsätze der staatsrechtlichen Regelung und Fragen des staatsrechtlichen Regelungsobjekts werden so auch im spezifischen strafrechtlichen Bereich relevant.

Hierbei geht es vor allem um die Regelung von Beziehungen zwischen Staat (bzw. spezifischen staatlichen Organen) und Bürgern, also typisch staatsrechtliche Probleme und Aufgaben. Das Strafrechtsverhältnis selbst betrifft solche Beziehungen. Namentlich um ein *Grundanliegen* im Sozialismus, entsprechend der Hauptentwicklungsrichtung sozialistischer Staatlichkeit die weitere *Entfaltung und Vervollkommnung der sozialistischen Demokratie* zu verwirklichen, kommt es darauf an, auch und gerade im Zusammenhang mit der Verwirklichung der Strafrechtsverhältnisse, der Durchsetzung der persönlichen strafrechtlichen Verantwortlichkeit, die Beziehungen Staat — Bürger immer enger und vertrauensvoller zu gestalten, die Teilnahme der Bürger an der staatlichen Leitung weiter zu verstärken und das gesellschaftliche, staatsbürgerliche Verantwortungsbewußtsein weiter zu erhöhen. Besonders aktuell ist die Verantwortung jedes Bürgers, die Gesetze einzuhalten, aber auch für die Verhinderung von Rechtsverletzungen mit zu sorgen und die Erziehung von Rechtsverletzern (vgl. Art. 90 der Verf.) zu unterstützen.

Deshalb gewinnt die (strafrechtliche) Regelung der differenzierten Demokratie-, Mitwirkungs- und Kooperationsbeziehungen bei der Vorbeugung und Bekämpfung von Straftaten, bei der Durchsetzung der sozialistischen Gesetzlichkeit wachsende Bedeutung. Dabei dürfen die spezifisch strafrechtlichen Regelungen weder gesellschaftlichen Entwicklungen vorauseilen, noch darf die Notwendigkeit eines zuverlässigen und wirksamen Zurückweisens von u. U. äußerst gefährlichen Anschlägen durch die mit besonderen Vollmachten sowie materiell-technischen Mitteln ausgestatteten staatlichen Organe vernachlässigt werden. In diesen Zusammenhang gehört auch die — gleichfalls ausgeprägt staatsrechtlichen Charakter tragende — Regelung des arbeitsteiligen eigenverantwortlichen Zusammenwirkens der verschiedenen Justiz- und Sicherheitsorgane bei der Verwirklichung der Strafrechtsverhältnisse, bei der Durchsetzung der persönlichen strafrechtlichen Verantwortlichkeit, die gleichfalls eine spezifische Verknüpfung straf- und staatsrechtlicher Fragen betrifft.

7. Der Einfluß der sozialistischen ökonomischen Integration auf das rechtliche Regelungsobjekt

Unter rechtlichem Regelungsobjekt wird, wie bereits an anderer Stelle dargelegt, die Gesamtheit der materiellen gesellschaftlichen Verhältnisse verstanden, denen die Eigenschaft der rechtlichen Regelungsnotwendigkeit zukommt. Diese Regelungsnotwendigkeit ist eine objektive Eigenschaft gesellschaftlicher Verhältnisse und determiniert letztlich die Rechtsetzung quantitativ (in ihrem Ausmaß, ihrer Fläche) wie qualitativ (in ihrem Inhalt). Ein direkter zwangsläufiger Zusammenhang zwischen den objektiven Verhältnissen der Basis und einzelnen Formen des juristischen Überbaus besteht indes nicht.[1] Aus der Existenz bestimmter gesellschaftlicher Verhältnisse folgt deshalb auch nicht direkt der konkrete Inhalt ihrer rechtlichen Regelung, daraus folgt nicht einmal unbedingt — und das interessiert in unserem Zusammenhang —, welche konkreten Beziehungen der einzelnen gesellschaftlichen Verhältnisse rechtlich geregelt werden müssen.

Objektiv determiniert ist, daß die ökonomischen Verhältnisse einer bestimmten Gesellschaftsformation rechtlich zu regeln sind. Die Erfordernisse der Basis sind auch der entscheidende Maßstab, an dem gemessen wird, ob die rechtliche Regelung ihrer Fläche wie ihrem Inhalt nach genügt, sie sind jedoch nur der Maßstab, an dem letztlich gemessen wird, ob die rechtliche Regelung insgesamt und im System aller Überbauelemente diesen Anforderungen entspricht. Die Struktur dieses Systems insgesamt muß die Funktion erfüllen, die sozialistischen Produktionsverhältnisse planmäßig zu entwickeln.

Als Teil des Überbaus wirkt das Recht aktiv auf die Basis zurück. Das ist letztlich möglich auf Grund der Dialektik der Produktionsverhältnisse selbst. Sie sind einerseits notwendige Verhältnisse, die die Menschen unabhängig von ihrem Willen entsprechend der jeweiligen Entwicklungsstufe der materiellen Produktivkräfte eingehen. Sie werden andererseits durch bewußtes und gewolltes Handeln der Menschen vollzogen, das in jeder Klassengesellschaft — wenngleich in den einzelnen Gesellschaftsformationen und in deren einzelnen Entwicklungsetappen in unterschiedlichem Maße — rechtlich normiert ist. Soweit dieses Handeln rechtlich geregelt ist, sind die betreffenden Verhältnisse Rechtsverhältnisse. Unter diesem Aspekt betrachtet, sind die betreffenden gesellschaftlichen Verhältnisse Gegenstand der rechtlichen Regelung. Dieser Regelungsgegenstand erfaßt gesellschaftliche Verhältnisse bereits als rechtlich geregelte Verhältnisse. Er ist Ausdruck dessen, welche gesellschaftlichen Verhältnisse, mit welchen Methoden und welchem Grundinhalt zu einem bestimmten Zeitpunkt tatsächlich rechtlich geregelt sind.[2] Völlig zu Recht heißt es im ersten Band der marxistisch-leninistischen allgemeinen Theorie des Staates und des Rechts, daß der Regelungsgegenstand und der Inhalt der Rechtsverhältnisse, wenn nicht identische Kategorien, so doch auf jeden Fall solche gleicher Ordnung sind. Deshalb kann nach Ansicht der betreffenden Autoren „die Suche nach einem spezifischen Objekt der Rechtsverhältnisse im Sinne eines in bezug auf sie äußeren Objekts der juristischen Einwirkung wohl schwerlich erfolgversprechend sein".[3]

Damit soll nicht die Ausgangsthese in Zweifel gezogen werden, daß ein Regelungsobjekt im Sinne objektiver und realer gesellschaftlicher Verhältnisse existiert; es soll soll jedoch hervorgehoben werden, daß es als objektiver gesetzmäßiger Zusammenhang in der Summe konkreter Willensverhältnisse existiert. Da diese Willensverhältnisse — — zumindest in der entwickelten sozialistischen Gesellschaft — weitgehend rechtlich geregelt sind, äußert sich der objektive gesetzmäßige Zusammenhang in entsprechenden Rechtsverhältnissen.

Rechtliches Regelungsobjekt, rechtlicher Regelungsgegenstand und Inhalt der Rechtsverhältnisse scheinen auf den ersten Blick identisch zu sein. Tatsächlich ist dies nicht der Fall, weil um die Übereinstimmung zwischen den objektiven Erfordernissen und dem Inhalt der Rechtsverhältnisse ständig gerungen werden muß, weil sich die Schere zwischen ihnen auf Grund der Dynamik der Entwicklung immer wieder öffnet. Rechtliche Regelung erfolgt jedoch im Prinzip nicht in einem rechtsfreien Raum, sondern hat immer bereits modellierte Rechtsverhältnisse zu berücksichtigen. Die gesetzgeberische Entscheidung hat deshalb — wie gleichfalls bereits von F. Engels hervorgehoben wurde —[4] die objektiven ökonomischen Verhältnisse widerzuspiegeln und zugleich die innere Widerspruchslosigkeit im Rechtssystem zu gewährleisten. Das hat gewisse Konsequenzen auch bezüglich des Regelungsobjekts und des Regelungsgegenstandes.

Notwendigkeit und Möglichkeit rechtlicher Regelung bestehen schließlich nur in Abhängigkeit von der Leistungsfähigkeit des Rechts. So gesehen, ist die rechtliche Regelungsnotwendigkeit auch eine Relation zwischen der Regelungsbedürftigkeit entsprechender gesellschaftlicher Verhältnisse und der Regelungsfähigkeit des Rechts. Deshalb wurde auch im vorigen Abschnitt zu Recht darauf hingewiesen, daß es in bestimmter Weise auch von der Spezifik des Rechts abhängt, ob gesellschaftliche Verhältnisse rechtlich geregelt werden. Das Recht nimmt, mit anderen Worten, im System der Überbauelemente, die auf die jeweiligen Basisverhältnisse zurückwirken, den Platz ein, der ihm auf Grund seiner spezifischen Wirkungsweise zukommt. Wird mangelnde Effizienz des Systems der in gegebenem Zusammenhang maßgebenden Überbauelemente festgestellt, so steht damit zunächst nur fest, daß die Struktur dieses Systems insgesamt weiterentwickelt werden muß. Ob und inwieweit dies durch die Entwicklung ihrer juristischen Bestandteile geschehen muß, hängt davon ab, ob mittels der spezifischen Wirkungen des Rechts das ermittelte Defizit gesetzmäßig notwendiger Handlungen verringert werden kann, und das wiederum hängt wesentlich von der erreichten Entwicklungsstufe des Rechts ab.

Die *sozialistische ökonomische Integration* wird definiert als „ein von den kommunistischen und Arbeiterparteien und den Regierungen der Mitgliedsländer des RGW bewußt und planmäßig gestalteter Prozeß der internationalen sozialistischen Arbeitsteilung, der Annäherung ihrer Wirtschaften und der Herausbildung einer modernen hocheffektiven Struktur der nationalen Wirtschaften, der schrittweisen Annäherung und

Angleichung ihres ökonomischen Entwicklungsniveaus, der Herausbildung tiefgehender und stabiler Verbindungen in den Hauptzweigen der Wirtschaft, Wissenschaft und Technik, der Erweiterung und Festigung des internationalen Marktes dieser Länder sowie der Vervollkommnung der Ware-Geld-Beziehungen".[5] Die Integration ist also ein *komplexer Prozeß*, der sich hinsichtlich der Produktivkräfte, der Produktionsverhältnisse und des Überbaus vollzieht.[6]

Im Prozeß der Produktivkraftentwicklung äußert sich die Integration als zunehmende Verflechtung einzelner Volkswirtschaftskomplexe der RGW-Mitgliedsländer, in der größeren internationalen Mobilität aller Produktionsbedingungen, in der allmählichen Herausbildung internationaler Reproduktionsprozesse. Es erfolgt eine direkte Verflechtung aller Hauptsphären der einbezogenen volkswirtschaftlichen Reproduktionsprozesse. Während in den frühen Etappen sozialistischer internationaler ökonomischer Zusammenarbeit die Arbeitsteilung zunächst nur mittelbar über den Außenhandel organisiert und realisiert wurde, organisieren die Mitgliedstaaten des RGW nunmehr im Prozeß der sozialistischen ökonomischen Integration die arbeitsteilige Forschung und materielle Produktion unmittelbar und direkt. Das geschieht durch die gemeinsame Wahl des Produktionsstandortes (durch die Planung gemeinsamer Vorhaben, vor allem aber im Wege internationaler Spezialisierung) und durch die enge Zusammenarbeit (Kooperation) in der Produktion. Schließlich erfolgt eine fortschreitende Mobilisierung der Produktionsbedingungen: gemeinsam werden Arbeitskräfte zur Erschließung von Rohstoff- und Energiequellen entsandt, materielle Fonds zur Ausnutzung vorhandener Arbeitskräfte zur Verfügung gestellt, materielle Fonds und hochspezialisierte Arbeitskräfte auf solchen Gebieten zusammengeführt, wo nur im Wege der Kombination entsprechende Ergebnisse zu erzielen sind. Diese Prozesse sind auf Grund einer Reihe objektiver Faktoren unumgänglich.

Die Versorgung der anderen RGW-Mitgliedsländer z. B. mit Rohstoffen und Energieträgern ist nur mit Hilfe der UdSSR zu sichern (zwar lagern z. B. über 50% der Primärenergieressourcen auf dem Territorium der RGW-Länder, 90% davon jedoch auf dem Territorium der UdSSR). Auf Grund der sich verschlechternden Abbaubedingungen und der Notwendigkeit des Abbaus entlegener Lagerstätten steigen die Aufwendungen für die Erschließung, den Abbau und den Transport dieser Ressourcen gewaltig (so sind z. B. bereits im Planjahrfünft 1971—1975 im Vergleich zum vorangegangenen Planzeitraum die Investitionen pro Tonne Erdöl für die Förderung um 17,5% und für den Transport um 133% — bei Erdgas um 23,9 bzw. 122,8% gestiegen). Es bedarf deshalb gewaltiger gemeinsamer Anstrengungen aller RGW-Länder, um ihren lebensnotwendigen Bedarf an Rohstoffen und Primärenergie zu decken.

Ein maßgeblicher Faktor für die Steigerung der Arbeitsproduktivität ist die Spezialisierung und Kooperation. Im Bereich der Forschung und Entwicklung sind ohne sie Spitzenleistungen, insbesondere auf den Gebieten, die für das ökonomische Wachstum entscheidend sind, nicht mehr zu erzielen. Folgerichtig werden deshalb gegenwärtig ca. 80% der Themen des Staatsplanes Wissenschaft der DDR gemeinsam mit anderen RGW-Staaten bearbeitet. Auf dem Gebiet der materiellen Produktion gestattet die Spezialisierung und Kooperation — trotz der objektiv erforderlichen Vergrößerung des Produktionssortiments — hohe Serien und die rationelle Ausnutzung aller Produktionsbedingungen. Dementsprechend wächst der Anteil spezialisierter Erzeugnisse an unserem Außenhandel ständig. Im Maschinenbau betrug er 1978 bereits 40% unseres Gesamtexports.

Die neue Qualität der im Prozeß der sozialistischen ökonomischen Integration realisierten sozialistischen Produktionsverhältnisse findet ihren Ausdruck darin, daß spezifisch internationale Produktionsverhältnisse in größerer Quantität entstehen, direkte Produktionsbeziehungen (gemeinsame Investitionen, Kooperation in der Forschung und der materiellen Produktion) zum Kernstück dieser internationalen Produktionsverhältnisse werden und die einzelstaatlich organisierten Produktionsverhältnisse nahezu ausnahmslos unter dem Einfluß dieser internationalen Verhältnisse stehen. Das heißt, daß nicht die Existenz internationaler Produktionsverhältnisse an und für sich die neue Qualität ausmacht — internationale Produktionsverhältnisse sind auch die lediglich über den Außenhandel vermittelten Verhältnisse internationaler Arbeitsteilung —; neu ist die gewachsene Quantität dieser Verhältnisse, die bestimmende Rolle, die die direkten Produktionsbeziehungen unter ihnen ausüben, und ihre Bedeutung für sämtliche einzelstaatlich organisierten Produktionsverhältnisse. Neu ist demgemäß auch nicht die Planmäßigkeit der internationalen ökonomischen Beziehungen — ihren Außenhandel haben die RGW-Staaten von Beginn an planmäßig gestaltet, und über ihn haben sie mittelbar auch ihre Produktionspläne koordiniert —; neu ist, daß nunmehr im Wege der Plankoordinierung, der gemeinsamen Planung und planmäßigen Spezialisierung die Produktion unmittelbar koordiniert wird.

Mit Herausbildung dieser Produktionsverhältnisse haben sich neuartige Überbaubeziehungen entwickelt.[7] Entstanden ist ein hierarchisch strukturierter Mechanismus internationaler Organisationen und Organe, der seine Funktion in engem Wechselverhältnis mit den sozialistischen Staaten und deren mit der Leitung und Durchführung der Wirtschaftstätigkeit betrauten Institutionen realisiert. Die zentrale Achse dieser Überbaubeziehungen bilden die Beziehungen zwischen den RGW-Staaten. Sie sind in das Gesamtsystem gesellschaftlicher Leitung unter Führung der marxistisch-leninistischen Parteien eingebettet und entfalten sich in der Form direkter Beziehungen zwischen den funktionell zuständigen Organen und Organisationen dieser Staaten.

Die einzelnen Glieder dieses Mechanismus, die einzelstaatlichen Organe und Organisationen und die internationalen Organisationen und Organe wirken bei der Leitung der einzelnen Integrationsprozesse zusammen. Entsprechend der Komplexität dieser Prozesse haben in jedem Falle zahlreiche Glieder dieses Mechanismus zusammenzuwirken; dem iterativen Charakter der meisten zu treffenden Entscheidungen zufolge werden sie in aller Regel in den jeweiligen Entscheidungsprozeß mehrfach einbezogen. Dies setzt voraus, daß die Aufgaben- und Verantwortungsbereiche der einzelnen Glieder bestimmt und ihr Zusammenwirken prozeßbezogen geregelt sind.

In den ersten Jahren ökonomischer Zusammenarbeit zwischen den volksdemokratischen und sozialistischen Staaten dominierten eindeutig Außenhandelsbeziehungen und Beziehungen der wirtschaftlichen und wissenschaftlich-technischen Hilfeleistung.

An der Notwendigkeit, erstere rechtlich zu regeln, bestand von Anfang an kein Zweifel, da Ware-Geld-Verhältnisse ja von jeher als das klassische Anwendungsfeld des Rechts angesehen wurden und es sich hier sogar um Ware-Geld-Verhältnisse zwischen Subjekten handelt, die verschiedene Eigentümer repräsentieren. Die Regelung selbst bereitete (intellektuell) keine besonderen Schwierigkeiten. Zur Regelung der zwischenbetrieblichen Beziehungen bediente man sich der Form des zivilrechtlichen Vertrages, und seine Ausgestaltung erfolgte mittels entsprechender Muster, die die ursprünglich in der sowjetisch-schwedischen und sowjetisch-deutschen Handelspraxis angewandten Muster weiterentwickelten. Zur Regelung der zwischenstaatlichen Beziehungen griff man die in der sowjetischen Praxis mit den meisten kapitalistischen Staaten übliche Form der Handels- und Zahlungsabkommen auf, die das beiderseitige Liefervolumen in Warenlisten fixierten und die wechselseitige Verrechnung im Clearing festlegten. Allerdings wurden an beiden Formen Änderungen vorgenommen, die zwar quantitativ kaum ins Gewicht fielen, aber ihre Qualität veränderten: In den Handelsabkommen übernahmen die Staaten — im Gegensatz zu der bei Beteiligung kapitalistischer Staaten üblichen Praxis — Liefer- und Abnahmeverpflichtungen, und bezüglich der Verträge zwischen den Betrieben wurde das Prinzip der Vertragsfreiheit weitgehend modifiziert (Pflicht zum Vertragsabschluß gegenüber dem eigenen Staat, Umwandlung zahlreicher Normen in solche zwingenden Charakters, relativ selbständiges Preissystem usw.). Die Regelung erfolgte jeweils zwischen zwei Staaten — nach Gründung des RGW — allerdings nach einheitlichen Mustern, deren Anwendung allen Mitgliedstaaten empfohlen wurde.

In unserem Zusammenhang interessiert, daß trotz der Neuartigkeit der zu regelnden Verhältnisse (Koordinierung der Außenhandelspläne zweier souveräner Staaten; globaler Tausch zwischen staatlichen Eigentümern, realisiert in entfalteten Ware-Geld-Verhältnissen zwischen juristisch selbständigen Betrieben; Gewährleistung des Außenhandelsmonopols beider Partnerstaaten usw.) einerseits nie jemand an der Notwendigkeit ihrer rechtlichen Regelung gezweifelt hat und andererseits die Regelung auch relativ problemlos bewältigt wurde. Sicher hängen beide Phänomene eng zusammen und finden ihre gemeinsame Ursache in der Möglichkeit, die zu regelnden Verhältnisse trotz ihrer inhaltlich neuen Qualität in mehrere bekannte Strukturen zu zerlegen und deren traditioneller Regelung zu unterwerfen.

Konkret sieht das so aus, daß der Komplex des einzelstaatlich geplanten, zwischenstaatlich koordinierten und in entfalteten Ware-Geld-Verhältnissen zwischen den Betrieben realisierten globalen Tauschs zwischen staatlichen Eigentümern in drei bereits bekannte Strukturen aufgegliedert bzw. auf diese reduziert wird, nämlich: die Beziehungen zwischen den Staaten, die Beziehungen zwischen den Staaten und ihren Betrieben und die Beziehungen zwischen den (untereinander) gleichberechtigten Betrieben der Partnerstaaten.

Ersteren entspricht die geläufige Form des völkerrechtlichen *Handelsabkommens*. Der epochale Qualitätsunterschied, daß erstmals beide Partnerstaaten Eigentümer des kompletten Liefervolumens sind und daß sie Lieferung und Abnahme dieser Waren innerhalb ihres Staates verbindlich planen können, findet im Grunde in einer einzigen Formulierung Ausdruck, die in den einzelnen Abkommen, mehr oder weniger abgewandelt, im Prinzip folgendermaßen lautet: „Beide Seiten verpflichten sich, Lieferung und Abnahme der in den beigefügten Warenlisten festgelegten Warenkontingente durchzuführen." Im übrigen werden die Abkommen in die traditionellen völkerrechtlichen Strukturen eingeordnet: Sie werden durch Delegationen der Partnerstaaten verhandelt (in denen bezüglich der einzelnen Positionen der Warenlisten allerdings führende Vertreter der zuständigen AHB mitwirken); Teile des Abkommens, über die bereits Übereinstimmung erzielt ist, werden paraphiert, das gesamte Abkommen von den Bevollmächtigten unterzeichnet; zwischen den wechselseitigen Rechten und Pflichten besteht ein funktionelles Synallagma (die Nichterfüllung einer Pflicht durch den einen Partner begründet ein Leistungsverweigerungsrecht des anderen Partners hinsichtlich solcher Pflichten, die mit der nichterfüllten Pflicht funktionell zusammenhängen) usw.

Die Beziehungen zwischen dem *einzelnen Staat* und *seinen Außenhandelsbetrieben* werden als Beziehungen der Über- und Unterordnung erfaßt; der Staat setzt das, wozu er sich international verpflichtet hat, in verwaltungsrechtliche Pflichten gegenüber den branchenmäßig zuständigen Außenhandelsbetrieben um; diese sind ihrem Staat gegenüber (nicht gegenüber dem Partnerunternehmen) zur Erfüllung ihrer Planauflagen und damit zum Abschluß internationaler Lieferverträge verpflichtet. Offensichtlich wird der Planungsprozeß selbst auf diese Weise nicht juristisch reflektiert — als juristisch relevant wird nur sein Ergebnis, die verbindliche Planauflage widergespiegelt. Insofern treffen wir hier erstmals auf das Problem, daß der Regelungsgegenstand nur partiell realisiert wird. Offensichtlich geschieht dies hier in erster Linie deshalb, weil der reale Gegenstand auf ein Strukturschema reduziert wird, für das bereits entsprechende Formen rechtlicher Regelung existieren.[8]

Die Beziehungen *zwischen den Außenhandelsbetrieben* schließlich galten — wie sämtliche Ware-Geld-Verhältnisse — als durch das Zivilrecht geregelt. Anknüpfend an bestimmte Erfahrungen im Handel mit kapitalistischen Partnern, wurden auf sie einheitliche Lieferbedingungen angewandt. Diese wurden allerdings in schnellem Tempo quantitativ entwickelt und durch die Einschränkung ihrer Dispositivität den spezifischen Bedingungen des planmäßigen Tauschs zwischen staatlichen Eigentümern angepaßt. In gleicher Richtung entwickelte sich die Regelung der Preisbildungsmethoden — sukzessiv entstand ein zwar an den Weltmärkten orientiertes, jedoch gegen sie relativ abgeschirmtes Preissystem.

Um Mißverständnissen vorzubeugen, sei ausdrücklich betont, daß sich das System rechtlicher Regelung der Außenhandelsbeziehungen zwischen den RGW-Ländern, dessen Kernstück wir vorstehend skizziert haben, in der Praxis großartig bewährt hat, daß ihm ob seiner Effektivität zu Recht weltweite Anerkennung gezollt wird. Mit eben solchem Nachdruck muß hervorgehoben werden, daß den Gegenstand dieser Regelung internationale Austauschverhältnisse eines völlig neuen Typs bilden. Dennoch hat — wie gesagt — über die Regelungsnotwendigkeit nie ein Zweifel bestanden; dennoch konnte die Regelung selbst weitestgehend in traditionellen methodischen Formen erfolgen. Möglich war dies, weil — wie bereits von K. Marx festgestellt wurde —[9] die Rechtsform des Vertrages eine allgemeine Akzidenz der Ware ist und deshalb über die Notwendigkeit der rechtlichen Regelung jeglicher Ware-Geld-Verhältnisse, aber auch über die Möglichkeit der Übernahme eines allgemeinen methodischen Rahmens — wie für die Regelung der innerstaatlichen Verhältnisse[10] so auch für die Regelung der zwischenstaatlichen Verhältnisse — von Anfang an Einvernehmen bestand.

Die wissenschaftlich-technische Zusammenarbeit erfolgte in jenen Jahren entsprechend dem Beschluß der II. (Sofioter) Tagung des Rates für Gegenseitige Wirtschaftshilfe in erster Linie durch die unentgeltliche Übergabe technischer Dokumentationen.[11] Wissenschaftlich-technische Ergebnisse, die zunächst zur Nutzung im eigenen Land erarbeitet worden waren, wurden auf entsprechenden Antrag in entsprechenden Dokumentationen beschrieben und den Nutzern im jeweiligen Partnerland zugänglich gemacht — auch die Nutzung war unentgeltlich, der Empfänger der Dokumentation hatte lediglich deren Kopierkosten zu tragen.[12]

Die Unentgeltlichkeit des Austausches dieser wissenschaftlich-technischen Ergebnisse veranlaßte eine Reihe von Autoren, ihren Warencharakter zu negieren, wie umgekehrt die Negation des Warencharakters dazu diente, die Unentgeltlichkeit als einzig richtige

Lösung zu begründen. Beide Argumentationen sind — wie inzwischen nahezu einhellig anerkannt ist — nicht richtig.

Wissenschaftlich-technische Ergebnisse und Leistungen sind Waren. Sie werden als gesellschaftlicher Gebrauchswert (Gebrauchswert für andere) produziert und haben demgemäß einen Wert, der sich nach der für ihre Herstellung gesellschaftlich notwendigen Arbeitszeit bemißt. Allerdings weisen sie im Vergleich zu den materiellen Waren drei Besonderheiten auf: *erstens* besitzen sie auch (und häufig sogar in erster Linie) Gebrauchswert für ihre Produzenten, weshalb der Erwerber nicht den vollen Wert zu ersetzen hat; *zweitens* beeinträchtigt ihre Immaterialität die damit zusammenhängende relativ einfache Verbreitbarkeit, ihre Monopolisierung, welche jedoch Voraussetzung des Warencharakters ist;[13] *drittens* schließlich braucht jedes wissenschaftlich-technische Ergebnis im Prinzip nur einmal erzeugt zu werden, so daß im Prinzip der tatsächliche Aufwand dieses einen Produzenten als gesellschaftlich (durchschnittlich) notwendige Arbeitszeit akzeptiert werden muß.[14]

Die Notwendigkeit rechtlicher Regelung ergibt sich also hier — wie beim Austausch materieller Güter — aus dem Warencharakter der wissenschaftlich-technischen Ergebnisse. Diese Behauptung scheint paradox, da ja entsprechend dem Sofioter Beschluß die Übergabe der Dokumentationen nicht als Ware-Geld-Beziehungen und nicht in Vertragsform zwischen den Betrieben realisiert wurde. Es ist jedoch zu berücksichtigen, daß die sozialistischen Staaten als Eigentümer der entscheidenden Produktionsmittel auch Inhaber des Monopols an den entsprechenden wissenschaftlich-technischen Ergebnissen sind. Sie haben mit dem Beschluß der II. Ratstagung und den auf seiner Grundlage abgeschlossenen bilateralen WTZ-Abkommen die allgemeinen Bedingungen der Übergabe vereinbart und entschieden im Rahmen der zur Verwirklichung dieser Abkommen gebildeten gemischten Kommissionen über konkrete Dokumentationen, deren Übergabe der jeweilige Partnerstaat beantragt hat. Wurde dem entsprechenden Antrag stattgegeben, so wurde die zuständige innerstaatliche Institution durch den gewährenden Staat beauflagt, die betreffenden Dokumentationen auf einem dafür festgelegten speziellen Weg dem Nutzer zugänglich zu machen.

Diese Regelung war möglich und richtig, weil zu jener Zeit die Erarbeitung entsprechender wissenschaftlich-technischer Ergebnisse im Regelfall nicht solcher Aufwendungen bedurfte, wie dies inzwischen der Fall ist. Demgemäß konnte ihr Wert im Normalfall bereits durch die Nutzung im eigenen Land realisiert werden. Die vorhandenen wissenschaftlich-technischen Ergebnisse boten sich gewissermaßen als Objekt der Hilfeleistung an. Hierzu kam, daß innerhalb der einzelnen RGW-Länder ein Vertragssystem über wissenschaftlich-technische Ergebnisse und Leistungen erst allmählich entstand, so daß die Abverfügung durch Verwaltungsakt zunächst keine Störungen der innerstaatlichen Beziehungen bedeutete.

Bei Skizzierung des Regelungsgegenstandes sozialistischer internationaler ökonomischer Beziehungen *bis zur Integration* darf die Situation im institutionellen Gefüge der Zusammenarbeit nicht unerwähnt bleiben. Zwar entstand der RGW, die wichtigste internationale Wirtschaftsorganisation der RGW-Staaten, bereits im Jahre 1949, er blieb jedoch zunächst die einzige sozialistische internationale ökonomische Organisation und realisierte selbst auch nur verhältnismäßig einfache Organisationsformen. Der Rat bestand aus gleichberechtigten Vertretern der Mitgliedstaaten, die abwechselnd in den Hauptstädten der Mitgliedstaaten zusammentraten; ferner existierte ein aus je einem Vertreter eines jeden Mitgliedstaates bestehendes Exekutivorgan und ein kleines Sekretariat. Entscheidungen faßte der Rat nur mit Einverständnis aller interessierten Mitgliedsländer. Die gefaßten Beschlüsse bereiteten zunächst nur den Abschluß bilateraler völkerrechtlicher Vereinbarungen vor, sie enthielten keine Verpflichtungen, die durch die Staaten unmittelbar zu transformieren waren.[15] Neben dem RGW bestand in Form gemischter Komissionen zur Verwirklichung der Handels- und der WTZ-Abkommen lediglich eine Reihe bilateraler Organe.

Diese nahezu völlige Beschränkung der multilateralen Beziehungen auf vertragliche Formen und die geringfügige Institutionalisierung der bilateralen Beziehungen waren möglich, weil die Zusammenarbeit auf wenige Bereiche beschränkt war, die ihrer Natur nach nur ein einmaliges punktuelles Zusammenwirken erforderten. Die Staaten treffen einmal im Perspektivplanzeitraum zum Abschluß der langfristigen Handelsabkommen und einmal jährlich zum Abschluß der Jahresprotokolle zusammen, und die AHB müssen im Prinzip einmal zum Abschluß des betreffenden Außenhandelsliefervertrages zusammenkommen; das weitere Handeln der Partner ist in den Abkommen bzw. Verträgen und deren rechtlicher Regelung bereits programmiert. Das gleiche gilt im Prinzip auch für die WTZ; die gemischte Kommission beschloß in der Regel einmal jährlich, welche Dokumentationen zu übergeben waren.

Da ein institutionelles System ökonomischer Zusammenarbeit faktisch nicht existierte, waren Gegenstand rechtlicher Regelung nur die Beziehungen zwischen den Staaten und zwischen den Betrieben verschiedener Staaten; die Beziehungen innerhalb des institutionellen Gefüges der Zusammenarbeit, die im Prozeß der Integration immer größere Bedeutung gewinnen, existierten noch nicht.

Wie wir oben bereits dargelegt haben, bildet die Integration vor allem deshalb einen neuen Entwicklungsabschnitt sozialistischer Produktionsverhältnisse, weil nunmehr *direkte Produktionsbeziehungen* zu den *bestimmenden* internationalen Produktionsverhältnissen werden. Die unmittelbare Zusammenarbeit im Investitionsbereich und in der geistig-schöpferischen und materiellen Produktion bestimmt in zunehmendem Maße die Außenhandelsbeziehungen. Entsprechend wird die unmittelbare Koordinierung der Produktionspläne und die gemeinsame Planung zum entscheidenden Instrument der Organisierung sozialistischer internationaler Arbeitsteilung.

Das bedeutet natürlich nicht, daß damit die Ware-Geld-Verhältnisse an Bedeutung verloren hätten. Im Gegenteil! Da auch die durch direkte Abstimmung der Produktion organisierte internationale Arbeitsteilung zwischen staatlich-sozialistischen Eigentümern bzw. deren selbständigen Warenproduzenten über Ware-Geld-Verhältnisse realisiert werden muß, nimmt ihre Bedeutung im Prozeß der Integration zu, wenn ihre Funktionen auch — wie weiter unten noch erläutert wird — modifiziert werden.

Damit ist auch auf dem Gebiet der internationalen ökonomischen Beziehungen das Problem herangereift, mit dem das sozialistische Recht, die sozialistische Rechtswissenschaft bezüglich der Beziehungen innerhalb einer sozialistischen Volkswirtschaft bereits seit Mitte der 20er Jahre konfrontiert ist: Sind die Beziehungen der Leitung (Planung) der Wirtschaft Gegenstand rechtlicher Regeln?, wenn ja, welche Intensität muß die rechtliche Regelung dieser Beziehungen aufweisen?

Bekanntlich hatte E. Paschukanis zunächst die Auffassung vertreten, die Verhältnisse zwischen den Organen des sozialistischen Staates, denen der Ware-Geld-Charakter fehle, seien keine rechtlichen, sondern organisatorische Verhältnisse.[16] In solch krasser Version ist diese Auffassung in der Folgezeit wohl nie wieder vertreten worden. Man fühlt sich jedoch an sie erinnert, wenn man neuerdings bei A. K. Krawzow liest, das

Recht umfasse auch den Plan, letzterer werde jedoch nicht durch Normativität und das Prinzip des gleichen Maßstabs charakterisiert.[17] Immerhin besteht darin ja gerade die Spezifik des sozialistischen Rechts. Was schließlich die Intensität rechtlicher Regelung der Planungsbeziehungen anbelangt, dürften K. Heuer und G. Teupel wohl eine in der Praxis weit verbreitete Meinung artikuliert haben, als sie zwar die rechtliche Regelung des Planungsprozesses in seinen Grundzügen bejahten, jedoch vor dem Versuch seiner „direkten Ausregelung" warnten.[18]

Auf dem Gebiet der sozialistischen internationalen ökonomischen Beziehungen verlief die Entwicklung zwar anders; sie hat jedoch gegenwärtig einen Stand erreicht, der der skizzierten innerstaatlichen Situation gar nicht so unähnlich ist.

Zunächst schien die Notwendigkeit und Möglichkeit rechtlicher Regelung der *internationalen Planungsbeziehungen* völlig außer Frage zu stehen. Da diese Beziehungen Ausdruck der Willenskoordinierung zwischen souveränen Staaten sind, bot sich der völkerrechtliche Vertrag als ihre selbstverständliche Form an. Wäre die Plankoordinierung, wäre die Spezialisierung/Kooperation in der klassischen Form des durch außenpolitische Vertretungsorgane abgeschlossenen Vertrages vereinbart worden, hätte es über ihren Rechtscharakter wahrscheinlich keinerlei Zweifel gegeben. Die tatsächlich realisierten Formen wiesen jedoch gegenüber der bisherigen Völkerrechtspraxis zwei Besonderheiten auf. Einmal wurden sie größtenteils von Staatsorganen (Planungsorganen, Industrieministerien usw.) vereinbart, die normalerweise die Staaten nicht außenpolitisch vertreten. Zum anderen geschah dies in spezifischen Formen (Protokollen, Arbeitsplänen, Beschlüssen der Wirtschaftsausschüsse und Empfehlungen internationaler Organisationen), die sich von der geläufigen Abkommensform beträchtlich unterschieden.

Beides geschah keinesfalls zufällig. Die unmittelbare Zusammenarbeit in der Produktion und die unmittelbare Koordinierung ihrer Planung erfordern eine außerordentlich intensive bi- und multilaterale Zusammenarbeit nahezu aller Organe der Wirtschaftsleitung. Der Kreis der beteiligten Organe wurde beträchtlich erweitert, die Intensität ihres Zusammenwirkens erreichte eine neue Qualität, und es wurde eine neue Qualität der Verzahnung bilateraler und multilateraler Organisationsformen erreicht. Das Komplexprogramm forderte deshalb von den Mitgliedsländern, „Maßnahmen zur Erweiterung der Direktbeziehungen zwischen ihren zuständigen Organen und Organisationen sowie zur Vervollkommnung der bestehenden internationalen Organisationen ein(zu)leiten und neue internationale Organisationen . . . (zu) schaffen".[19]

In der sozialistischen Völkerrechtswissenschaft setzte sich die Auffassung durch, die spezifischen Formen, in denen die Koordinierung der Pläne vereinbart wurden, seien nur besondere Formen des völkerrechtlichen Vertrages,[20] und die Direktbeziehungen seien völkerrechtliche Beziehungen zwischen den Staaten „auf der Linie der Ministerien und Ämter der RGW-Mitgliedsländer".[21] Wiederum erfolgte also eine Reduktion neuartiger Erscheinungsformen der sozialistischen internationalen ökonomischen Beziehungen auf traditionelle juristische Regelungsstrukturen. Die unbestreitbare Tatsache, daß im Rahmen dieser Beziehungen in erster Linie souveräne Staaten ihren Willen koordinieren, wurde zum Anlaß genommen, diese Beziehungen als ausschließlich völkerrechtliche Beziehungen zu deklarieren und sie pauschal in den rechtlichen Regelungsgegenstand zu vereinnahmen.

Im Grunde ist nunmehr die Situation ähnlich der skizzierten innerstaatlichen. Auch hier vertritt niemand den Standpunkt, nur die „Austauschakte" oder gar nur die Ware-Geld-

Verhältnisse zwischen den Betrieben der verschiedenen RGW-Mitgliedsländer seien exklusiv Gegenstand der rechtlichen Regelung. Es wird auch eine grundsätzliche rechtliche Regelung der gemeinsamen Leitungstätigkeit und der Produktionskooperation für notwendig gehalten. Man interpretiert die „stumme Mehrheit" der Praktiker der sozialistischen ökonomischen Integration jedoch wohl richtig, wenn man annimmt, daß sie eine intensive rechtliche Regelung dieser Beziehungen nicht für notwendig bzw. möglich hält. Die tatsächlich in Form verschiedenster Ordnungen und Methodiken existierenden Verfahrensregelungen werden überwiegend als einfache Organisationsalgorithmen interpretiert und die diversen, in den Prozessen gemeinsamer Leitungs(Planungs-)tätigkeit erzielten Abstimmungsergebnisse als juristisch unverbindlich angesehen.

Wenn — wie oben angedeutet — als einzig akzeptables Regelungskonzept das klassische völkerrechtliche Konzept angeboten wird, das als Subjekte ausschließlich die Staaten (und — mit Einschränkungen — bestimmte internationale Organisationen) kennt und das, wenn nicht ausdrücklich etwas anderes im konkreten Fall festgelegt wurde, von der definitiven Verbindlichkeit getroffener Vereinbarungen ausgeht, deren Nichterfüllung die Staatenverantwortlichkeit begründet, so sind einer rechtlichen Regelung der gemeinsamen Planungstätigkeit allerdings ganz enge Grenzen gezogen. Tatsächlich schließt der iterative Charakter einzelner Koordinierungsergebnisse deren Unabänderlichkeit im weiteren Leitungsprozeß aus; tatsächlich erfordert die Komplexität dieser internationalen Beziehungen eine Zusammenarbeit aller Glieder des an ihrer Leitung beteiligten Mechanismus (der Staatsorgane, der Wirtschaftsausschüsse, der zwischenstaatlichen ökonomischen Organisationen, der innerstaatlichen und der internationalen Wirtschaftsorganisationen). Akzeptiert man nur die Staaten als Rechtssubjekte internationaler Leitungsbeziehungen, anerkennt man nur die in Form des völkerrechtlichen Vertrages oder vertragsähnlicher Vereinbarungen fixierten definitiven Endergebnisse des jeweiligen Leitungsprozesses als rechtlich verbindlich, so wird damit faktisch die rechtliche Regelung doch auf die Austauschakte, die Ware-Geld-Verhältnisse reduziert, denn in der Tat kennt erst der internationale Austauschakt wieder ausschließlich zwei Arten von Subjekten, die Staaten und die Wirtschaftsorganisationen, in der Tat erlangt erst die Austauschvereinbarung das Maß an Definität, welche das klassische Verbindlichkeits- und Verantwortlichkeitskonzept voraussetzt.

Damit ist allerdings nicht bewiesen, daß die unmittelbaren Produktionsbeziehungen, insbesondere die Prozesse gemeinsamer Leitung der Produktionszusammenarbeit kein Gegenstand detaillierter rechtliche Regelung sind; damit ist lediglich bewiesen, daß ihre detaillierte Regelung ausschließlich mittels herkömmlicher Formen und Methoden rechtlicher Regelung weder notwendig noch möglich ist.

Sozialistische ökonomische Integration bedeutet — wie wir unter mehreren Aspekten dargelegt haben — die Organisierung unmittelbar gesellschaftlicher Arbeit im Maßstab der RGW-Länder. Wie alle „unmittelbar gesellschaftliche . . . Arbeit auf größrem Maßstab" bedarf diese „einer Direktion, welche die Harmonie der individuellen Tätigkeiten vermittelt und die allgemeinen Funktionen vollzieht, die aus der Bewegung des produktiven Gesamtkörpers im Unterschied von der Bewegung seiner selbständigen Organe entspringen."[22] Sie bedarf eines „kommandierenden Willens", in dem sich „der Zusammenhang und die Einheit"[23] dieser internationalen Kooperationsprozesse darstellt.

Innerhalb der einzelnen Volkswirtschaft realisiert diese Direktion, diesen kommandierenden Willen der sozialistische Staat entsprechend dem Prinzip des demokratischen Zentralismus; im Rahmen des Integrationsprozesses wird die Direktion durch die Staaten gemeinsam ausgeübt. Insofern hat sich zunächst im Vergleich zur ersten Etappe der sozialistischen internationalen ökonomischen Zusammenarbeit nichts geändert. Die weitere Vertiefung und Vervollkommnung der Zusammenarbeit und die Entwicklung der sozialistischen ökonomischen Integration der Mitgliedsländer des RGW werden auch in Zukunft entsprechend den Prinzipien des sozialistischen Internationalismus auf der Grundlage der Achtung der staatlichen Souveränität erfolgen.[24]

Geändert hat sich jedoch entsprechend der neuen Qualität der zu leitenden Prozesse die Komplexität und Intensität dieser Direktion. Sie ist nicht mehr ausschließlich mittels weniger durch die außenpolitischen Vertretungsorgane abgeschlossener Abkommen und zwischen den Außenhandelsbetrieben abgeschlossener Verträge zu verwirklichen, sie ist überhaupt nicht mehr aussschließlich mittels Abkommen und Verträgen zu bewerkstelligen. Erforderlich ist ein *hierarchisch strukturierter institutioneller Mechanismus*, der die kontinuierliche Vorbereitung, Annahme, Änderung und Kontrolle gemeinsamer Entscheidungen unter Einbeziehung aller beteiligten Staaten und aller zuständigen Zweig- und Funktionalorgane in diesen Staaten gewährleistet. Teile dieses institutionellen Mechanismus sind die sozialistischen Staaten in Gestalt ihrer auf wirtschaftlichem Gebiet fungierenden Staatsorgane, die zwischenstaatlichen Organisationen und Organe in ihrer jeweiligen konkreten Gliederung und die einzelstaatlichen und internationalen Wirtschaftsorganisationen.

Das Recht hat die internationalen Kompetenzen und Vollmachten der einzelnen Staatsorgane zu bestimmen, die internationalen Organisationen und Organe zu begründen und ihre Rechtsstellung und Struktur festzulegen; ferner hat es die außenwirtschaftlichen Befugnisse der Wirtschaftsorganisation zu regeln. Insgesamt muß dabei ein *rechtliches* Beziehungssystem zwischen den einzelnen Gliedern dieses institutionellen Mechanismus geschaffen werden, das die Kompetenz-Kompetenz eines jeden RGW-Staates und seine Beteiligung an jeder grundlegenden Entscheidung gewährleistet und den Gesamtmechanismus entsprechend der innerstaatlichen Stellung der beteiligten Organe und Organisationen hierarchisch strukturiert.

In welcher Weise diese Aufgabe gelöst wurde, ist an anderer Stelle beschrieben.[25] Dort ist im einzelnen dargelegt worden, welche neuen Rechtsformen entwickelt werden mußten, um diese neuartigen Verhältnisse rechtlich regeln zu können. Entsprechend der gemeinsamen Entscheidung der RGW-Länder wurden durch die Weiterentwicklung des Außenwirtschaftsmonopole die Voraussetzungen für die Entwicklung der Direktbeziehungen[26] und für die effektive Vertretung der Mitgliedstaaten in den einzelnen internationalen Organen[27] geschaffen. Durch den Ausbau der Organisationsstruktur des RGW und die Herstellung hierarchischer Beziehungen zwischen ihm und den anderen zwischenstaatlichen und internationalen Wirtschaftsorganisationen wurde ein von der innerstaatlichen Leitungsstruktur abgeleitetes internationales Leitungssystem herausgebildet. Mit der Empfehlung, der Übereinkunft, dem abgestimmten Vorschlag und der endgültigen Abstimmung wurden Rechtsformen entwickelt, die — wie noch zu begründen sein wird — dem spezifischen Charakter der in den jeweiligen Integrationsprozessen zu treffenden Iterativentscheidungen entsprechen.

Ein weiteres für die Entwicklung des Regelungsobjekts der sozialistischen internationalen ökonomischen Zusammenarbeit bedeutsames Phänomen der Integration sind die *komplexen internationalen Leitungsprozesse*. Sie entwickeln sich auf den verschiedensten Gebieten, z. B. als Prozesse der Plankoordinierung und der gemeinsamen Planung, als gemeinsame Leitungsprozesse auf dem Gebiet der wissenschaftlich-technischen Zusammenarbeit und der internationalen Standardisierung, bei der Leitung der Spezialisierung und Kooperation usw. In der Regel sind an einem auf ein bestimmtes Ergebnis (z. B. die Abstimmung eines Fünfjahrplanes, die Erarbeitung eines RGW-Standards usw.) zielenden Leitungsprozeß zahlreiche Glieder des institutionellen Mechanismus mehrfach beteiligt; häufig erstreckt sich ein solcher Prozeß bis zur Realisierung seiner Ergebnisse über Jahre. Seblstverständlich weist jeder einzelne dieser Leitungsprozesse Besonderheiten auf, nichtsdestoweniger haben sich inzwischen für die einzelnen Typen von Leitungsprozessen jedoch bestimmte *Verfahrensregeln* herausgebildet, die im Prinzip für jeden einzelnen dieser Prozesse gelten.[28] Diese Leitungsprozesse sind Arbeitsprozesse. Sie sind — wie die Leitung in jeder kombinierten Produktionsweise[29] — produktive Arbeit. Ihr Wert wird realisiert in der arbeitsteiligen Produktion. Deshalb ist ihr Nutzen abhängig von ihrem eigenen Aufwand und von der Produktivität des durch sie geleiteten Gesamtarbeiters. Letzteres hängt in bedeutendem Maße von der Qualität der gemeinsamen Leitung ab und diese wiederum u. a. von der rationellen Organisation der betreffenden Leitungsprozesse. Daraus ergibt sich die große Bedeutung der erwähnten Algorithmen, die die einzelnen Arbeitsschritte bestimmen.

Erfahrungsgemäß bietet sich überall, wo es um die Normierung typischer Verfahrensabläufe geht, das Recht seiner Form wegen zur Regelung an. Wegen der Generalität seiner Normen ist es geeignet zur Regelung sich wiederholender Handlungsabläufe, mittels der Generalität gewährleistet es die Individualität des Einzelprozesses in einem typischen Handlungsrahmen. Gleichermaßen geeignet sind insofern jedoch auch Ablaufpläne, Arbeitsfolgen usw. Wegen dieser Entsprechung allein ist deshalb eine rechtliche Regelung der betreffenden Leitungsverfahren noch nicht notwendig.

In unserem Fall sind allerdings ganz bestimmte Verfahren zu regeln, nämlich *Leitungsprozesse*. Die Regelung solcher Verfahren bedeutet außer der Festlegung einer bestimmten Handlungsfolge auch und vor allem die Verteilung bestimmter Handlungskompetenzen. Und damit wird ihre Funktion politisch: Verteilt werden nämlich die Kompetenzen zur Entscheidung über die volkswirtschaftliche Entwicklung der RGW-Staaten, verteilt werden sie an die verschiedenen Organe und Organisationen innerhalb der einzelnen Staaten und an internationale Organe und Organisationen (bzw. deren Strukturglieder). Diese teilweise Aufteilung der den Staaten als Eigentümern und Souveränen originär gebührenden Kompetenz auf die einzelnen Glieder des institutionellen Mechanismus bedarf notwendig *der Rechtsform*.

Ein charakteristisches Merkmal dieser gemeinsamen Leitung besteht wegen der Komplexität der zu leitenden Prozesse in der großen Zahl der in den jeweiligen Leitungsprozeß einzubeziehenden Organe und Organisationen verschiedener Ebenen und Zweige, einzelstaatlichen und internationalen Charakters.

Charakteristisch für diese Leitungsprozesse ist ferner, daß die in ihrem Rahmen zu treffenden Entscheidungen in aller Regel Produktions- und andere Leistungsprozesse betreffen, die erst in einer weiteren Zukunft real vollzogen werden (Vorausplanungen über mehr als ein Jahrzehnt sind nicht selten, Vorausplanungen über ein Planjahrfünft, die mindestens drei Jahre vor dessen Start beginnen, sind die Regel). Darin ist naturgemäß ein beträchtliches Planungsrisiko begründet; getroffene Entscheidungen müssen entsprechend den neugewonnenen Erkenntnissen präzisiert oder korrigiert werden.

Die Komplexität der Leitungsprozesse und das Erfordernis ständiger Präzisierung der getroffenen Entscheidungen begründen gemeinsam die Notwendigkeit der Iteration, der schrittweisen Annäherung des Inhalts der getroffenen Entscheidungen an die tatsächlichen Bedingungen der geplanten Prozesse. Nach Lage der Dinge birgt die Beteiligung jedes weiteren Leitungsorgans an einem konkreten Entscheidungsprozeß die Möglichkeit einer Modifizierung der getroffenen Entscheidungen in sich, was ggf. die erneute Befassung bereits früher beteiligter Organe mit dem betreffenden Entscheidungsinhalt erfordert. Dieser Prozeß vollzieht sich unter der Bedingung fortschreitender Erkenntnis und der daraus resultierenden Notwendigkeit ständiger Fortschreibung bereits getroffener Entscheidungen — verständlich, daß deshalb mit ein und demselben Problem die gleichen Glieder des Leitungsmechanismus häufig mehrfach befaßt sind.

Diese in der Komplexität und Dynamik der geleiteten Prozesse begründete Indefinitivität getroffener Entscheidungen ist jedoch relativ. Wenn nämlich nicht ein bestimmtes Maß an Stabilität aller Entscheidungen gewährleistet wäre, so würde — beim erreichten Stand gesamtvolkswirtschaftlicher Verflechtung — die gesamte Wirtschaftsleitung stagnieren. Die Entscheidungen müssen also die wegen der Komplexität und Dynamik erforderliche Iteration gestatten und zugleich ein bestimmtes — wenngleich je nach Art der betreffenden Entscheidung und je nach ihrer volkswirtschaftlichen Relevanz unterschiedliches — Maß an Stabilität gewährleisten.

Auf den ersten Blick kommt diese Aufgabenstellung einer Quadratur des Kreises gleich. Wenn Stabilität gefordert ist, so bedeutet dies Bindung anderer Organe an die betreffende Entscheidung und Selbstbindung des entscheidenden Organs. Da damit zugleich die volkswirtschaftliche Entwicklung der beteiligten Staaten bestimmt wird, bedeutet es Bindung souveräner Staaten. Dies kann nicht anders als in Rechtsform geschehen. Wenn Iteration, Veränderbarkeit der getroffenen Entscheidungen gefordert ist, schließt dies aber die Anwendung der klassischen Methode rechtlicher Regelung aus; dann kann das vereinbarte Ergebnis nicht unbedingt verbindlich und seine Nichtrealisierung nicht Rechtsverletzung mit der Folge juristischer Verantwortlichkeit sein.

Sicher kann man gegenwärtig das Problem noch nicht als vollkommen gelöst ansehen, immerhin scheint aber die Methode klar, mittels derer die Lösung erfolgen kann: die Staaten entwickeln verschiedene Typen von Entscheidungsformen, sie legen spezielle Verfahren für das Zustandekommen einzelner Typen fest und messen jedem einzelnen Typ einen spezifischen Verbindlichkeitsinhalt bei.

Derartige *Entscheidungsformen* sind u. a. der völkerrechtliche Vertrag und der Vertrag zwischen den Wirtschaftsorganisationen, Entscheidungen des RGW bzw. seiner Organe, wie z. B. die Empfehlung, die Übereinkunft, die endgültige Abstimmung und der Beschluß zu Verfahrensfragen, die Beschlüsse und Empfehlungen der internationalen ökonomischen Organisationen und Beschlüsse der Wirtschaftsausschüsse, Räte der Bevollmächtigten und Beratungen der Bevollmächtigten Vertreter der Seiten.[30] Bei den meisten dieser *Rechtsformen* wird ihr Inhalt mit Unterzeichnung der betreffenden Vereinbarung bzw. des Protokolls der Tagung, auf der die betreffende Entscheidung angenommen wurde, verbindlich. Das gilt z. B. für die völkerrechtlichen Verträge (falls keine Ratifikation erforderlich ist), für die Verträge zwischen den Wirtschaftsorganisationen (falls sie nicht aufschiebend bedingt abgeschlossen wurden), für die Beschlüsse, die Übereinkünfte und die endgültigen Abstimmungen. Die Annahme oder Vereinbarung der anderen Rechtsformen löst zwar bestimmte formelle Informations- und Behandlungspflichten aus, ihr Inhalt (insbesondere der Inhalt der Empfehlungen) wird jedoch erst mit ihrer fristgemäßen Bestätigung durch die Adressatenländer verbindlich. Wir erwähnen diese Besonderheiten des Inkrafttretens, weil sie bereits spezielle Möglichkeiten der Rückkopplung der betreffenden Entscheidung in das Gesamtleitungssystem vor Eintritt der Verbindlichkeit eröffnen.

Größere Möglichkeiten bieten insofern jedoch *spezifische Verbindlichkeitsinhalte*. So unterscheiden sich z. B. die typischen Verbindlichkeitsinhalte der im Rahmen der RGW-Organe angenommenen Übereinkünfte, der Empfehlungen des RGW, der zwischen den RGW-Staaten abgeschlossenen Leistungsabkommen und der zwischen ihren Wirtschaftsorganisationen abgeschlossenen Verträge folgendermaßen:

— Die Übereinkünfte werden in den Mitgliedsländern in Übereinstimmung mit der in diesen Ländern festgelegten Ordnung verwirklicht. Wenn dies im konkreten Fall nicht möglich ist, wird es auf der nächsten Tagung des betreffenden RGW-Organs mitgeteilt und in entsprechenden neuen Entscheidungen berücksichtigt.[31]

— Die Erfüllung der von ihnen bestätigten Empfehlungen wird durch die Mitgliedsländer des RGW gewährleistet.[32] Ein einseitiger Rücktritt ist ausgeschlossen. Treten Umstände ein, die die rechtzeitige oder vollständige Erfüllung der sich aus der betreffenden Empfehlung ergebenden Verpflichtungen durch ein Land verhindern, muß dieses Land die anderen interessierten Länder sowie das RGW-Organ, das die Empfehlung angenommen hat, darüber informieren. Auf Grund dessen wird die Empfehlung ggf. revidiert oder einer Novation unterzogen.[33]

— Die in den Leistungsabkommen festgelegten gegenseitigen Pflichten werden erfüllt. Erfüllt einer der Partner seine Pflichten nicht, kann der andere Partner auf die Einrede des nichterfüllten Vertrages ein Leistungsverweigerungsrecht bezüglich eigener korrespondierender Pflichten begründen.[34]

— Der Stabilisierungsfaktor eines solchen funktionellen Synallagmas wirkt auch im Rahmen der Verträge zwischen den Wirtschaftsorganisationen; hinzu tritt hier jedoch in aller Regel eine wirksame Verantwortlichkeitsregelung. Der Partner, welcher seine Leistung nicht erbringt, ohne sich von der Verantwortlichkeit befreien zu können, muß Vertragsstrafe zahlen oder den tatsächlich eingetretenen Schaden ersetzen.

Je nach dem angestrebten Maß an Stabilität für die jeweilige Entscheidung können sich die Partner entsprechender Kombinationen dieser Formen bedienen.

Ist eine operative Planentscheidung z. B. des Planungskomitees des RGW oder seines Büros beabsichtigt, auf deren Grundlage die innerstaatlichen Planungsorgane sofort ihre Planungstätigkeit fortsetzen sollen, ohne dabei allerdings ihre Realisierung gewährleisten zu können, so bietet sich dafür die Übereinkunft an. Sie wird mit Protokollunterzeichnung wirksam und entsprechend der geltenden innerstaatlichen Ordnung verwirklicht. Ist sie nicht oder nicht völlig zu realisieren, wird dies auf der nächsten Tagung des betreffenden RGW-Organs mitgeteilt und bei seiner weiteren Arbeit berücksichtigt.

Soll eine Materie geregelt werden, die relativ stabil gehalten werden kann und wegen ihrer gesamtstaatlichen Relevanz des Handeln mehrerer Organe in den Adressatenländern erfordert, so bietet sich die Entscheidungsform der Empfehlung an. Sie wird nach ihrer Annahme im RGW-Organ den Mitgliedstaaten zur Behandlung mitgeteilt und erst verbindlich, nachdem diese durch eine entsprechende Bestätigung erfolgt ist. Im übrigen muß bezüglich der betreffenden Materie jedoch der beschriebene mitgliedsrechtliche Revisions- bzw. Novationsmechanismus als Stabilisierungsfaktor ausreichen.

Ist größere Definität beabsichtigt, so muß das erzielte Ergebnis in Abkommens- oder Vertragsform fixiert werden. Auch in diesem Fall ist selbstverständlich im Einvernehmen aller beteiligten Partner jederzeit die getroffene Entscheidung zu revidieren. Will nur einer der Partner von der Entscheidung abweichen, so riskiert er jedoch entsprechende Leistungsverweigerungsrechte oder Ansprüche wegen materieller Verantwortlichkeit seitens des anderen Partners.

Die Entwicklung unmittelbarer Produktionsbeziehungen und der Übergang zur unmittelbaren Koordinierung der Produktionspläne und zur gemeinsamen Planung im Prozeß der sozialistischen ökonomischen Integration *verändern* zwar die Rolle der Ware-Geld-Beziehungen zwischen den RGW-Ländern, aber sie *mindern keineswegs* ihre Bedeutung. Das gilt für sämtliche Elemente dieser Ware-Geld-Beziehungen, für den sozialistischen internationalen Handel, das sozialistische internationale Preissystem und das internationale sozialistische Finanzsystem.

Die Rolle des internationalen Handels ändert sich insofern, als er sich nicht mehr nur auf Überschußprodukte bzw. Produkte, die aus natürlichen oder historischen Gründen im betreffenden Importland nicht erzeugt werden, erstreckt, sondern zunehmend zur Strukturverbesserung und Effektivitätserhöhung der Volkswirtschaft eingesetzt wird. Der Austausch von Erzeugnissen, die auf Grund entsprechender Spezialisierungs-/Kooperationsvereinbarungen hergestellt werden, nimmt rasch zu,[35] und es entwickelt sich der Austausch wissenschaftlich-technischer Ergebnisse und Leistungen sowie von Bau- und Projektierungsleistungen. Insgesamt dominieren im wechselseitigen Austausch die Waren, deren vorläufige internationale gesellschaftliche Anerkennung bereits im Prozeß gemeinsamer Planung und Kooperation erfolgt ist, bei deren Anerkennung der Markt nur noch eingeschränkte Funktionen wahrnimmt.[36]

Der Einsatz ihrer Handelsbeziehungen zu volkswirtschaftlichen Strukturveränderungen und Effektivitätserhöhungen forderte von den RGW-Ländern die Entwicklung einer Reihe spezieller Rechtsformen wie der Spezialisierungs-/Kooperationsverträge, der Forschungskooperations- und Lizenzverträge, der Bauleistungsverträge usw. Diese Entwicklung wurde seitens des RGW unterstützt durch die Ausarbeitung und Annahme entsprechender international-einheitlicher Normen (z. B. der Allgemeinen Bedingungen der Spezialisierung und Kooperation der Produktion zwischen Organisationen der Mitgliedsländer des RGW — ABSK)[37] bzw. entsprechender internationaler Vertragsmuster (z. B. für den Lizenzhandel, die Forschungskooperations- und Bauleistungsverträge). Der Einsatz des Warenaustausches zur Realisierung der im Wege unmittelbarer Koordinierung der Produktionspläne organisierten internationalen Arbeitsteilung erforderte die Entwicklung solcher Rechtsformen, die die unmittelbare Produktionskoordinierung mit der Planung und Realisierung der Austauschbeziehungen verbinden. Diese Funktion erfüllen vor allem die Protokolle der Vorsitzenden der zentralen staatlichen Planungsorgane über die Koordinierung der Fünfjahrpläne und die Spezialisierungs- und Kooperationsabkommen und -verträge. Die Vorsitzendenprotokolle z. B. fassen die wesentlichen bis zu diesem Zeitpunkt bereits vereinbarten Maßnahmen der ökonomischen Zusammenarbeit zusammen und legen weitere Schwerpunkte der Zusammenarbeit in Wissenschaft und Technik und materieller Produktion fest. Zugleich fixieren sie jedoch Struktur und Umfang der zur Realisierung dieser Produktionsbeziehungen erforderlichen gegenseitigen Warenlieferungen in entsprechenden Warenlisten und verpflichten die Staaten, Handelsabkommen entsprechenden Inhalts abzuschließen (pactum de contrahendo).[38] In gleicher Richtung wirkt die Regelung der Spezialisierungs-/Kooperationsverträge, wonach die Vertragspartner verpflichtet sind, alle von ihnen abhängenden Maßnahmen zu treffen, damit die im Vertrag vorgesehenen Liefermengen der spezialisierten Erzeugnisse in die langfristigen Handelsabkommen und die Jahresprotokolle aufgenommen werden (§ 20 ABSK).

Die sozialistische ökonomische Integration vollzieht sich unter der Bedingung explodierender Preise auf den Hauptwarenmärkten. Ihre unmittelbare Ursache hat diese Entwicklung in dem ungeheuren Preisanstieg für Roh- und Brennstoffe, darunter insbesondere für Erdöl und Erdgas.[39] Vordergründig sind die jeweiligen Preisschübe auf die unterschiedlichsten ökonomischen und politischen Ereignisse zurückzuführen (Preisabreden der Hauptförderländer, Konjunkturzyklus, Nahostkrise, Entwicklung im Bereich des Persischen Golfs usw.); letztlich ist diese Preisentwicklung jedoch insgesamt eine Folge der tendenziellen Verknappung der Weltressourcen und der daraus resultierenden Notwendigkeit, auch ungünstige und entfernte Vorkommen trotz der immens steigenden Abbau- und Transportkosten zu nutzen.

Eine Isolierung der intrasystemaren ökonomischen Beziehungen der RGW-Länder gegen diese Entwicklung der kapitalistischen Märkte ist ausgeschlossen. Einmal entwickeln sämtliche RGW-Länder neben ihren wechselseitigen Handelsbeziehungen gleichzeitig umfangreiche Ware-Geld-Beziehungen mit dem nichtsozialistischen Wirtschaftsgebiet. Letztere beeinflussen unmittelbar die Produktions- und Realisierungsbedingungen innerhalb der einzelnen RGW-Länder, insoweit sie deren Arbeitsproduktivität, wissenschaftlich-technischen Fortschritt, Kosten usw. zu den entsprechenden Faktoren im nichtsozialistischen Wirtschaftsgebiet objektiv in Beziehung setzen. Zum anderen sind die RGW-Länder wegen der stimulierenden Wirkung des Wettbewerbs jedoch auch daran interessiert, ihre intrasystemare Entwicklung an der Wertentwicklung des kapitalistischen Weltmarktes zu messen.

Andererseits wird die langfristige planmäßige ökonomische Entwicklung natürlich durch unvorhersehbare Preissprünge auf dem Weltmarkt[40] aufs äußerste belastet. Die ganze Tragweite des Problems wird deutlich, wenn man sich den Gang der Ereignisse am Beispiel einer Fünfjahrplan-Koordinierung vergegenwärtigt. Die Koordinierungsarbeiten für die Planperiode 1971—1975 erfolgten im Prinzip in den Jahren 1968—1970; sie verfolgten wie immer das Ziel, die Produktionspläne so zu koordinieren, daß der Außenhandel in jedem Jahr des Planungsjahrfünfts in etwa zweiseitig bilanziert war. Hätten nun Waren von solchem Wertanteil am Gesamtvolumen wie das Erdöl und das Erdgas entsprechend ihrem Weltmarktpreis bezahlt werden müssen, so hätte das auf Grund der oben skizzierten Preissteigerung natürlich die Bilanz völlig aus den Angeln gehoben. Ein solches spontanes Wirken der Weltmarktpreise wäre mit der planmäßigen Realisierung der Integrationsbeziehungen unvereinbar. Gesichert werden mußten eine gefilterte Wirkung der Weltmarktpreise und die maximale Stabilität der abgestimmten gebrauchswertmäßigen Proportionen. Da dies nicht ohne Abweichungen vom Wert zu bewerkstelligen war und damit die Interessen der staatlichen Eigentümer wie ihrer Betriebe berührt wurden, konnte dies *nur* mittels *rechtlicher* Regelung geschehen. Eine solche Regelung erfolgte bereits durch Beschluß der IX. Ratstagung (Bukarest 1958), sie wurde modifiziert durch eine Entscheidung der 70. Tagung des Exekutivkomitees (1974). Laut dieser Regelung sind Ausgangspunkt für die Vereinbarung konkreter Preise die durchschnittlichen Preise der Hauptwarenmärkte eines vereinbarten Basiszeitraumes. Als Basiszeitraum galt bis 1974 die Laufzeit des vorangegangenen langfristigen Handelsabkommens. (Für Lieferungen des Jahres 1971 galten also gleichermaßen wie für Lieferungen des Jahres 1974 die durchschnittlichen Preise der Jahre 1966—1970.) Wegen der sprunghaften Preissteigerung auf dem Weltmarkt insbesondere in den Jahren 1972/73 beschloß das Exekutivkomitee auf seiner 70. Tagung, die Preise alljährlich auf der Basis der durchschnittlichen Weltmarktpreise der jeweils vorangegangenen fünf Jahre zu bilden. Diese Regelung ist durch Beschluß der

93. Tagung des Exekutivkomitees für die Jahre 1981—1985 beibehalten worden. Das bedeutet, daß z. B. 1981 die Durchschnittspreise der Jahre 1976—1980, 1982 aber die Preise der Jahre 1977—1981 Ausgangspunkt der Preisbildung sein werden.[41]

Ein weiteres wesentliches Element der sozialistischen internationalen Ware-Geld-Beziehungen ist das internationale Finanzsystem. Es umfaßt die in Geldform zwischen den beteiligten Staaten und Organisationen bestehenden gesellschaftlichen Beziehungen, die Zahlungs-, Verrechnungs- und Kreditbeziehungen sowie die speziellen Wertkategorien (internationale Währung, internationaler Preis, internationaler Zins, Währungskurse usw.). Grundlage dieses Finanzsystems ist der transferable Rubel (TR). Er wurde durch völkerrechtlichen Vertrag ins Leben gerufen.[42] Er ist kollektive Währung, weil er mit keiner Währung eines Landes (auch nicht dem sowjetischen Rubel) identisch ist; er ist internationale Währung, weil er nur im Rahmen der internationalen Ware-Geld-Beziehungen fungiert; er ist transferabel, weil er vom Konto eines RGW-Landes (oder einer internationalen Organisation) bei der Internationalen Bank für Wirtschaftliche Zusammenarbeit (IBWZ) auf das Konto eines anderen RGW-Landes (oder einer internationalen Organisation) übertragen, transferiert werden kann; er existiert ausschließlich als Buchgeld, d. h. in Form von Buchungen auf den Konten der IBWZ und nicht als Bargeld.

Der TR übt (in ideeller Form) die Funktion des Maßes der Werte und des Maßstabs der Preise aus. Das geschieht — wie wir bereits gesehen haben — im Prozeß der Preisbildung und bei der Bildung der Kurse zwischen dem TR und den nationalen Währungen der RGW-Mitgliedsländer im kommerziellen Bereich.[43] Der Kurs zwischen dem TR und den kapitalistischen Währungen hat vor allem für die im Prozeß der Preisbildung erforderliche Umrechnung der Weltmarktpreise in TR Bedeutung. Dieser Kurs wird entsprechend dem Kaufkraftverhältnis zwischen dem TR auf dem Markt zwischen den RGW-Ländern und der entsprechenden kapitalistischen Währung auf den internationalen Märkten gebildet. Der kommerzielle Kurs TR/nationale Währungen der RGW-Länder sollte gleichermaßen für interne Zwecke der einzelnen RGW-Länder (Errechnung des Valutagegenwertes für die Außenhandelsbinnenbeziehungen, Rentabilitätsberechnungen usw.) als auch der realen Umrechnung von Inlandsaufwendungen in Forderungen in TR (z. B. bei der Finanzierung von gemeinsamen Objekten, Aufwands- und Schadenersatz usw.) dienen.

Der TR fungiert als internationales Zahlungs- und Verrechnungsmittel. In ihm werden die Vertragspreise ausgedrückt; nach erfolgter Leistung werden die entsprechenden Forderungen dem Konto des Exportlandes bei der IBWZ und denen des exportierenden AHB bei seiner Bank gutgeschrieben und die entsprechenden Konten des Importlandes bei der IBWZ und des Import-AHB bei seiner Bank belastet. Die auf Grund der bilateralen gegenseitigen Verrechnungen entstandenen Salden können mit Salden aus den Beziehungen mit anderen Partnern verrechnet werden. Seiner Anlage nach ist das Verrechnungssystem ein mehrseitiges System. Praktisch hat diese seine Anlage allerdings keine größere Bedeutung erlangt. Die Zahlungsein- und -ausgänge müssen im Verhältnis zwischen allen Mitgliedsländern innerhalb eines festgelegten Zeitraumes ausgeglichen sein, wobei allerdings eine evtl. Reservebildung in TR und Kreditkooperationen darin eingeschlossen sein können.[44] Revolvierend wird ein Verrechnungskredit von maximal 2% des Vorjahresumsatzes des betreffenden Landes zu einem Zinssatz von 2—3% p. a. gewährt. Darüber hinaus können auf Antrag befristete Kredite eingeräumt werden (Zinssatz je nach Laufzeit 3—5%), diese werden aus Eigenmitteln der Bank, größtenteils jedoch aus Guthaben anderer RGW-Länder finanziert (für Guthaben und Depositen werden Zinsen zwischen 1,5 und 4% gewährt).[45] Damit ist bereits die Funktion des TR als internationales Akkumulationsmittel angesprochen; als solches tritt er in der Form von Währungsreserven und internationalen Krediten auf. Letztere werden — wie dargelegt — durch die IBWZ gewährt, sie können jedoch auch durch die Internationale Investitionsbank und durch einzelne RGW-Länder direkt gewährt werden.

Der TR ist Kreditgeld; er hat selbst keinen Wert, sondern verbrieft nur einen Anspruch auf Wertübertragung, d. h. auf die Übertragung von Lieferungen und Leistungen aus den RGW-Ländern. Da diese durch Plankoordinierung und gemeinsame Planung bereits in beträchtlichem Maße vorher bestimmt und nahezu ausnahmslos durch die Handelsabkommen bilanziert sind, folgt der TR zunächst weitgehend den geplanten Bewegungen der Gebrauchswerte.[46] Erst wenn wegen Nichterfüllung von Lieferpflichten oder aber infolge von Abweichungen der tatsächlich gezahlten von den ursprünglich geplanten Preisen die Bilanz gestört wird und entsprechende Debetsalden auf den Konten der IBWZ entstehen, erst dann macht sich der TR wieder bemerkbar und bewirkt (je nach Befristung der eingeräumten Kredite über kurz oder lang) die Festlegung neuer Proportionen im gegenseitigen Handel der betreffenden Partnerländer. Daß diese internationalen Ware-Geld-Beziehungen insgesamt rechtlicher Regelung bedürfen und auch rechtlich geregelt sind, entspricht allgemeiner Auffassung. Wenn wir der Darstellung des Wesens dieser Beziehungen und der Grundzüge ihrer rechtlichen Regelung dennoch solch breiten Raum gewidmet haben, geschah dies also nicht, um die Notwendigkeit oder die Tatsache ihrer rechtlichen Regelung zu beweisen. Im Gegenteil, damit sollte jenen Auffassungen entgegengetreten werden, die eine Reduktion der rechtlichen Regelung der sozialistischen ökonomischen Integration auf die Liefer- und Leistungsbeziehungen für möglich halten und die jenen Regelungsmechanismen, welche unmittelbar an die Wertkategorien anknüpfen (Schadensersatz, Vertragsstrafe, Zinsen), allein Effektivität beimessen.

Es sollte vor allem deutlich geworden sein, daß die maßgeblichen Entscheidungen über Umfang, Struktur und Richtung des Austausches bereits im Vorfeld unmittelbarer Regelung der Ware-Geld-Beziehungen fallen und daß dabei zwar Ware-Geld-Kategorien eine Rolle spielen, entscheidendes Kriterium jedoch die im Interesse stabiler Entwicklung des sozialistischen Weltsystems erforderliche Sicherung entsprechender materieller gebrauchswertmäßiger Proportionen ist.

Von dieser Erkenntnis ist auszugehen im Interesse einer *realen* Einschätzung der Effektivität *materieller Sanktionen* im Prozeß der sozialistischen ökonomischen Integration. Sie bilden ohne Zweifel einen bedeutsamen Stabilisierungsfaktor für die Integrationsbeziehungen auf Grund ihrer schadenausgleichenden, erzieherischen und signalisierenden Wirkung. Insbesondere die beiden erstgenannten Wirkungen dürfen jedoch beim Handel mit bestimmten Waren nicht überschätzt werden. Wenn bislang Waren z. B. 30% unter ihrem aktuellen Weltmarktpreis gehandelt werden oder zur Zeit auf dem Weltmarkt überhaupt nicht zu erlangen sind, kann eine 8%ige Vertragsstrafe oder auch ein Schadensersatz in TR nur bedingt schadenausgleichend oder erzieherisch wirken. Unter diesen Bedingungen sind solche Wirkungsmechanismen der gemeinsamen Rechtsordnung, die die Verpflichtungen exakt definieren und ihre Erfüllung unter die gemeinsame Kontrolle der Parteiführungen und der zentralen Staatsorgane stellen, und ggf. auch Mechanismen, die die mangelnde Leistung einer Ware mit der Verweigerung der Gegenleistung einer anderen Ware beantworten, von größerer Effektivität als die allgemeinen finanziellen Sanktionen.

Wir sind davon ausgegangen, daß die Notwendigkeit rechtlicher Regelung eine Eigenschaft der objektiven Verhältnisse ist. Wir können nunmehr feststellen, daß die Verhältnisse der sozialistischen ökonomischen Integration diese Eigenschaft besitzen, weil sie Beziehungen gemeinsamer Leitung durch souveräne Staaten sind und zwischen staatlich-sozialistischen Eigentümern und deren relativ selbständigen warenproduzierenden und -zirkulierenden Wirtschaftsorganisationen realisiert werden. Daraus kann *nicht* geschlossen werden, daß die Integrationsbeziehungen *durchgängig* rechtlich geregelt werden müssen. Unsere Überlegungen zur Regelungsbedürftigkeit der Integrationsbeziehungen im einzelnen haben ergeben, daß diese Beziehungen *Rechtsform* dann annehmen müssen,

— wenn ihr Inhalt so weit geklärt ist, daß er exakt in Rechten und Rechtspflichten ausgedrückt werden kann,

— wenn der programmgemäße Ablauf der betreffenden Beziehungen Voraussetzung für die planmäßige Realisierung entsprechender volkswirtschaftlicher Prozesse in den Partnerländern ist und

— wenn die Erreichung des mit der betreffenden Beziehung bezweckten Ziels mittels Recht, eben auf Grund seiner spezifischen Merkmale, am wirksamen unterstützt werden kann.

Unter diesen Kriterien ist das letztgenannte zweifellos das wichtigste. Das bedeutet, daß Eigenschaften des Subjekts (Recht) und des Objekts (gesellschaftliche Verhältnisse) — genauer gesagt, deren wechselseitige Entsprechung — die Notwendigkeit und Möglichkeit der rechtlichen Regelung im einzelnen bestimmen.

Rekapitulieren wir, welche komplementären Eigenschaften der Integrationsverhältnisse einerseits und des Rechts andererseits die Notwendigkeit rechtlicher Regelung dieser Verhältnisse internationaler ökonomischer Zusammenarbeit im einzelnen begründen:

— An erster Stelle ist hier die Notwendigkeit gemeinsamer Souveränitätsausübung der RGW-Staaten zu erwähnen, die eine arbeitsteilige Wahrnehmung ihrer Kompetenzen durch die einzelnen Organe und die Verbindlichkeit bestimmter gemeinsamer Entscheidungen über konkrete volkswirtschaftliche Prozesse erfordert.

— Zweitens geht es um das Erfordernis stabiler und kontinuierlicher Entwicklung der Integrationsprozesse, dem die Eigenschaft des Rechts, verbindliche generalisierte Entscheidung zu sein, entspricht.

— Drittens entspricht die Eigenschaft des Rechts, korrespondierende Rechte und Pflichten festzulegen, der Notwendigkeit, den komplexen Integrationsprozeß in abgegrenzte, hierarchisch geordnete und wechselseitig verbundene Entscheidungsfelder stabil aufzugliedern.

— Viertens wird die effektivere Ausnutzung des Interessenmechanismus in den Beziehungen zwischen den Staaten wie zwischen den Wirtschaftsorganisationen durch die Verwirklichung subjektiver Rechte und Pflichten unterstützt; sie stimuliert die eigenverantwortliche aktive und schöpferische Teilnahme der einzelnen Subjekte an der Leitung und Realisierung der internationalen Wirtschaftsbeziehungen.

— Schließlich bewirkt fünftens die funktionelle Abhängigkeit der subjektiven Rechte und Pflichten und die Verantwortlichkeit eine wirksame Stabilisierung des Integrationssystems bei bestimmten Arten von Störungen.

Eine weitere Ausgangsthese dieses Abschnittes besagte, daß rechtliche Regelung unter unseren Bedingungen nicht im rechtsfreien Raum erfolgt, daß immer bereits modellierte Rechtsverhältnisse zu berücksichtigen und dabei die innere Widerspruchsfreiheit des Rechtssystems zu gewährleisten ist. Wir haben gesehen, wie dies im Prozeß des Übergangs zur sozialistischen ökonomischen Integration geschah, als die bereits früher erfolgte Regelung der Ware-Geld-Beziehungen in die Integrationsregelung aufgehoben wurde, und wie die Direktbeziehungen zwischen den Staatsorganen in die völkerrechtlichen Beziehungen zwischen den Staaten eingebettet wurden.

Schließlich haben wir eingangs festgestellt, die Notwendigkeit und Möglichkeit rechtlicher Regelung bestehe nur in Abhängigkeit von der Leistungsfähigkeit des Rechts. Diese These hat sich bei unseren konkreten Untersuchungen als besonders wichtig erwiesen. Es hat sich gezeigt, daß sowohl der erforderliche institutionelle Mechanismus als auch die Verfahren gemeinsamer Leistung und deren Ergebnisformen erst dann der rechtlichen Regelung zugänglich wurden, als deren überkommene Methoden in moderne, der Integration adäquate Formen und Methoden rechtlicher Regelung aufgehoben wurden.

Anmerkungen

Zur Einleitung

1 W. I. Lenin, Materialismus und Empiriokritizismus, in: Werke, Bd. 14, Berlin 1970, S. 267.
2 Vgl. W. N. Kudrjawzew, Aktuelle Aufgaben der sowjetischen Rechtswissenschaft im Lichte der neuen Verfassung der UdSSR, in: Sowjetwissenschaft, Gesellschaftswissenschaftliche Beiträge (Berlin), 12/1978, S. 1256. Der Autor spricht sich audrücklich gegen eine Mitwirkung der Rechtswissenschaftler an der Gesetzgebung nur im Sinne der angewandten Forschung aus und orientiert auf „ein rechtzeitiges und gründliches Studium der bei der Schaffung neuer Gesetze mit Notwendigkeit auftretenden fundamentalen Probleme und die Erarbeitung der entsprechenden juristischen Konzeptionen, denn gerade damit vermag die sowjetische Rechtswissenschaft der Praxis die wirksamste Untersützung zu geben".
3 Wir folgen damit Vorschlägen, die auf dem Warschauer Symposium über Gesetzgebung (1974) vor allem von A. F. Schebanow gemacht wurden. (Vgl. K.-F. Gruel/K. A. Mollnau, Internationales Symposium über sozialistische Gesetzgebung, in: Staat und Recht (Berlin), 9/1974, S. 1532ff.) — Mit diesen Vorschlägen wurden Gedanken zur inneren Strukturierung der marxistisch-leninistischen Rechtstheorie aufgegriffen, die auf dem bekannten Budapester Symposium über den Gegenstand der Rechtstheorie und ihre Struktur vorgelegt wurden; vgl. Aktuelle Probleme der marxistisch-leninistischen Staats- und Rechtstheorie, Budapest 1968, S. 18ff., 171ff., 134ff.
4 Ch. Randal, Zur wissenschaftlichen Untersuchung von Fragen der Vervollkommnung der Gesetzgebung, in: Iswestija der AdW der Estnischen SSR, Bd. XIII, Reihe Gesellschaftswissenschaften, 4/1964, zit. nach: P. E. Nedbailo, Einführung in die allgemeine Theorie des Staates und des Rechts, Berlin 1972, S. 136. — In der DDR ist jetzt allerdings I. Wagner für eine — wie er es nennt — „selbständige Gesetzeswissenschaft" eingetreten; vgl. ders., Das sozialistische Recht als Widerspiegelung und objektiv Gesetzmäßiges in der Rechtsschöpfung, in: Methodologische Probleme der Rechtstheorie, Leipzig 1979, S. 20ff. Dagegen mit guten Argumenten Z. Péteri, Widerspiegelung im Recht und Nomologie, in: ebenda, S. 162ff. und M. Samu, Bemerkungen zu den Thesen von I. Wagner, in: ebenda, S. 174ff.
5 So abermals Th. W. Bechtler: Der soziologische Rechtsbegriff, Berlin(West) 1977, S. 168 (Schriftenreihe zur Rechtssoziologie und Rechtstatsachenforschung, Bd. 41); vgl. auch Rezension dazu von J. J. Hagen, in: Archiv für Rechts- und Sozialphilosophie (Wiesbaden), 4/1979, S. 559/600.
6 Autorenkollektiv unter Ltg. von U.-J. Heuer, Wirksamkeit des Wirtschaftsrechts, Berlin 1979, S. 118.
7 In der DDR versucht dies insbes. G. Haney; vgl. vor allem seine Thesen: Bewertung, Wert und

Werte des Rechts, in: Wissenschaftliche Zeitschrift der Friedrich-Schiller-Universität, Gesellschafts- und Sprachwissenschaftliche Reihe (Jena), 1/1979, S. 9ff.
Dagegen: H. Klenner, Fragen eines Rechtswissenschaftlers an die Liebhaber der Moral unter den Juristen, in: ebenda, S. 23; K. A. Mollnau, Soziale Determiniertheit des Rechts und gesetzgeberische Entscheidung im Rechtsbildungsprozeß — Thesen —, in: Zur marxistischen Rechtskonzeption, Beiträge zum IVR-Weltkongreß 1979 in Basel, Berlin 1979, S. 70f.

Zu Abschnitt 1

1 Vgl. Programm der SED, Berlin 1976, S. 45, 47.
2 An grundlagentheoretischer Literatur vgl. etwa: M. Riedel (Hrsg.), Rehabilitierung der praktischen Philosophie, 2 Bände, Freiburg 1972; J. Habermas, Zur Rekonstruktion des Historischen Materialismus, Frankfurt a. M. 1976; O. Höffe (Hrsg.), Über J. Rawels Theorie der Gerechtigkeit, Frankfurt a. M. 1977; W. Oelmüller (Hrsg.), Materialien zur Normendiskussion, 3 Bände, Paderborn 1978ff. (der dritte Bd. ist derzeit allerdings erst angekündigt); M. Kriele, Recht und praktische Vernunft, Göttingen 1979.
3 Einen guten Überblick dazu bietet W. Oelmüller (Hrsg.), a. a. O., besonders im Vorwort zu Bd. 1: Transzendentalphilosophische Normenbegründungen, Paderborn 1978, S. 8ff.
4 Ebenda, S. 10.
5 R. Bender, Gesetzgebungslehre — ein Neuer Zweig der Rechtswissenschaft? (Zugleich Besprechung des Buches: Gesetzgebungslehre von P. Noll), in: Zeitschrift für Rechtspolitik (München), 6/1976, S. 132. Bei Bender heißt es: „Der Medizinmann ist durch den Arzt, der Alchimist durch den Chemiker und der Astrologe durch den Astronomen schon vor vielen Jahrhunderten abgelöst worden. Nur in der Gesetzgebung — der maßgeblichen Regelung unserer Gesellschaftsordnung — leisten wir uns den Luxus, an dem Glauben festzuhalten, es handle sich um eine genialische Begnadung der damit befaßten Künstler."
6 W. Eichhorn I. sagt über diese Theorie treffend: „Wenn Marx und Engels in der ‚Deutschen Ideologie' auf zwei Ebenen der idealistischen Illusionierung in den Vorstellungen über die realen Gesellschaftsverhältnisse hinweisen, nämlich die profanen Illusionen der in der bürgerlichen Welt praktisch Befangenen und den verhimmelten Extrakt dieser profanen Illusionen, so wird hier gewissermaßen eine dritte Illusionsebene hinzugefügt: die Ebene konstruierter Spielregeln und idealer Sprechsituationen beim Reden über diese verhimmelten Extrakte." Vgl. ders., Historischer Materialismus und Erneuerung der „praktischen Philosophie", in: Deutsche Zeitschrift für Philosophie (im folgenden: DZfPh) (Berlin), 6/1978, S. 724; vgl. auch K. Marx/F. Engels, Die deutsche Ideologie, in: MEW, Bd. 3, Berlin 1978, S. 217.
7 W. Oelmüller (Hrsg.), a. a. O., Bd. 2, Normenbegründung — Normendurchsetzung, Paderborn 1978, S. 8.
8 So wurde beispielsweise von Hermann Lübbe die Auffassung, Normen seien in einem herrschaftsfreien Dialog und in einer idealen Sprechgemeinschaft zu begründen, unter Umsturzverdacht gestellt und ein Vertreter dieses Konzepts zum Kniefall gebracht. Vgl. W. Oelmüller (Hrsg.), a. a. O., Bd. 1, Transzendentalphilosophische Normenbegründungen, S. 181ff.; S. 226ff.
9 W. Oelmüller (Hrsg.), a. a. O., Bd. 2, Normenbegründung — Normendurchsetzung, S. 8.
10 K. Kulcsár, A jogszociologie alapjai, Budapest 1976, S. 336ff.; H. Klenner, Stichwort Rechtssoziologie, in: Wörterbuch der Soziologie, Berlin 1977, S. 638ff.
11 Vgl. F. Engels, Brief an Franz Mehring in Berlin vom 14. Juli 1893, in: MEW, Bd. 39, Berlin 1973, S. 96.
12 K. Marx, Bemerkungen über die neueste preußische Zensurinstruktion, in: MEW, Bd. 1, Berlin 1958, S. 3ff.
13 K. Marx, Die Verhandlungen des 6. rheinischen Landtags, ebenda, S. 28ff.
14 Ebenda, S. 109ff.

15 K. Marx, Zum Ehescheidungsgesetzentwurf, in: MEW, Ergänzungsband, Erster Teil, Berlin 1973, S. 389.

16 So etwa W. Naucke, Über die juristische Relevanz der Sozialwissenschaften, Frankfurt a. M. 1972, S. 62; H. Frohn, Rezension zu J. Rödig (Hrsg.), Studien zu einer Theorie der Gesetzgebung, Berlin(West) 1976, in: Zeitschrift für Rechtspolitik (München), 11/1977, S. 286/87; H. Ehmke, Rechtspolitik im Dienste der Demokratie, in: Recht und Politik (Berlin[West]), 1/1969, S. 8.

17 P. Noll, Gesetzgebungslehre, Reinbek 1973, S. 27.

18 M. Rehbinder, Rechtssoziologie, Berlin(West) — New York/1977, S. 133.

19 Dazu kritisch: W. A. Tumanow, Bürgerliche Rechtsideologie, Berlin 1975.

20 Vgl. Bundesjustizminister H.-J. Vogel, Zur Diskussion um die Normenflut, in: Juristenzeitung (Tübingen), 10/1979, S. 324.

21 F. K. Beutel, Some Potentialities of Experimental Jurisprudenz as a New Branche of Social Science, Lincoln 1957 (deutsch: Die experimentelle Rechtswissenschaft ein neuer Zweig der Sozialwissenschaften, Berlin[West] 1971).

22 Näheres siehe: K. A. Mollnau u. a., Objektive Gesetze, Recht, Handeln, Berlin 1979, S. 67ff.

23 G. Schüßler, Die Staats- und Rechtswissenschaft im Dienste der sozialistischen Staatspraxis, in: Staat und Recht (Berlin), 10/1978, S. 871.

24 Marxistisch-leninistische Staats- und Rechtstheorie, Lehrbuch, 3. Aufl., Berlin 1980, S. 495ff.; Marxistisch-leninistische allgemeine Theorie des Staates und des Rechts, Bd. 4, Berlin 1976, S. 221ff.; Staatsrecht der DDR, Lehrbuch, Berlin 1977, S. 317ff.

25 Deshalb ist es konzeptionell problematisch, wenn gesagt wird, in der Theorie der Rechtsbildung konzentriere sich die Aufgabe vor allem darauf, die dynamischen Wechselbeziehungen zwischen Politik, Ideologie und Recht, die Rolle der „rechtlichen Vermittlung" der gesellschaftlichen Beziehungen zu untersuchen. Siehe: G. Bley/K.-F. Gruel, Erfahrungen und Lehren der Mitarbeit von Wissenschaftlern an der Gesetzgebung, in: Staat und Recht (Berlin), 10/1978, S. 887.

26 Vgl. D. Seidel/G. Stiller, Der wissenschaftlich-technische Fortschritt in seiner Bedeutung für die Rechtsbildung, in: Materialien des III. Berliner rechtstheoretischen Symposiums, Berlin 1980, S. 205ff.

27 W. N. Kudrjawzew, Aktuelle Aufgaben der sowjetischen Rechtswissenschaft im Lichte der neuen Verfassung der UdSSR, in: Sowjetwissenschaft, Gesellschaftswissenschaftliche Beiträge (Berlin), 12/1978, S. 1256.

28 Vgl. G. Baranowski, Rechtliche Widerspiegelung und Rechtsgeschichte, in: Das Recht als Widerspiegelung, Leipzig 1979, S. 47ff.

29 Siehe: W. N. Kudrjawzew, Aktuelle Aufgaben . . . , a. a. O., S. 1255.

30 G. Hugo, Lehrbuch des Naturrechts als einer Philosophie des positiven Rechts, besonders des Privatrechts (Berlin 1797), 4. Ausg. Berlin 1819 (Nachdruck, Glashütten 1971); zu Hugo, speziell unter dem Aspekt der Rechtsbegründung, siehe auch K. A. Mollnau, Zur Determinations- und Begründungsfrage des Rechts, in: W. R. Beyer (Hrsg.), Hegel-Jahrbuch 1975, Köln 1976, S. 53ff.

31 Hugos Fortschrittsfeindlichkeit, die zugleich eine Theoriefeindlichkeit ist, schlägt sich in frontaler Kritik der Rechtsphilosophie der Aufklärer nieder, die an dem Bestehenden sehr vieles zu tadeln fänden, für sie gäbe es „kein einziges Rechtsverhältnis, das sich nicht chicanieren" lasse, was gefährlich für die juristische Praxis der Gesetzgebung und Rechtssprechung sei (a. a. O., S. 28ff., S. 2).

32 Zur Beurteilung Savignys und der historischen Rechtsschule siehe: J. Kuczynski, Studien zu einer Geschichte der Gesellschaftswissenschaften, Bd. 6, Berlin 1977, S. 123ff., speziell Seite 158ff.: Anmerkungen zu „Savigny" von H. Klenner.

33 Vgl. dazu: A. Michalska, The Positivistic Element in the Marxist Definition of law and its Evaluation, in: A. Lopatka (ed.), Contemporary Conceptions of Law, Warsaw, 1979, S. 93ff.; Kritisch: W. A. Tumanow, Naturrecht und juristischer Positivismus in der Einschätzung des

Marxismus, in: Die marxistische Konzeption des Rechts, Probleme der modernen Welt, Moskau 1979, S. 16ff. (russ.).
34 W. N. Kudrjawzew, Aktuelle Aufgaben . . . , a. a. O., S. 1254.

Zu Abschnitt 2

1 K. Marx, Ökonomisch-philosophische Manuskripte aus dem Jahre 1844, in: MEW, Ergänzungsband, Erster Teil, Berlin 1973, S. 537. Ausgebaut haben Marx und Engels diese Erkenntnis vor allem in der „Deutschen Ideologie“ und in den „Grundrissen der Kritik der Politischen Ökonomie“.
2 K. Marx, Einleitung zu den „Grundrissen der Kritik der politischen Ökonomie“, in: K. Marx/F. Engels, Gesamtausgabe (MEGA), Bd. II/1, Berlin 1976, S. 25.
3 Staatsrecht der DDR, Lehrbuch, Berlin 1977, S. 16. Methodisch ähnlich: Verwaltungsrecht, Lehrbuch, Berlin 1979, S. 26, aber auch Wirtschafts- und Außenwirtschaftsrecht, Lehrbuch, Berlin 1977, S. 34.
4 P. I. Stučka, Die revolutionäre Rolle von Recht und Staat, Frankfurt a. M. 1969, S. 146.
5 F. Engels, Herrn Eugen Dührings Umwälzung der Wissenschaft (Anti-Dühring), in: MEW, Bd. 20, Berlin 1973, S. 89. Vgl. I. Szabó, The Socialist Conception of Law, in: International Encyclopedia of Comparative Law, Vol. II, Tübingen — Paris 1975, p. 69.
6 Vgl. H. Kelsen, in: Die Wiener rechtstheoretische Schule, Wien 1968, S. 1455ff. Zur Kritik: H. Klenner, Rechtsphilosophie in der Krise, Berlin 1976, S. 44.
7 So: H. Coing, Grundzüge der Rechtsphilosophie, Berlin(West) — New York 1976, S. 346; rezensiert in: Deutsche Literaturzeitung, Jg. 100, Berlin 1979, S. 480ff.
8 W. Fikentscher, Methoden des Rechts, Tübingen 1975—1977; rezensiert in: Deutsche Literaturzeitung, Jg. 100, Berlin 1979, S. 268ff.
9 P. Noll, Gesetzgebungslehre, Reinbek 1973. Im Gegensatz hierzu wird in den von K. Eichenberger/B. Buser/A. Metraux/P. Trappe herausgegebenen Grundfragen der Rechtsetzung, Basel 1978, S. 185ff., die Frage nach den Determinanten der Gesetzgebung wenigstens aufgeworfen. Der von J. Rödig herausgegebene Sammelband Theorie und Gesetzgebung, Berlin (West) 1976, beschränkt sich wiederum im wesentlichen auf strukturtheoretische Probleme, z. T. allerdings von grundlegender Wichtigkeit.
10 Simplicissimus (1910/11), Berlin 1978, S. 288.
11 Vgl. K. Larenz, Methodenlehre der Rechtswissenschaft, Berlin(West)-Heidelberg-New York 1979, S. 226ff. Rezensiert in: Deutsche Literaturzeitung 1980, S. 502.
12 G. W. F. Hegel, Grundlinien der Philosophie des Rechts (1821), Berlin 1981, § 211. Zum gesamten Vorgang vgl. H. Klenner, Savigny und das historische Denken in der Rechtswissenschaft, in: Savigny y la ciencia juridica, Granada 1979, S. 133—169.
13 Vgl. J. G. Fichte, Deduzierter Plan einer zu Berlin zu errichtenden höheren Lehranstalt die in gehöriger Verbindung zu einer Akademie der Wissenschaften (1807), in: Die Idee der deutschen Universität. Die fünf Grundschriften aus der Zeit ihrer Neubegründung, Darmstadt 1956, S. 157.
14 C.-A. Helvétius, Vom Menschen, Berlin 1976, S. 155, 354 (die erste französische Ausgabe erschien 1773, die erste deutsche bereits Breslau 1774).
15 A. Aarnio, Denkweise der Rechtswissenschaft, Wien-New York 1979, S. 41.
16 E. Benda, Gefährdung der Menschenwürde, Opladen 1975, S. 12.
17 M. Kriele, Recht und praktische Vernunft, Göttingen 1979, S. 65.
18 Vgl. H. Klenner, Menschenrechte, friedliche Koexistenz und das Völkerrecht der Gegenwart, in: Schriften und Informationen des DDR-Komitees für Menschenrechte, Berlin 1979, Nr. 2, S. 17ff.
19 H. Kohl, Freiheit — Solidarität — Gerechtigkeit, in: G. Gorscheneck (ed.), Grundwerte in Staat und Gesellschaft, München 1977, S. 52.

20 H. Lübbe, in: W. Oelmüller (ed.), Materialien zur Normendiskussion, Bd. 1 (Transzendentalphilosophische Normenbegründungen), Paderborn 1978, S. 210; Bd. 2 (Normenbegründung — Normendurchsetzung), Paderborn 1978, S. 124. — Zum Gesamtproblem vgl. R. Alexy, Theorie der juristischen Argumentation, Frankfurt a. M. 1978, insbes. S. 219ff.

21 So: Marxistisch-leninistische allgemeine Theorie des Staates und des Rechts, Bd. 4, Berlin 1976, S. 175.

22 So: W. Grahn, Die Rechtsnorm, in: Schriftenreihe Methodologie der marxistisch-leninistischen Rechtswissenschaft, H. 6, Leipzig 1979, S. 4.

23 So: Marxistisch-leninistische allgemeine Theorie des Staates und des Rechts, Bd. 4, a. a. O., S. 172.

24 ibidem, Bd. 1, Berlin 1974, S. 258; Bd. 4, a. a. O., S. 171.

25 F. Kaufmann, Logik und Rechtswissenschaft, Tübingen 1922, S. 91.

26 Marxistisch-leninistische allgemeine Theorie des Staates und des Rechts, Bd. 4, a. a. O., S. 173.

27 Zur Zielstellungsproblematik vgl. A. Aarnio, Legal Point of View. Six Essays on Legal Philosophy, Helsinki 1978, p. 220; W. Morison, in: Law and Society, Melbourne 1978, p. 18, sowie M. Mihailowa, Aim and Law, in: Annuaire de l'université de Sofia, vol. 67, Sofia 1977, p. 7ff., und natürlich W. Segeth, Aufforderung als Denkform, Berlin 1974.

28 So aber: W. Segeth, ebenda, S. 57, 67. Vgl. auch: G. Klaus, Spezielle Erkenntnistheorie, Berlin 1965, S. 81, 97; D. Wittich (u. a.), Marxistisch-leninistische Erkenntnistheorie, Berlin 1978, S. 317ff.

29 Vgl. H. Wagner, Recht als Widerspiegelung und Handlungsinstrument, Köln 1976; W. Grahn, Theoretische Probleme der rechtlichen Widerspiegelung und ihrer Bildung, Diss. B, Leipzig 1978.

30 Vgl. K. Marx, Der Ehescheidungsgesetzentwurf, in: K. Marx/F. Engels, Gesamtausgabe (MEGA), Bd. I/1, Berlin 1975, S. 228.

31 Vgl. E. Paschukanis, Allgemeine Rechtslehre und Marxismus, Wien-Berlin 1929, S. 62.

32 F. Bacon, Essays, Leipzig 1967, S. 226; Ch. L. Montesquieu, Vom Geist der Gesetze, Bd. 1, Tübingen 1951, S. 217.

33 Vgl. P. Römer, in: W. Abendroth (u. a.), Der Kampf um das Grundgesetz. Über die politische Bedeutung der Verfassungsinterpretation, Frankfurt a. M. 1977, S. 94.

34 Vgl. H. Klenner, Gerechtigkeit — eine rechtsphilosophische Kategorie?, in: DZfPh (Berlin), 7/1979, S. 796ff. Davon sind natürlich himmelweit entfernt die modern-bürgerlichen Gerechtigkeitskonzeptionen der Neokantianer, Systemstrukturalisten, Naturrechtler usw.; vgl. dazu: D. Christoff/H. Saner (ed.), Gerechtigkeit in der komplexen Gesellschaft, Basel-Stuttgart 1979 (Studia Philosophica, vol 38).

35 Vgl. A. Peczenik/J. Kusitalo (ed.), Reasoning on Legal Reasoning, Vammala 1979.

36 Vgl. W. Grahn, Vom gesellschaftlichen Sein zum rechtlichen Sollen — Methodische Aspekte, in: Zur marxistischen Rechtskonzeption, Beiträge zum IVR-Weltkongreß 1979 in Basel, Berlin 1979, S. 9ff.

Zu Abschnitt 3

1 Auf Grund des Widerspiegelungscharakters des Rechts ist die Umsetzung von gesellschaftlichem Sein in juristisches Sollen die Grundfrage der Rechtsbildungstheorie; vgl. R. O. Chalfina, Die objektiven Faktoren der gesellschaftlichen Entwicklung, ihre Erkenntnis und Bewertung im Rechtsschöpfungsprozeß, in: Materialien des III. Berliner rechtstheoretischen Symposiums, Berlin 1980, S. 34ff.; H. Wagner, Recht als Widerspiegelung und Handlungsinstrument, Köln 1976, S. 23, S. 57ff.

2 Diese Begriffsbestimmung ist gegenüber jener, die der Verfasser auf dem III. Berliner rechtstheoretischen Symposium vertrat, präzisiert; auch wurde die Bezeichnung geändert.

Statt Regelungsgegenstand wird nunmehr Regelungsobjekt gesagt, weil der Begriff „Regelungsgegenstand" bereits in einem anderen Sinne festgelegt ist. Beides ist der Diskussion auf diesem Symposium zu verdanken, vor allem dem Beitrag G. Pflickes: Der Zusammenhang von Notwendigkeit, Gegenstand und Inhalt rechtlicher Regelung auf dem Gebiet des Wirtschaftsrechts, in: Materialien des III. Berliner rechtstheoretischen Symposiums, a. a. O., S. 179ff.

3 Vgl. K. Marx, Bemerkungen über die neueste preußische Zensurinstruktion, in: MEW, Bd. 1, Berlin 1976, S. 14: „Gesetze, die nicht die Handlung als solche, sondern die Gesinnung des Handelnden zu ihren Hauptkriterien machen, sind nichts als positive Sanktionen der Gesetzlosigkeit. Lieber wie jener Zar von Rußland jedem den Bart durch offizielle Kosaken abscheren lassen, als die Meinung, in der ich den Bart trage, zum Kriterium des Scherens machen."

4 K. Marx/F. Engels, Die deutsche Ideologie, in: MEW, Bd. 3, Berlin 1978, S. 423.

5 W. I. Lenin, Materialismus und Empiriokritizismus, in: Werke, Bd. 14, Berlin 1970, S. 328.

6 Ders., Was sind die „Volksfreunde" und wie kämpfen sie gegen die Sozialdemokraten?, in: Werke, Bd. 1, Berlin 1965, S. 130.

7 Siehe: E. Hahn, Zum historischen Charakter der Subjekt-Objekt-Dialektik und ihrer Spezifik beim Aufbau des Sozialismus, in: DZfPh (Berlin), 8/1979, S. 926ff.

8 G. J. Glesermann, Der historische Materialismus und die Entwicklung der Gesellschaft, Berlin 1973, S. 66.

9 Vgl. die synoptische Darstellung bei Erik Wolf, Das Problem der Naturrechtslehre, Karlsruhe 1964.

10 E. Ehrlich, Grundlegung der Soziologie des Rechts, München-Leipzig 1913, S. 288: „Die Normen ‚aus der Natur der Sache', oder ‚die sich aus dem Begriffe ergeben', sind die Regeln des Handelns, die ein Rechtsverhältnis im Leben beherrschen; sie sind ein Werk des Lebens, nicht des Gesetzgebers oder einer anderen zum Setzen von Normen berufenen Gewalt ..."

11 A. Reinach, Die apriorischen Grundlagen des bürgerlichen Rechts, Halle 1922 (Sonderdruck aus: Jahrbuch für philosophische und phänomenologische Forschung, Bd. 1), neu hrsg. unter dem Haupttitel: Zur Phänomenologie des Rechts. München 1953, S. 201ff., 21f. — Reinach zufolge sollen rechtliche Regelungsgegenstände apriorische Wesensgesetze „in sich" tragen, die einen „Sollensinhalt an sich", also einen apriorischen Normensatz darstellen. Diese vorgegebenen apriorischen Wesensgesetze sollen mit einer methodisch geleiteten Wesensschau aus der Natur rechtlicher Gebilde abgeleitet werden; der Gesetzgeber habe dann die Aufgabe der positivrechtlichen Ausgestaltung.

12 M. Mariou, Précis de droit constituionell, Paris 1923; C. Schmitt, Die drei Arten rechtswissenschaftlichen Denkens, Hamburg 1934, S. 40ff.; E. Forsthoff, Lehrbuch des Verwaltungsrechts, Bd. I, 8. Aufl., München-Berlin(West) 1961, S. 151ff.; J. Esser, Grundsatz und Norm in der richterlichen Fortbildung des Privatrechts, Tübingen 1956, S. 56ff. — Diese Lehre zielt darauf ab, das Recht als die sogenannte innere Ordnung institutionell gestalteter Lebensgebiete wie Staat, Kirche, Familie usw. hinzustellen. Deshalb käme es sowohl bei der Rechtsbildung wie bei der Rechtsanwendung darauf an, jeweils die rechtlichen Regeln und Entscheidungen aus der „Natur" der Institutionen und konkreten Ordnungen abzuleiten. Der Rechtsbildungsprozeß müsse auf den gewachsenen sozialen Institutionenbestand zurückgreifen, der seinerseits aus der sozialen Wirklichkeit spontan hervorginge und nach „Verrechtlichung" dränge, um sich zu stabilisieren. Vertreter des institutionellen Rechtsdenkens haben auch die Naziherrschaft gerechtfertigt. So wurde beispielsweise aus der „Natur der Sache" von Hans Helmut Dietze (Das Naturrecht der Gegenwart, Bonn 1936) folgendes hergeleitet: Notwendigkeit des Goebbelsschen Propagandaministeriums (S. 292), Unfehlbarkeit des Führers (S. 299) sowie die Prinzipien: „Recht ist das, was arische Menschen für Recht befinden" — „Gleiches Blut gehört in ein gemeinsames Reich" (S. 185ff.). Kritisch aus

bürgerlicher Sicht zum institutionellen Rechtsdenken: B. Rüthers, Institutionelles Rechtsdenken im Wandel der Verfassungsepochen, Berlin-Zürich 1970, bes. S. 32ff.

13 Die Frage nach den Möglichkeiten und Grenzen des Rechts im Hinblick auf seine Wirksamkeit stellen auch Heuer u. a. und knüpfen an sie folgende Feststellung: „So läßt sich auch die relative Selbständigkeit des Rechts genauer charakterisieren und damit sowohl eine Überschätzung und Isolierung des Rechts als auch eine pragmatische Einschränkung des Rechts auf seine Funktion als Leitungsinstrument bei Außerachtlassung seiner Qualität als materiell determiniertes Element der Kultur vermeiden." (Vgl. dies., Wirksamkeit des Wirtschaftsrechts, Berlin 1979, S. 13.)

14 P. Noll, Gesetzgebungslehre, Reinbek 1973, S. 63.

15 Dies wird u. E. auch zuwenig beachtet in der Diskussion unterschiedlicher Standpunkte zur Bestimmung des Platzes des Rechts im politischen System des Sozialismus; vgl. C. Luge/R. Mand, Politisches System des Sozialismus, Recht, Demokratie, gesellschaftliche Organisationen, in: Staat und Recht (Berlin), 3/1979, S. 233ff.

16 Vgl. Marxistisch-leninistische allgemeine Theorie des Staates und des Rechts, Bd. 4, Berlin 1976, S. 221ff.
Wie undifferenziert Formulierungen zu diesem Problem selbst in Spezialarbeiten ausfallen, dafür ein Beispiel. So heißt es bei W. Grahn (in: Theoretische Probleme der rechtlichen Widerspiegelung und ihrer Bildung, Diss. B, Leipzig 1978, S. 256/257): „Man kann verschiedene Aspekte des Rechts feststellen. Der Abbildaspekt des Rechts ist einer von verschiedenen wesentlichen Aspekten des Rechts. Er umfaßt die *Beziehung zwischen dem Recht als Normensystem und der Wirklichkeit (als Nicht-Recht) hinsichtlich ihrer Übereinstimmung bzw. Entsprechung.*" (Hervorgehoben von mir — K. A. M.); vgl. auch G. Baranowski, Rechtliche Widerspiegelung und Geschichte, in: Das Recht als Widerspiegelung, Leipzig 1979, S. 48. B. weist nach, daß beispielsweise Ingo Wagner in ein und derselben Arbeit allein sieben verschiedene, logisch sich z. T. ausschließende Aussagen über das macht, was seiner Ansicht nach vom Recht geregelt und widergespiegelt werden müsse. B. betont richtig mit Hinweis auf Thomas von Aquinos Rechtslehre, daß man Gefahr läuft, fundamentale weltanschauliche Komponenten des rechtlichen Widerspiegelungsproblems zu übersehen, wenn nicht ausdrücklich den sozialökonomischen Bedingungen der erste Stellenwert im rechtlichen Widerspiegelungsprozeß eingeräumt werde.

17 So neuestens: P. Friedrich, in: Das Recht als Widerspiegelung, Leipzig 1979, S. 104.

18 Vgl. etwa: Staatsrecht der DDR, Lehrbuch, Berlin 1977, S. 27ff.; Strafrecht, Allgem. Teil, Lehrbuch, Berlin 1978, S. 25ff.; LPG-Recht, Lehrbuch, Berlin 1976, S. 47ff.; Familienrecht, Lehrbuch, Berlin 1976, S. 32ff.

19 J. Lekschas, Verantwortung und Recht in der sozialistischen Gesellschaft, Berlin 1975, S. 16.

20 So jetzt wieder G. Junghänel/S. Tackmann, Moral und Arbeiterklasse, Berlin 1979, S. S. 29.

21 W. F. Sybkowjez, Vom Ursprung der Moral, Berlin 1978, S. 18ff., S. 41ff.

22 Klassisch wurde diese Problematik von Marx/Engels bereits in der Deutschen Ideologie formuliert; siehe MEW, Bd. 3, a. a. O., S. 30f.; S. 310ff.

23 Ebenda, S. 311/312.

24 E. Paschukanis, Allgemeine Rechtslehre und Marxismus, Wien — Berlin 1929, S. 55.

25 Näheres hierzu: K. A. Mollnau, in: R. Kirchhof/T. Oisermann (Hrsg.), 100 Jahre „Anti-Dühring". Marxismus, Weltanschauung, Wissenschaft, Berlin 1978, S. 265ff.

26 So richtig H. Wagner, Recht als Widerspiegelung und Handlungsinstrument, a. a. O. S. 98ff.

27 So W. Grahn, Theoretische Probleme der rechtlichen Widerspiegelung und ihrer Bildung, a. a. O., S. 22, 24.

28 G. Haney, Bewertung, Wert und Werte des Rechts (Thesen), in: Wissenschaftliche Zeitschrift der Friedrich-Schiller-Universität, Gesellschafts- und Sprachwiss. Reihe (Jena), 1/1979, S. 13.

29 G. Pflicke u. a., Die Aufgaben des sozialistischen Rechts bei der Vervollkommnung der Leitung und Planung der Volkswirtschaft in ihrem Zusammenhang mit der Verwirklichung des Kom-

plexprogramms der sozialistischen ökonomischen Integration, Thesen, in: Wiss. Zeitschrift der Hochschule für Ökonomie „Bruno Leuschner“ (Berlin), 3/1974, S. 39.

30 M. Rehbinder, Rechtssoziologie, Berlin(West) — New York 1977, S. 133ff.; K. F. Röhl, Gegenwartsströmungen der Rechtssoziologie, Informationsbrief für Rechtssoziologie, Sonderheft 1, Berlin(West) 1977, S. 31ff.; S. 101 ff.

31 D. Meadows u. a., The Limits to Growth, London 1972; M. Mesarovič/E. Pestel, Mankind at the Turning Point, New York 1974.

32 Vgl. Presse der Sowjetunion 9/1970, S. 34.

33 W. Grahn, in: Das Recht als Widerspiegelung, Leipzig 1979, S. 6; ders., Theoretische Probleme der rechtlichen Widerspiegelung und ihrer Bildung, a. a. O., S. 80ff.

34 P. Friedrich, in: Das Recht als Widerspiegelung, a. a. O. So aber auch schon P. Friedrich/J. Becher, Staatlich-rechtliche Probleme im Lichte der Subjekt-Objekt-Beziehungen, in: DZfPh (Berlin), 1/1967, S. 26ff.

35 D. Seidel, Verantwortung — Risiko — Recht, Berlin 1979, S. 16 (Schriftenreihe Staats- und rechtstheoretische Studien, 7).

36 Verordnung über die Durchführung von Organtransplantationen, GBl. I, 1975, S. 597.

37 Vgl. hierzu Th. Carstens, Organtransplantation. Zu den Gesetzentwürfen von Bundesregierung und Bundesrat, in: Zeitschrift für Rechtspolitik, (München) 11/1979, S. 282ff.

38 F. Engels, Juristen-Sozialismus, in: MEW, Bd. 21, Berlin 1973, S. 509.

39 Vgl. etwa: K. Marx/F. Engels, Die deutsche Ideologie, in: MEW, Bd. 3, a. a. O., S. 63; K. Marx, Einleitung zur Kritik der Politischen Ökonomie, in: MEW, Bd. 13, Berlin 1961, S. 640; F. Engels, Ludwig Feuerbach und der Ausgang der klassischen deutschen Philosophie, in: MEW, Bd. 21, Berlin 1973, S. 300ff.; ders., Brief an Joseph Bloch vom 21./22. September 1890, in: MEW, Bd. 37, Berlin 1974, S. 463; ders., Brief an W. Borgius vom 25. Januar 1894, in: MEW, Bd. 39, Berlin 1973, S. 206.

40 K. Marx, Grundrisse der Kritik der Politischen Ökonomie, Berlin 1974, S. 79.

41 So W. Paul, Marxistische Rechtstheorie als Kritik des Rechts, Frankfurt a. M. 1974, S. 137.

42 F. Engels, Brief an Joseph Bloch, a. a. O., S. 464.

43 Auch W. Grahn unterscheidet Gegenstand und Objekt der rechtlichen Regelung, wobei er allerdings unter Gegenstand all das versteht, was im Recht eine Widerspiegelung erfahren hat oder erfahren wird — und unter Objekt jenes, was vom geltenden Recht erfaßt wird. Vgl. ders., Theoretische Probleme der rechtlichen Widerspiegelung und ihrer Bildung, in: Das Recht als Widerspiegelung, a. a. O., S. 5.

44 Wie stark der Einfluß all dieser Komponenten sein kann, zeigt die Rechtsentwicklung in den jungen Nationalstaaten, besonders jenen mit sozialistischer Orientierung; vgl. Grundlegende Entwicklungstendenzen des Rechts in den Ländern mit sozialistischer Orientierung, in: Sowjetwissenschaft, Gesellschaftswissenschaftliche Beiträge, (Berlin) 3/1980, S. 289; A. I. Denissow, Rechtssysteme in Entwicklungsländern, Berlin 1981.

45 S. W. Polenina/W. A. Lewanski/A. O. Gawrilow/N. P. Koldajewa/S. W. Bobrow/E. W. Kumanin, Über die Aufgaben und die Methodologie empirischer Untersuchungen der sozialen Faktoren der gesetzgeberischen Tätigkeit der Unionsrepubliken, in: Materialien des III. Berliner rechtstheoretischen Symposiums, a. a. O., S. 55ff.

46 So treffend G. Pflicke, Der Zusammenhang von Notwendigkeit, Gegenstand und Inhalt rechtlicher Regelung auf dem Gebiete des Wirtschaftsrechts, in: Materialien des III. Berliner rechtstheoretischen Symposiums, ebenda, S. 188.

Zu Abschnitt 4

1 Vgl. IX. Parteitag der SED. Bericht zur „Direktive des IX. Parteitags der SED zum Fünfjahrplan für die Entwicklung der Volkswirtschaft in den Jahren 1976—1980“, Berichterstatter: Genosse Horst Sindermann, Berlin 1976, S. 58.

2 Vgl. dazu u. a. Wirtschafts- und Außenwirtschaftsrecht, Berlin 1977, S. 269f., 317f.; Wirtschaftsverträge im Planungsprozeß, in: Forschungsinformationen der Hochschule für Ökonomie „Bruno Leuschner", Reihe Sozialistisches Wirtschaftsrecht, H. 1, Berlin 1977; G. Pflicke/R. Streich, Komplexität wirtschaftsrechtlicher Regelung und Wirtschaftsrechtsverhältnisse, in: Autorenkollektiv unter Ltg. von U.-J. Heuer, Wirksamkeit des Wirtschaftsrechts, Berlin 1979, S. 64f.

3 Vgl. Abschnitt 3, S. 31 dieser Schrift.

4 Vgl. hierzu: K. A. Mollnau, in: Materialien des III. Berliner rechtstheoretischen Symposiums, These 8, Berlin 1980, S. 20/21; hier wird eine solche Forderung erhoben.

5 Vgl. hierzu: G. Pflicke, ebenda, S. 180/181. Auf diesem Symposium gab es zu dieser Problematik eine ausführliche Diskussion, die sich auf der Grundlage von Thesen Mollnaus entwickelte, die im Ergebnis der Diskussion präzisiert werden konnten. Siehe dazu auch Abschnitt 3 dieses Buches, S. 31, sowie die dortige Anm. 2.

6 Vgl. dazu aus jüngster Zeit bezüglich der Erfassung der gesellschaftlichen Beziehungen der Wirtschaftsleitung: Autorenkollektiv, Verwaltungsrecht, Lehrbuch, Berlin 1979, S. 35—45; W. Panzer, Das Verwaltungsrechtslehrbuch und der Gegenstand des Wirtschaftsrechts, in: Wirtschaftsrecht (Berlin), 1/1980, S. 22; H.-U. Hochbaum, Sozialistische Wirtschaftsleitung und sozialistisches Recht, in: Wirtschaftsrecht (a. a. O.), 2/1980, S. 102f.

7 Unter den Wirtschaftswissenschaftlern der DDR besteht über den Regelungsgegenstand im wesentlichen Übereinstimmung, in der Definition gibt es jedoch Unterschiede. Vgl. Sozialistisches Wirtschaftsrecht — Instrument der Wirtschaftsführung, Berlin 1971, S. 8; Lehr- und Studienmaterial zum Wirtschaftsrecht, H. 1, Allgemeiner Teil, Berlin 1972, S. 79; Wirtschafts- und Außenwirtschaftsrecht, Berlin 1977, S. 34 und S. 40—41; U.-J. Heuer, Möglichkeiten und Grenzen des Wirtschaftsrechts, in: Wirksamkeit des Wirtschaftsrechts, a. a. O., S. 41. Auch mit den sowjetischen Wirtschaftsrechtswissenschaftlern gibt es keine Meinungsverschiedenheiten; vgl. Sowjetisches Wirtschaftsrecht, Berlin 1975, S. 39. In der Sowjetunion ist die Existenz des Wirtschaftsrechts als Rechtszweig indes nach wie vor heftig umstritten.

8 H. Klenner, in: Materialien des III. Berliner rechtstheoretischen Symposiums, a. a. O.; Siehe auch Abschnitt 2, S. 21 dieses Buches.

9 K. Marx, Kritik des Gothaer Programms, in: MEW, Bd. 19, Berlin 1974, S. 21; ders., Das Kapital, Dritter Band, in: MEW, Bd. 25, Berlin 1975, S. 25, S. 801; vgl. auch W. I. Lenin, Staat und Revolution, in: Werke, Bd. 25, Berlin 1974, S. 479f.

10 W. Panzer/G. Pflicke, Zur Entwicklung des Wirtschaftsrechts und der Wirtschaftsrechtswissenschaft, in: Staat und Recht (Berlin), 8/1969, S. 1288f.; W. Panzer, Über die Entwicklung des Wirtschaftsrechts im jungen Sowjetstaat, in: Staat und Recht (a. a. O.), 3/1980, S. 225f.

11 Der Begriff „Betrieb" ist hier zur Charakterisierung des Wesens der ökonomisch und juristisch selbständigen Struktureinheiten des Volkseigentums verwandt. Er war in Theorie und Praxis bisher sowohl hierfür wie auch zur Kennzeichnung der Hauptform dieser Struktureinheiten selbst geeignet. Infolge der Kombinatsbildung und -entwicklung ist das problematisch geworden. Es erscheint daher treffender, unter der ersten Zielstellung von „Wirtschaftseinheiten" zu sprechen, deren bedeutendste Art in Industrie und Bauwesen der DDR die Kombinate sind und zu denen ferner die Kombinatsbetriebe sowie die keinem Kombinat zugehörigen volkseigenen Betriebe gehören.

12 Vgl. Autorenkollektiv unter Leitung von H. Richter, Politische Ökonomie des Kapitalismus und des Sozialismus, Lehrbuch, Berlin 1974, S. 521f.; H. Richter/W. Schließer, Die Warenproduktion im Sozialismus, Berlin 1977, S. 21 bis 42; Autorenkollektiv, Wertgesetz und Wertkategorien in der sozialistischen Planwirtschaft, Berlin 1979, S. 16f.

13 Ebenda.

14 Der Begriff „wirtschaftsleitende Organe" war in der DDR in der Vergangenheit auf die VVB, ihnen gleichgestellte Organe der mittleren Ebene und die Wirtschaftsräte der Bezirke begrenzt und erfaßte diese in ihrer Eigenschaft als übergeordnete Organe von Wirtschaftseinheiten. Soweit zentrale Organe übergeordnete Organe von Wirtschaftseinheiten waren, wurden sie

nicht als wirtschaftsleitende Organe bezeichnet. In anderen sozialistischen Ländern, insbesondere auch in der UdSSR, verwendet man den Begriff des wirtschaftsleitenden Organs umfassender und unterscheidet dann zwischen zentralen staatlichen wirtschaftsleitenden Organen und weiteren wirtschaftsleitenden Organen. Nachdem sich die Entwicklung in Industrie und Bauwesen seit Beginn des Jahres 1980 auf der Grundlage der Kombinate als großer Wirtschaftseinheiten vollzieht (und die VVB bis auf wenige Ausnahmen aufgelöst sind), sollte man auch in der DDR dazu übergehen, die staatliche Wirtschaftsleitung ausübenden Organe, denen Wirtschaftseinheiten unterstellt sind, einheitlich als wirtschaftsleitende staatliche Organe zu bezeichnen und dann zwischen zentralen wirtschaftsleitenden staatlichen Organen, insbesondere der Industrie- und anderen Ministerien als übergeordnete Organe der Kombinate, und weiteren wirtschaftsleitenden Organen unterscheiden. Wir gebrauchen den Begriff hier so.

15 Diese Unterscheidung bildet gewöhnlich, verbunden mit der Unterscheidung nach Methoden der Regelung — Über-/Unterordnung und Rechtsform der staatlichen Einzelentscheidung einerseits und Gleichordnung und Rechtsform des Vertrages andererseits — die Begründung für die Aufteilung in die Regelungsgegenstände des Verwaltungsrechts und des Zivilrechts und die Verbindung der verwaltungs- und zivilrechtlichen Beziehungen bei der Problembewältigung bei jenen Rechtswissenschaftlern, die die Existenz eines Wirtschaftsrechts bestreiten oder allenfalls das Wirtschaftsrecht als einen komplexen Rechtszweig anerkennen, in dem sie als verwaltungs- und zivilrechtliche Beziehungen zusammengefaßt dargestellt werden.

16 W. I. Lenin, Die nächsten Aufgaben der Sowjetmacht, in: Werke, Bd. 27, Berlin 1974, S. 231.

17 Auf den Meinungsstreit kann hier nicht näher eingegangen werden. Vgl. H. Badestein/W. Panzer, Theoretische Aspekte des Wirtschaftsrechtsverhältnisses, in: Forschungsinformationen der Hochschule für Ökonomie „Bruno Leuschner", Reihe Sozialistisches Wirtschaftsrecht, H. 2, Berlin 1978, S. 7ff.

18 Vgl. M. Kemper/W. Panzer/G. Pflicke/H. Rudolph, Stellung und Funktion des Wirtschaftsrechts und der Wirtschaftsrechtswissenschaft, in: Staat und Recht (a. a. O.), 4/1974, S. 605ff.; Wirtschafts- und Außenwirtschaftsrecht, Berlin 1977, S. 59f.; G. Pflicke/R. Streich, Komplexität wirtschaftsrechtlicher Regelung und Wirtschaftsrechtsverhältnisse, in: Wirksamkeit des Wirtschaftsrechts, a. a. O., S. 67f., 86.

19 S. A. Golunski, Zum Begriff der Rechtsnorm in der Theorie des sozialistischen Rechts, in: Staat und Recht (a. a. O.), 8/1961, S. 1545f.

20 W. Panzer hat sich damit auseinandergesetzt. Vgl. W. Panzer, Zur rechtlichen Regelung wirtschaftlicher Beziehungen in der entwickelten sozialistischen Gesellschaft, in: Staat und Recht (a. a. O.), 10/1980, S. 911.

21 Autorenkollektiv, Grundriß des Wirtschaftsrechts der DDR, Hrsg. Martin-Luther-Universität Halle—Wittenberg/Karl-Marx-Universität Leipzig, 1980, Bd. 1, S. 26f.

22 Vgl. A. K. Krawzow, Plan i prawo, Woronesh 1976; A. K. Krawzow/G. Lotze, Staatliche Pläne und Planauflagen — Bestandteile des sozialistischen Rechts, in: Wirtschaftsrecht (a. a. O.), 2/1979, S. 93f.

23 Vgl. U.-J. Heuer/G. Pflicke, Plan und Recht, in: Wirtschaftsrecht (a. a. O.), 3/1979, S. 154f.; I. Wagner, Rechtstheoretisches zur Frage Plan und Recht, in: Wirtschaftsrecht (a. a. O.), 2/1980, S. 105f.

24 Vgl. näher zu dieser Position und ihrer Kritik: W. Panzer, Über die Entwicklung des Wirtschaftsrechts im jungen Sowjetstaat, in: Staat und Recht (a. a. O.), 3/1980, S. 224f.; ders., Die rechtliche Regelung wirtschaftsrechtlicher Beziehungen in der entwickelten sozialistischen Gesellschaft, a. a. O., S. 911f.

25 Vgl. U.-J. Heuer/G. Pflicke, Plan und Recht, a. a. O., S. 156.

26 W. Panzer, Das Verwaltungsrechtslehrbuch und der Gegenstand des Verwaltungsrechts, a. a. O., S. 23.

27 Vgl. zum Entscheidungsverlangen näher: Wirtschafts- und Außenwirtschaftsrecht, a. a. O., S. 527f.

28 Verordnung über die volkseigenen Kombinate, Kombinatsbetriebe und volkseigenen Betriebe vom 8. November 1979 (GBl. I, S. 355) — Kombinats-VO —.

29 Vgl. G. Pflicke, Allgemeine und spezielle vertragliche Regelung in einem neuen Vertragsgesetz, in: Wirtschaftsrecht (a. a. O.), 4/1979, S. 199f.; G. Görner, Koordinierung und Leistungsvorbereitung im künftigen Vertragsgesetz, in: ebenda, S. 202f.

30 Vgl. G. Walter, Zur Weiterentwicklung des Vertragsgesetzes unter besonderer Berücksichtigung der Kombinate, in: ebenda, S. 186f.; G. Pflicke, Allgemeine und spezielle vertragliche Regelung in einem neuen Vertragsgesetz, in: ebenda, S. 199f.; ders., Zur subjektiven Voraussetzung der Verantwortlichkeit bei Vertragsstrafe und Schadenersatz, in: ebenda, 2/1980, S. 75, 78; R. Winter, Das sozialistische Recht als Leitungsinstrument im Kombinat, in: ebenda, 3/1980, S. 121f.

Zu Abschnitt 5

1 Vgl. Autorenkollektiv, Sozialistisches Wirtschaftsrecht — Instrument der Wirtschaftsführung, Berlin 1971, S. 8; Lehr- und Studienmaterial zum Wirtschaftsrecht, H. 1, Allgemeiner Teil, Berlin 1972, S. 73ff. sowie Wirtschafts- und Außenwirtschaftsrecht für Ökonomen, Berlin 1977, S. 34.

2 Vgl. G. Görner, Gegenstand, Stellung und Gliederung des Wirtschaftsrechts, Wissenschaftliche Zeitschrift der Karl-Marx-Universität, Gesellschafts- und Sprachwissenschaftliche Reihe (Leipzig), 5/1972.

3 K. Marx, Das Kapital, Erster Band, in: MEW, Bd. 23, Berlin 1968, S. 99.

4 Zur Geschichte der Diskussion in der Sowjetunion vgl.: Geschichte der politischen Ökonomie des Sozialismus. Grundrisse, Berlin 1977. Zur Auffassung in der DDR vgl.: Wertgesetz und Wertkategorien in der sozialistischen Planwirtschaft, hrsg. von W. Schließer, Berlin 1979.

5 K. Marx, Das Kapital, Erster Band, a. a. O., S. 350. K. Marx, Das Kapital, Dritter Band, in: MEW, Bd. 25, Berlin 1968, S. 397.

6 Ebenda.

7 Diese letzte These ist umstritten. Vgl. dazu Autorenkollektiv unter Ltg. von U.-J. Heuer, Wirksamkeit des Wirtschaftsrechts, Berlin 1979, 1. Kapitel sowie die dort angegebene Literatur.

8 K. Marx, Kritik des Gothaer Programms, in: MEW, Bd. 19, Berlin 1974, S. 20ff.; L. S. Jawitsch schreibt: „Gesellschaftliche Verhältnisse, die auf der einen Seite alle Rechte, auf der anderen Seite nur Verpflichtungen enthalten, entsprechen nicht der Gesetzlichkeit, bedürfen nicht der rechtlichen Regulierung" (Obschtschnaja teorija prawa, Leningrad 1976, S. 192).

9 Vgl. G. Pflicke in diesem Band, S. 47ff.

10 K. Marx, Das Kapital, Erster Band, a. a. O., S. 351.

11 E. Paschukanis, Allgemeine Rechtslehre und Marxismus, Wien — Berlin 1929, S. 100 und 111.

12 A. K. Krawzow, Plan i prawo (Plan und Recht), Woronesh 1976, S. 64/65, 69f., S. 105. Siehe jetzt auch A. K. Krawzow/L. Lotze, Staatliche Pläne und Planauflagen — Bestandteile des sozialistischen Rechts, in: Wirtschaftsrecht (Berlin), 2/1979, S. 93. Dagegen: U.-J. Heuer/G. Pflicke, Plan und Recht, in: Wirtschaftsrecht (a. a. O.), 3/1979, S. 154.

13 A. K. Krawzow, Plan i prawo, a. a. O., S. 133.

14 Vgl. G. Görner u. a., Die Wirtschaftsgesetzgebung, in: Autorenkollektiv unter Ltg. von U.-J. Heuer, Wirksamkeit des Wirtschaftsrechts, a. a. O., S. 118.

15 Vgl. U.-J. Heuer, ebenda, S. 48.

16 Vgl. J. Marten, Theoretische Probleme der Erforschung von Wirtschaftsrechtsverhältnissen im Planungsprozeß, in: Wirtschaftsrecht (a. a. O.), 4/1975, S. 217 sowie R. Schüsseler, Zu konzeptionellen Fragen des sozialistischen Rechtssystems und des Wirtschaftsrechts, in: Staat und Recht (a. a. O.), 3/1975, S. 445.

17 K. Marx, Das Kapital, Dritter Band, a. a. O., S. 801.

18 R. Schüsseler, Theoretische Probleme des Volkseigentumsrechts (Thesen), in: Staat und Recht

a. a. O., 1/1976, S. 35. Im Lehrbuch Wirtschafts- und Außenwirtschaftsrecht für Ökonomen, Berlin 1977, heißt es S. 55: „Die Betriebe realisieren ... nicht als Nichteigentümer Rechte des Eigentümers, die er ihnen lediglich als Ausübung übertragen hat, sondern sie verwirklichen als Teil des kollektiven Eigentümers in bestimmtem Maße das Eigentumsrecht als eigene eigentumsrechtliche Befugnisse."

19 „Zum Leitungssubjekt der sozialistischen Wirtschaft zählen die (staatlichen und nichtstaatlichen) Organe und Organisationen, mit den in ihnen wirkenden Werktätigen, die mit der planmäßigen Leitung des gesellschaftlichen Reproduktionsprozesses beauftragt bzw. an ihr beteiligt sind." (G. Friedrich/H. Richter/G. Wittich, Leitung der sozialistischen Wirtschaft — Einführung, 2., überarb. Aufl., Berlin 1979, S. 62.)

20 Vgl. jetzt die Darstellung dieser Position in: Chosjaistwennoje prawo (Lehrbuch), hrsg. von W. P. Gribanow und A. O. Krasawtschikow, Moskau 1977; auf den Seiten 24ff. und 32 wird zusammenfassend das Wirtschaftsrecht definiert als eine „bestimmte Gesamtheit von Normen verschiedener Zweige des sowjetischen sozialistischen Rechts, die bei der Regulierung der wirtschaftlichen Tätigkeit funktionell zusammenwirken". Der Wirtschaftsrechtler W. W. Laptjew betont demgegenüber ausdrücklich, daß die sozialistischen Wirtschaftsverhältnisse generell planmäßiger Natur sind, während der Warencharakter nur auf einen Teil dieser Verhältnisse zutrifft [Die Entwicklung des Wirtschaftsrechts im Lichte der neuen Verfassung der UdSSR, in: Sowjetstaat und -recht (Moskau), 9/1978, S. 25, (russ.)].

21 Vgl. z. B. St. Supranowitz, Aufgaben der Gesetzgebung auf dem Gebiet des sozialistischen Wirtschaftsrechts der DDR, in: Staat und Recht (a. a. O.), 7/1969, S. 1068.

22 Vgl. W. Panzer/G. Pflicke, Bedeutsame Konferenz zu Problemen des Wirtschaftsrechts in Moskau, in: Staat und Recht (a. a. O.), 6/1971, S. 1020.

23 Vgl. z. B. U.-J. Heuer, IX. Parteitag der SED und Wirtschaftsrechtswissenschaft, in: Wirtschaftsrecht (a. a. O.), 3/1976, S. 123.

24 Vgl. G. Walter, Konzeptionelle Probleme der Weiterentwicklung des Kooperationsrechts, in: Wirtschaftsrecht (a. a. O.), 3/1978, S. 122f.

25 So M. Kemper/W. Panzer/G. Pflicke/H. Rudolph, Stellung und Funktion des Wirtschaftsrechts und der Wirtschaftsrechtswissenschaft, in: Staat und Recht (a. a. O.), 4/1974, S. 599.

26 Zum Verhältnis von Abstimmung und Vertrag vgl. Autorenkollektiv unter Ltg. von G. Pflicke, Wirtschaftsrecht und Außenwirtschaftsrecht, Berlin 1977, S. 305f.

27 Vgl. Autorenkollektiv unter Ltg. von U.-J. Heuer, Mit dem Recht leiten, Berlin 1980, Abschnitt 9.

28 Vgl. W. Panzer, Die Wirksamkeit der Verantwortlichkeit im Wirtschaftsrecht in: Wirksamkeit des Wirtschaftsrechts, a. a. O., S. 239ff.

29 Vgl. U.-J. Heuer, Möglichkeiten und Grenzen des Wirtschaftsrechts, in: Ebenda, S. 54f.

30 Zur staatlichen Rechtskontrolle generell vgl. K. Heuer, Aufgaben und Probleme der staatlichen Kontrolle über die Einhaltung des Wirtschaftsrechts (Rechtskontrolle), in:Ebenda, S. 282ff.

31 Verordnung zur Sicherung der Einheit von Plan und Vertrag bei dem Abschluß und der Erfüllung von Wirtschaftsverträgen vom 26. 1. 1978, GBl. I S. 85 §§ 14—16.

32 Verordnung über die Aufgaben und die Arbeitsweise des Staatlichen Vertragsgerichts vom 18. 4. 1963 i. d. Neufassung vom 13. 3. 1970, GBl. II S. 209 § 7, 8a.

33 Vgl. G. Mittag, 8. Tagung des ZK der SED, Aus den Diskussionsreden, Berlin 1978, S. 117.

34 E. Honecker, Die Aufgaben der Partei bei der weiteren Verwirklichung der Beschlüsse des IX. Parteitages der SED, Berlin 1978, S. 8.

35 Vgl. dazu L. Albakin, Der intensive Typ der Reproduktion und Probleme der Planbilanziertheit, in: Sowjetwissenschaft, Gesellschaftswissenschaftliche Beiträge (Berlin), 4/1979.

Zu Abschnitt 6

1 Gewiß können Arbeitsverhältnisse, Eigentumsverhältnisse und bestimmte andere gesellschaftliche Verhältnisse im Sozialismus nur als rechtlich geregelte bestehen, ist ihre rechtliche

Regelung eine konkret-historische gesellschaftliche Notwendigkeit — und nicht Zutat. Aber die vom Strafrecht geschützten gesellschaftlichen Verhältnisse könnten grundsätzlich durchaus der (mittelbaren) strafrechlichen Erfassung und Regelung entbehren. Diese strafrechtliche Regelung erfolgt ja auch nur für den Fall bzw. im Hinblick darauf, daß eine kriminelle Handlung gegen diese Verhältnisse vorgenommen wird. Bekanntlich bleiben nicht wenige gesetzliche Straftatbestände in der DDR ohne praktische Anwendung (z. B. Wahlfälschung, Rechtsbeugung u. a.); es entstehen hier insofern auch keine Strafrechtsverhältnisse. Gleichwohl gibt es eine politische Notwendigkeit, auch solche Strafrechtsnormen zu haben und im Kodex auszuweisen.

2 T. Schönrath spricht vom akzessorischen Charakter der sog. Gewährleistungsnormen. Vgl. Materialien des III. Berliner rechtstheoretischen Symposiums, a. a. O., S. 201.

3 Daß der gesetzliche Straftatbestand, die Strafrechtsnorm — auch im sozialistischen Strafrecht —, kaum oder nur unvollkommen Auskunft über den sozialen und politischen Inhalt der (strafrechtlich) schutz- und regelungsbedürftigen gesellschaftlichen Verhältnisse gibt, ist bekannt und nicht unbegründet. Der Straftatbestand soll — im Interesse der Rechtssicherheit an faßbaren, vorwiegend äußeren Kriterien des kriminellen Handlungsgeschehens — das Vorliegen einer Straftat und damit das Bestehen persönlicher strafrechtlicher Verantwortlichkeit, eines Strafrechtsverhältnisses exakt und autoritativ (durch das Gericht) feststellen lassen. Es handelt sich um eine vorwiegend pragmatische Funktion, hinter der die ideologie-relevante Aufgabe der Überzeugung von der Notwendigkeit des strafrechtlichen Schutzes und der Gerechtigkeit einer Bestrafung zurücktritt. Dies ist durch die rechtspropagandistische Arbeit der Justizorgane und Inhalt, Art und Weise der Durchführung des Strafverfahrens zu leisten. Jedoch enthalten Präambel und Grundsatzbestimmungen im Strafgesetzbuch der DDR grundlegende Aussagen über die strafrechtliche Schutz- und Regelungsbedürftigkeit sozialistischer gesellschaftlicher Verhältnisse (vgl. z. B. auch Art. 1 und 8 StGB).

4 Vgl. Strafrecht Allgemeiner Teil, Lehrbuch, Berlin 1976 und 1978, S. 220ff. und vorher 1957, S. 304ff.

5 Vgl. das Londoner Viermächte-Abkommen vom 8. 8. 1945, auch als „IMT-Statut" bekannt, in: Der Nürnberger Prozeß, Bd. I, Berlin 1957, S. 73ff.

6 So im Strafrecht der DDR, Kap. 1 des Besonderen Teils des StGB.

7 Dagegen unterliegen faschistische und sonst antidemokratische kriminelle Handlungen strafrechtlicher Verfolgung.

8 Bereits in der Wirtschaftsstrafverordnung (WStVO) von 1948, die die demokratische Planwirtschaft schützte, wurde der Schutz des Volkseigentums besonders hervorgehoben; 1952 erging ein besonderes Strafgesetz zum Schutz des Volkseigentums (VESchG) und das StGB sieht ein besonderes Kapitel für Straftaten gegen das sozialistische Eigentum und die Volkswirtschaft vor.

9 Der Mensch ist zunächst — schreibt Karl Marx — „unmittelbar Naturwesen", wodurch er am „Stoffwechsel" mit der Natur teilhaben kann. Vgl. ders., Ökonomisch-philosophische Manuskripte aus dem Jahre 1844, in: MEW, Ergänzungsband, Erster Teil, Berlin 1974, S. 578.

10 Vgl. K. Marx, Thesen über Feuerbach, in: MEW, Bd. 3, Berlin 1969, S. 533f. (3. „Feuerbach-These").

11 Vgl. Programm der SED, Berlin 1976, S. 47.

12 Sehr anschaulich vermittelte Margot Honecker auf dem VIII. Pädagogischen Kongreß den weitreichenden Einfluß des wissenschaftlich-technischen Fortschritts auf das ganze soziale Leben, auch auf die geistigen Prozesse; vgl. Margot Honecker, Der gesellschaftliche Auftrag unserer Schule, Berlin 1978, S. 31ff.

13 Vgl. auch D. Seidel, Verantwortung — Risiko — Recht, Berlin 1979 (Schriftenreihe Staats- und rechtstheoretische Studien, 7).

14 So hob der Alliierte Kontrollrat in seinem ersten Gesetz (KG Nr. 1) vom 2. 9. 1945 25 Gesetze des Naziregimes auf, darunter mehrere strafrechtliche, wie z. B. die Strafrechtsnovelle vom 24.

April 1934, die vor allem den sog. Staatsschutz betraf, und das sog. Heimtücke-Gesetz vom 20. 12. 1934.

15 Die Bestrafung von Kriegsverbrechern erfolgte insbesondere nach dem KG Nr. 10 vom 20. Dezember 1945, das in Übereinstimmung mit dem Londoner „IMT-Statut" die strafrechtliche Verantwortlichkeit für Verbrechen gegen den Frieden, Kriegsverbrechen und Verbrechen gegen die Menschlichkeit vorsah.

16 Gedacht ist hier sowohl an die Ländergesetze gegen Schieber und Spekulanten und zur Versorgung der Bevölkerung und das KG Nr. 50 wie auch an die Direktive des Alliierten Kontrollrates Nr. 38 III A 3 gegen neofaschistische Betätigung.

17 Namentlich bereits durch Art. 6 der Verfassung der DDR von 1949.

18 Vgl. das Gesetz zum Schutze des Volkseigentums (VESchG) von 1952. Beachtlich ist auch die gesetzgeberische Aktivität gegen ökonomische Störungen von seiten der reaktionären Kräfte in der BRD in Gestalt des Gesetzes zum Schutze des innerdeutschen Handels (HSchG) und des Gesetzes zum Schutz des innerdeutschen Zahlungsverkehrs von 1950.

19 Bei Kriegsverbrechen können natürlich die individuell verantwortlichen Urheber und Initiatoren dieser gemäß Londoner „IMT-Statut" zur Verantwortung gezogen werden, nicht aber z. B. jeder einzelne Teilnehmer an einer militärischen Operation.

20 Kinder und Geisteskranke sind strafrechtlich nicht verantwortlich.

21 Gedacht ist daran, daß die Gesellschaftlichen Gerichte wie alle Gerichte unabhängig und nur an das Gesetz gebunden sind, echte Schuldsprüche verkünden und die von ihnen behandelten Strafrechtsverletzungen auch in der Kriminalstatistik der DDR gezählt werden.

22 Damit entwickelt sich notwendig das internationale Strafrecht. Das geltende Recht enthält bereits einige relevante materiell- und verfahrensrechtliche Bestimmungen.

Zu Abschnitt 7

1 F. Engels, Brief an Friedrich Adolph Sorge vom 18. Oktober 1890, in: MEW, Bd. 37, Berlin 1974, S. 482.

2 Vgl. Abschnitt 3 dieser Schrift.

3 Marxistisch-leninistische allgemeine Theorie des Staates und des Rechts, Bd. 1, Berlin 1974, S. 398.

4 F. Engels, Brief an Wilhelm Liebknecht, in: MEW, Bd. 37, a. a. O., S. 418.

5 Komplexprogramm für die weitere Vertiefung und Vervollkommnung der Zusammenarbeit und Entwicklung der sozialistischen ökonomischen Integration der Mitgliedsländer des RGW (im folgenden Komplexprogramm), Kap. I 1.2., zit. nach: Grunddokumente des RGW, Berlin 1978, S. 49f.

6 Vgl. dazu und zu den folgenden Ausführungen: G. Kohlmey, Vergesellschaftung und Integration im Sozialismus, Berlin 1973, S. 181ff.

7 Dazu im einzelnen: Autorenkollektiv, 30 Jahre RGW — Rechtsfragen seiner Tätigkeit, Berlin 1979, S. 17ff.

8 Das Problem selbst ist bis heute noch nicht voll gelöst. Es wird in der Literatur in der Diskussion über die Möglichkeiten bzw. Grenzen der „Verrechtlichung" der Planung widergespiegelt. Vgl. dazu: G. Pflicke u. a., Wirtschafts- und Außenwirtschaftsrecht, Berlin 1977, S. 272ff. sowie die Rezension dieses Buches von K. Heuer und G. Teupel, in: Wirtschaftsrecht (Berlin), 4/1977, S. 190.

9 K. Marx, Das Kapital, Erster Band, in: MEW, Bd. 23, Berlin 1975, S. 99f.

10 Vgl. dazu auch Abschnitt 5 dieser Schrift, S. 68ff.

11 Bis zum Jahre 1970 wurden ca. 72000 wissenschaftlich-technische Dokumentationen an andere RGW-Mitgliedstaaten übergeben; vgl. dazu N. W. Faddejew, Der Rat für Gegenseitige Wirtschaftshilfe, Berlin 1975, S. 173ff.

12 Prinzipien und Mechanismus der wissenschaftlich-technischen Hilfe sind im einzelnen darge-

stellt bei D. Maskow, Völkerrechtliche Fragen der wissenschaftlich-technischen Zusammenarbeit der RGW-Staaten, in: Rechtsbeziehungen der sozialistischen Länder, Berlin 1966, S. 69ff.

13 F. Engels zitiert zustimmend einen Ökonom, nach dessen Meinung „nichts Wert hat, was nicht monopolisiert werden kann“ — vgl. ders., Umrisse zu einer Kritik der Nationalökonomie, in: MEW, Bd. 1, Berlin 1976, S. 514.

14 Zum Problem insgesamt vgl. M. Kemper/D. Maskow, Internationale Wirtschaftsverträge über wissenschaftlich-technische Ergebnisse und Leistungen zwischen Unternehmen der RGW-Länder, in: Staat und Recht (Berlin), 6/1966, S. 949ff.

15 Vgl. 30 Jahre RGW — Rechtsfragen seiner Tätigkeit, a. a. O., S. 13—15.

16 E. Paschukanis, Allgemeine Rechtslehre und Marxismus, Wien — Berlin 1929, S. 100ff.

17 Nach A. K. Krawzow umfaßt das Recht zwar auch den Plan, seiner Meinung nach gilt für diesen jedoch nicht das Prinzip des gleichen Maßstabes. Vgl. Plan i prawo, Woronesh 1976. Ähnlich A. K. Krawzow/L. Lotze, Staatliche Pläne und Planauflagen — Bestandteile des sozialistischen Rechts, in: Wirtschaftsrecht (a. a. O.), 2/1979, S. 93f. Dagegen: U.-J. Heuer/G. Pflicke, Plan und Recht, in: Wirtschaftsrecht (a. a. O.), 3/1979, S. 154.

18 Vgl. K. Heuer/G. Teupel, Rezension zu Wirtschafts- und Außenwirtschaftsrecht, a. a. O., S. 190.

19 Komplexprogramm . . . , Kap. II, Abschnitt 8, a. a. O., S. 92.

20 So vor allem E. T. Usenko, Sozialistische Internationale Arbeitsteilung und ihre rechtliche Regelung, Berlin 1966, S. 340ff.

21 Ders., Über die Rechtsnatur der Direktbeziehungen auf der Linie der Ministerien und Ämter der Mitgliedsländer des RGW, in: E. T. Usenko u. a., Meshwedomstwennye swasi w uslowijach sozialistitscheskoi ekonimitscheskoi integrazii, Moskva 1973, S. 7ff.

22 K. Marx, Das Kapital, Erster Band, a. a. O., S. 350.

23 Ders., Das Kapital, Dritter Band, ebenda, Bd. 25, S. 397.

24 Komplexprogramm . . . , Kap. I 1.2., a. a. O., S. 50.

25 Autorenkollektiv, 30 Jahre RGW — Rechtsfragen seiner Tätigkeit, a. a. O., S. 45ff.

26 In Kap. II Abschnitt 8 des Komplexprogramms (a. a. O., S. 92) haben die RGW-Länder vereinbart, „sowohl im Inneren als auch in der gegenseitigen wirtschaftlichen und wissenschaftlich-technischen Zusammenarbeit die entsprechenden ökonomischen und rechtlichen Voraussetzungen für die Entwicklung der Direktbeziehungen (zu) schaffen“.

27 In den durch die XXXII. RGW-Ratstagung bestätigten Grundrichtungen für die weitere Vervollkommnung der Organisation der mehrseitigen Zusammenarbeit der Mitgliedsländer und der Tätigkeit des Rates verpflichten sich die Staaten, entsprechende Maßnahmen zu ergreifen, um das Zusammenwirken der Zweigministerien mit den anderen zuständigen zentralen Organen der Leitung zu gewährleisten und die Delegationen in jedem RGW-Organ mit den erforderlichen Vollmachten für die komplexe Behandlung und endgültige Abstimmung der Beschlüsse und Abkommensentwürfe auszustatten.

28 Zur Regelung der Verfahrensabläufe bei der Plankoordinierung und gemeinsamen Planung vgl. H. Bär/M. Kemper, Die rechtliche Regelung der Planungszusammenarbeit der Mitgliedsländer des RGW im Überblick, in: Zusammenarbeit der RGW-Länder in der Planung — Rechtsfragen, Berlin 1977, S. 27ff. Zur Regelung des Standardisierungsprozesses vgl. H. Echter, Standardisierung von Erzeugnissen im Prozeß gemeinsamer Planungstätigkeit, in: Ebenda, S. 203ff.

29 Vgl. K. Marx, Das Kapital, Dritter Band, MEW, Bd. 25, Berlin 1963, S. 397.

30 Die Verfahren der gemeinsamen Leitung der wissenschaftlich-technischen Zusammenarbeit sind vor allem in den „Organisatorisch-methodischen, ökonomischen und rechtlichen Grundlagen der wissenschaftlich-technischen Zusammenarbeit der Mitgliedsländer des RGW und der Tätigkeit der RGW-Organe auf diesem Gebiet“ geregelt; vgl. GBl. der DDR 1973, Sonderdruck Nr. 750. Dazu im einzelnen: 30 Jahre RGW — Rechtsfragen seiner Tätigkeit, a. a. O., S. 73ff.

31 Dazu: Art. IV, 4 des RGW-Statuts in der durch die XXXVIII. RGW-Tagung angenommenen Fassung (GBl. II, S. 82ff.) sowie Art. IV des durch die 92. Tagung des Exekutivkomitees angenommenen Statuts der Ständigen Kommission des RGW für die Zusammenarbeit auf dem Gebiet der Schwarzmetallurgie; ferner L. Franz/M. Kemper, Übereinkunft und endgültige Abstimmung — Entscheidungsformen in den Organen des RGW, in: Staat und Recht (a. a. O.), 8/1979, S. 713ff.

32 Vgl. Art. II 4a in Verbindung mit Art. IV, 1 des RGW-Statuts, GBl. II 1976, S. 146.

33 Ziff. IV, 27 des durch die 78. Sitzung des Exekutivkomitees des RGW bestätigten Berichts über die Effektivitätserhöhung der Empfehlungen des RGW (unveröffentlicht).

34 Im Hinblick auf die Handelsabkommen ist dies von K. Mehnert im einzelnen begründet worden. (Die rechtliche Regelung des Warenaustauschs zwischen den Mitgliedsländern des RGW durch Handelsabkommen, Diss. A, Hochschule für Ökonomie „Bruno Leuschner", Berlin 1968.)

35 Für 1980 ist ein Anteil von etwa 30% der auf Grund entsprechender Spezialisierungs- und Kooperationsvereinbarungen erzeugten Waren am Gesamthandelsvolumen zwischen den RGW-Ländern geplant.

36 Vgl. 30 Jahre Rat für Gegenseitige Wirtschaftshilfe, Moskau 1979 (russ.), S. 83 ff.

37 Im Verhältnis zwischen einzelnen RGW-Ländern (z. B. zwischen der DDR und der ČSSR) galten derartige Bedingungen bereits seit längerem. Multilaterale ABSK gelten seit dem 1. Januar 1980. Vgl. dazu GBl. II, S. 50.

38 Dazu im einzelnen: H. Bär/M. Kemper, Die rechtliche Regelung der Planungszusammenarbeit . . . , a. a. O., S. 39ff.

39 Setzt man die Weltmarktpreise des Jahres 1970 gleich 100, so stieg ihr Index bis 1977 insgesamt auf 235, für Rohstoffe jedoch auf 348 und für Industrieerzeugnisse nur auf 198. Vgl. dazu: Forschungsinstitut des Ministeriums für Außenhandel, Berichte zur Konjunktur (Berlin), 2/1978, S. 17. Diese Entwicklung hat sich in den vergangenen Jahren insbesondere durch die weitere Explosion der Erdöl- und Erdgaspreise fortgesetzt.

40 In diesem Zusammenhang sei daran erinnert, daß sich die Weltmarktpreise für Brenn- und Treibstoffe, gemessen am Durchschnittspreis des Basiszeitraumes 1952—1953, nach Berechnungen des Hamburger Weltwirtschafts-Archivs folgendermaßen entwickelten: 1972 = 129,8%, 1973 = 160,3%, 1974 = 438,2% (!), 1975 = 470,9%, 1976 = 495,8%, 1977 = 543,0%.

41 Es versteht sich, daß dieses Preissystem den Importeuren von Roh- und Brennstoffen spezielle Vorteile bietet. E. Honecker hat in seinem Referat vor den 1. Sekretären der Kreisleitungen der SED am 25. 1. 1980 hervorgehoben, daß die DDR für ihre Importe an Erdöl und Erdgas aus der UdSSR im Jahre 1979 rund 30—40% weniger bezahlt hat, als der durchschnittliche Preis zu dieser Zeit auf dem kapitalistischen Markt betrug. Vgl. E. Honecker, Die nächsten Aufgaben der Partei bei der weiteren Durchführung der Beschlüsse des IX. Parteitages der SED, Berlin 1980, S. 32.

42 Abkommen über die mehrseitige Verrechnung in transferablen Rubeln und die Gründung der Internationalen Bank für wirtschaftliche Zusammenarbeit, GBl. II 1981, S. 93.

43 Von diesem kommerziellen Kurs zwischen dem TR und den einzelnen nationalen Währungen ist der Kurs zwischen den letzteren im nichtkommerziellen Bereich zu unterscheiden. Für die-

44 Vgl. Art. I des Abkommens über die mehrseitige Verrechnung . . .

45 Der Ausgleich ihrer Konten durch Umwandlung entsprechender Debetsalden in befristete Kredite hat für die anderen RGW-Länder außer der UdSSR seit 1974 eine große Rolle gespielt. Hier machte sich bemerkbar, daß sich die Scherze zwischen Roh- und Brennstoffpreisen einerseits und den Preisen für Industriewaren immer stärker öffnete und deshalb die durch Plankoordinierung und Handelsabkommen auf der Grundlage ganz anderer Preisrelationen geplante Zahlungsbilanz nicht realisiert werden konnte.

46 Teilweise auch durch das Komplexprogramm (Kap. II Abschnitt 7, Ziffern 2, 9, 10 und 11) begründete Hoffnungen auf eine Erweiterung der mehrseitigen Verrechnungen können so lange nicht erfüllt werden, wie das gesamte Aufkommen bilateral bilanziert und dabei nicht bereits etwaige Lieferungen und Bezüge an andere RGW-Länder und von anderen RGW-Ländern berücksichtigt werden.

Personenregister

Aarnio, A. 120f.
Abendroth, W. 121
Albakin, L. 128
Alexy, R. 121
Aquino, Th. v. 123

Bacon, F. 29, 121
Badestein, H. 126
Bär, H. 131f.
Baranowski, G. 119, 123
Becher, J. 124
Bechtler, Th. W. 117
Benda, E. 120
Bender, R. 118
Beutel, F. K. 15, 119
Beyer, W. R. 119
Bley, G. 119
Bloch, J. 124
Bobrow, S. W. 124
Borgius, W. 124
Breshnew, L. I. 42
Buser, B. 120

Carstens, Th. 124
Chalfina, R. O. 121
Christoff, D. 121
Coing, H. 120

Denissow, A. I. 124
Diderot, D. 22
Dietze, H. H. 122
Dühring, E. 120, 123

Echter, H. 131
Ehmke, H. 119
Ehrlich, E. 33, 122
Eichenberger, K. 120
Eichhorn I, W. 118
Engels, F. 14, 24, 29, 35f., 43f., 98, 118, 120ff., 130f.
Esser, J. 122

Faddejew, N. W. 130
Feuerbach, L. 124, 129
Fichte, J. G. 23, 120
Fikentscher, W. 120
Forsthoff, E. 122
Franz, L. 132
Friedrich, G. 128
Friedrich, P. 123f.
Frohn, H. 119

Gawrilow, A. O. 124
Glesermann, G. J. 122
Goebbels, J. 122
Görner, G. 127
Golunski, S. A. 57, 126
Gorscheneck, G. 120
Grahn, W. 121, 123f.
Gribanow, W. P. 128
Gruel, K.-F. 117, 119

Habermas, J. 118
Hagen, J. J. 117
Hahn, E. 122
Hammurapi 29
Haney, G. 117, 123
Hauriou, M. 33
Hegel, G. W. F. 22, 119f.
Helvétius, C.-A. 22ff., 120

Heuer, K. 105, 128, 130f.
Heuer, U.-J. 117, 123, 125—128, 130f.
Hochbaum, H.-U. 125
Höffe, O. 118
Honecker, E. 128, 132
Honecker, M. 129
Hugo, G. 19, 119
Husserl, E. 33

Jawitsch, L. S. 127
Jefferson, Th. 23
Junghänel, G. 123
Justinian 29

Kaufmann, F. 121
Kautsky, K. 43
Kelsen, H. 120
Kemper, M. 126, 128, 131f.
Kirchhof, R. 123
Klaus, G. 121
Klenner, H. 52, 118—121, 125
Kohl, H. 120
Kohlmey, G. 130
Koldajewa, N. P. 124
Krasawtschikow, A. O. 128
Krawzow, A. K. 60, 71f., 104, 126f., 131
Kriele, M. 118, 120
Kuczynski, J. 119
Kudrjawzew, W. N. 18f., 117, 119f.
Kulcsàr, K. 118
Kumanin, E. W. 124
Kusitalo, J. 121

Laptjew, W. W. 128
Larenz, K. 120
Lekschas, J. 123
Lenin, W. I. 8, 32, 54, 93, 117, 122, 125f.
Lewanski, W. A. 124
Liebknecht, W. 130
Liszt, F. 84
Lopatka, A. 119
Lotze, L. 60, 126f., 131
Lübbe, H. 118, 121
Luge, C. 123

Mand, R. 123
Manu 29
Marat, J. P. 22
Mariou, M. 122
Marten, J. 127
Marx, K. 10, 14, 20, 24, 28f., 32, 35f., 44, 52, 68ff., 102, 118—125, 127, 129ff.
Maskow, D. 131
Maurach, R. 84
Meadows, D. 124
Mehnert, K. 132
Mehring, F. 118
Menger, A. 43
Mesarovič, M. 124
Metraux, A. 120
Michalska, A. 119
Mihailowa, M. 121
Mittag, G. 128
Mollnau, K. A. 117ff., 123, 125
Montesquieu, Ch. L. de 22, 29, 121
Morison, W. 121

Naucke, W. 119
Nedbailo, P. E. 117
Noll, P. 15, 118ff., 123

Oelmüller, W. 13, 118, 121
Oisermann, T. I. 123

Panzer, W. 62, 125f., 128
Paschukanis, E. 29, 37, 71, 104, 121, 123, 127, 131
Paul, W. 124
Peczenik, A. 121
Pestel, E. 124
Péteri, Z. 117
Pflicke, G. 122—128, 130f.
Polenina, S. W. 124
Pound, R. 15

Randal, Ch. 117
Rawel, J. 118
Rehbinder, M. 119, 124
Reinach, A. 33, 122
Richter, H. 125, 128
Riedel, M. 118
Rödig, J. 119f.
Röhl, K. F. 124
Römer, P. 121
Rudolph, H. 126, 128
Rüthers, B. 123

Samu, M. 117
Saner, H. 121
Savigny, C. F. v. 19, 119f.
Schebanow, A. F. 117
Schließer, W. 125, 127
Schmitt, C. 122
Schönrath, T. 129

Schüsseler, R. 127
Schüßler, G. 119
Segeth, W. 121
Seidel, D. 119, 124, 129
Sindermann, H. 124
Sorge, F. A. 130
Stiller, G. 119
Streich, R. 125f.
Stučka, P. I. 21, 120
Supranowitz, St. 128
Sybkowjez, W. F. 123
Szabó, I. 120

Tackmann, S. 123
Teupel, G. 105, 130f.
Trappe, P. 120
Tumanow, W. A. 119

Usenko, E. T. 131

Vogel, H.-J. 119

Wagner, H. 121, 123
Wagner, I. 117, 123, 126
Walter, G. 127f.
Welzel, H. 84
Winter, R. 127
Wittich, D. 121
Wittich, G. 128
Wolf, E. 122